젊은 기술사들이 말하는
대한민국을 지배할 미래 기술

젊 은 기 술 사 들 이 말 하 는

대한민국을 지배할
미래 기술

문재현 외 8인 지음

한국경제신문*i*

프롤로그

대한민국의 괄목할 만한 성장을 상징하는 '한강의 기적'은 바로 '기술성장'의 결과입니다. 기술을 고도화해서 산업화와 경제성장을 이뤘고, 초고속으로 단기간에 OECD 가입국이 되는 기반을 마련했습니다.

대한민국의 산업은 경공업에서 중공업으로 급속히 변화했습니다. 현재 대한민국은 세계가 인정하는 최고의 하이테크 기술과 기업을 보유한 국가입니다. 하이테크 기술은 우리나라의 주된 먹거리이자 주요 수출 품목입니다.

다양한 기술 직종에 종사하며 기술을 연구하는 젊은 기술사들이 미래에 대한민국을 지배할 미래 기술을 이야기하고자 합니다. 다소 어려운 주제일 수 있으나, 미래 하이테크 산업 방향을 이해하는 데 많은 도움이 될 것입니다.

블록체인, 인공지능, 스마트 팩토리, 전기차, 플랜트 DT(Digital Transformation), K-포레스트, 풍력발전, 3D 스캐너 터널 점검, 하이테크 스타트업 투자 등 현재와 미래를 이어주는 핵심 기술의 현황과 이를 이해하고 투자하는 방법을 제시하고자 합니다.

더 이상 기술은 '사농공상(士農工商)'의 '공' 또는 블루컬러의 직무가 아닌, 우리나라의 산업과 경제를 지탱하는 든든한 기둥입니다. 기술을 알고 이해하면 미래를 예측할 수 있고, 성공적으로 투자할 수 있는 안목을 기를 수 있습니다.

저자 일동은 현재 부각되고 있는 기술에 대한 이해를 돕고자 이 책을 집필하게 되었습니다. 다양한 분야의 청년 기술 전문가들이 들려주는 생생한 기술 이야기를 통해, 기술의 원리와 산업의 발전 방향을 이해하는 계기가 되었으면 합니다.

대한민국은 빠른 기술 습득력으로 산업변화에 성공한 기술강국입니다. 기술을 이해하면 산업이 보이고, 산업이 보이면 투자로 연결될 수 있습니다. 현재 이슈가 되고 있는 핵심 기술을 이해하고, 미래를 상상해보는 기회가 되길 바랍니다.

대표 저자 문재현

CONTENTS

프롤로그   4

01
시대를 대표하는 테크놀로지 블록체인   문재현

나우누리, 넷스케이프를 기억하는지?   14
인터넷의 속도 개선과 함께 발전되고 있는 블록체인   15
블록체인이 널리 퍼지게 된 이유는?   17
코인의 부모인 비트코인과 이더리움   18
코인의 네트워크는 무엇을 의미하는가?   21
인플레이션과 비트코인의 관계   22
달러와 글로벌 SNS 기업의 관계   25
PoW와 PoS의 차이는?   27
개인도 채굴할 수 있는지?   28
코인 개발회사는 과거 인터넷 회사들과 같은 모습을 보인다   31
신원증명으로 사용하는 블록체인 기술   34
소금융으로 사용하는 블록체인 기술   36
저작물에 대한 자산으로 사용되는 블록체인 기술(NFT)   38
디지털 공간에서의 코인 미아의 문제   41
블록체인 간의 통신 문제   44
블록체인 암호화폐는 왜 해킹에 취약한 것인가?   45
블록체인과 암호화폐의 미래   48

02

4차 산업혁명 시대의 전기차 및 로봇 구동기술은?   김승주

전동기 구동기술   54
4차 산업혁명 시대의 전기자동차 구동기술   56
4차 산업혁명 시대의 로봇 구동기술   62
기타 산업 분야의 구동기술   69

03

가스·화공플랜트의 디지털 트랜스포메이션   김욱주

플랜트 DT의 개요   84
플랜트 DT의 주요 기술   86
해외·국내 DT 사례 및 효과   98
가스·화공 플랜트 DT의 미래   101

04

스마트 팩토리 구축   유병철

제조업의 혁신, 스마트 팩토리   108
스마트 팩토리의 특징과 구성요소   109
4차 산업혁명 시대 스마트 팩토리의 등장   110
공장 자동화에서 스마트 팩토리 발전   111
스마트 팩토리 ICT기반 구축   119
스마트 팩토리 수준별 5단계   120
스마트 팩토리 기술   120
구축에 따른 기대효과   126

CONTENTS

05

코로나19 팬데믹 이후의 스타트업 투자   이상원

4차 산업혁명 시대, 스타트업 투자라는 파도를 타자   133
스타트! 스타트업 투자   138
스타트업 투자의 단계와 개인 투자 조합   141
어떤 스타트업에 투자할 것인가   149
대한민국의 현재이자 미래인 스타트업 및 창업 투자   161

06

3D 스캐너를 활용한 터널시설물 안전점검   한경구

3D 스캐너란 무엇일까?   168
터널 시설물 안전관리 체계   175
3D 스캐너를 활용한 터널 안전점검   193

07

한국형 산림기술 분야(K-포레스트) 대응 및 전망   이남일

산을 들어가면서   206
우리나라 산림 현황   208
우리나라 산림자원은 어떻게 관리되고 있는가?   209
산림기본계획과 산림경영기술 패러다임의 변천   217
우리나라 산림이 기진 숙제   221
한국판 산림뉴딜, K-포레스트   224
기후변화와 산림   226
4차 산업 기술의 산림 분야 적용   231
STEEP 기법을 활용한 2030년 산림부문 핵심이슈   234
우리나라 산림 분야 발전을 위해서   235

08

풍력발전기술과 미래 발전 방향

정현원

풍력발전설비의 특징 242

풍력발전 시장과 산업 구조 246

풍력발전 분야 기술과 방향 251

장애를 넘어 가성비 좋은 풍력발전으로 267

09

인공지능을 활용한 자연어 처리

홍민표

4차 산업혁명을 이끄는 인공지능 기술 현황 270

인공지능의 주요 활용 분야인 자연어 처리의 개념 277

자연어 처리를 위한 세부 활용기술 280

인공지능 기술과 접목한 자연어 기술의 활용 297

01

시대를 대표하는
테크놀로지 블록체인

문재현

01

시대를 대표하는 테크놀로지 블록체인

블록체인은 이 시대를 대표하는 테크놀로지다. 데이터 상태를 변경시키기 위해 수행하는 작업 단위인 데이터 트랜잭션(Transaction) 처리 방식의 새로운 한 형태기도 하다. 트랜잭션이란 무엇일까? 데이터 트랜잭션이란 데이터의 상태를 변경시키기 위해 수행하는 작업 단위다.

예를 들면 내 계좌에서 친구 계좌로 10만 원을 송금한다고 가정하자. 내 잔고는 100만 원이고, 친구의 잔고는 50만 원이다. 내가 인터넷뱅킹으로 10만 원을 친구 계좌로 보내면, 내 잔고는 10만 원이 줄어들고, 친구의 계좌는 10만 원이 늘어난다. 이것을 도식화하면 다음과 같다.

데이터 트랜잭션은 한마디로 작업의 처리 결과에 대한 일관성을 보장

[자료 1-1] 트랜잭션 발행

내 계좌 100만 원	전송 전	친구 계좌 50만 원
	트랜잭션 발행(Transaction)	
내 계좌 90만 원	전송 후	친구 계좌 60만 원

해주는 것이다. 즉, 중간에 데이터가 변경되거나 누락되면, 송금이 처리되지 않는 것을 데이터 트랜잭션에서 안정적으로 보장해준다.

데이터 트랜잭션은 데이터베이스 서버를 통해서 이를 지원한다. 트랜잭션 발생에 대한 처리를 해결하기 위해서는 중간에 데이터베이스 서버가 필요하다. 즉, 중간자가 송금 시 송금인과 수신인의 잔고를 동기화해서 맞춰준다고 보면 된다.

블록체인은 왜 데이터 트랜잭션의 한 형태일까? 일반적인 트랜잭션 처리는 중간자인 데이터베이스 서버가 처리해준다. 블록체인에서는 트랜잭션 처리를 데이터베이스 서버에 저장하지 않고, 각 노드(Node)에 저장한다. 각 노드는 데이터베이스처럼 1개가 아니라, 많은 노드를 구성할 수 있다. 쉽게 말해서 저장을 한곳에 하는 것이 아니라, 여러 곳에 나누어서 저장하는 것이다. 이것은 중앙 데이터 서버에 저장하는 것보다 시간이 더 많이 걸릴 수 있다. 이런 단점에도 불구하고 수많은 노드에 나누어서 저장하다 보니 금액에 대한 데이터 변조가 어려운 구조다.

예를 들어 데이터를 관장하는 관리자가 악의적인 목적을 가지고 내 계좌의 잔고를 변경할 수 있다고 생각해보자. 내 잔고의 '안정성'이 중간에 있는 서버의 정보를 변경하면 정보의 변경이 가능한 구조가 된다.

그러나 블록체인은 각 피어(Peer)에 데이터가 저장되고 트랜잭션이 일어나게 되면 각 피어에 정보가 업데이트된다. 피어의 숫자가 적으면 악의적인 공격으로 인해서 정보가 변경될 수 있다. 하지만 피어의 숫자가 수십만, 수백만, 수천만 개라면 피어의 정보를 모두 변경하는 것은 기술적으로 매우 어려워진다. 그래서 블록체인은 새로운 데이터 트랜잭션의 하나로써 정보를 저장하고 이를 증명하기 위한 우수한 기술방법이다.

나우누리, 넷스케이프를 기억하는지?

90년대 학번 이상이라면 나우누리, 넷스케이프를 기억할 것이다. 인터넷이 나오기 전에 PC통신을 통해 특히 젊은 사람들이 많이 소통했다. 전화기 모뎀을 이용해서 파란 화면의 PC통신에 접속 후 각종 모임, 정보, 교육 등의 다양한 서비스가 제공되었다. 나우누리는 그 중에 하나의 유명한 서비스였다.

넷스케이프는 인터넷 보급 초기인 윈도우95, 윈도우98 시대의 주류 인터넷 브라우저였다. 넷스케이프 네비게이터(Netscape Navigator, 넷스케이프)라는 브라우저를 보급해서 인터넷 초기 시대의 최강자로 자리 잡았다. 이후 윈도우 버전이 올라가면서 기본내장 브라우저인 익스플로어가 서서히 점유율이 올라가게 된다. 결국 2008년에 넷스케이프는 역사의 뒤안길로 사라지게 되었다.

PC통신과 넷스케이프의 선례처럼 결국 기술의 발전에 따라서 다수가 사용하게 된 것이 표준이 된다. 블록체인 기술은 기술적으로 보면 피어에 트랜잭션을 저장하는 기술이기 때문에 데이터베이스 서버보다 느릴 수밖에 없다. 그러나 현재의 인터넷의 속도가 더 빠르게 개선된다면, 블록체인 기술의 처리 속도는 해결될 수 있다. 속도 개선 및 활용 기술이 발전하면 블록체인 기술은 더 다양한 곳에서 사용될 수 있다. 중간자를 없앤다는 개념에서 시작된 블록체인은 사용자들의 사용 목적성에 따라서 발전하고 있다. 요즘 가장 이슈가 되고 있는 NFT(Non-Fungible Token)도 블록체인의 데이터 변조 불가능한 기술성으로부터 시작된 기술이다.

블록체인은 어렵고 실생활과 동떨어진 기술이 아니다. 블록체인이 만능 치트키는 아니지만, 다양한 곳에서 사용될 수 있는 기술이다.

인터넷의 속도 개선과 함께 발전되고 있는 블록체인

모뎀을 사용해서 PC통신을 이용할 때는 전화선을 이용해서 속도가 느릴 수밖에 없었다. 당시 속도가 56Kbps였으니, 지금은 상상조차 안 될 만큼 느린 속도다. 인터넷이 처음 보급된 1997년에서 1999년의 공공 기관, 대학 등의 인터넷 속도는 1.5~45Mbps였다. 현재 집에서 사용하는 인터넷의 속도는 얼마일까? 요즘은 망이 광(Fiber)으로 설치가 많이 되어서 1Gbps 이상을 지원한다. 공공기관이나 대학 등의 대규모 인터넷이 필요한 곳은 10Gbp도 지원이 가능하다. 1Mbps는 1024Kbps이고, 1G는 1024Mbps이니 PC통신에서 초기 인터넷, 그리고 현재의 인터넷 통신 속도가 대략 1,000배씩 속도가 증가했다고 생각하면 된다.

PC통신의 모뎀 속도나 초창기 인터넷 속도에서는 블록체인 기술을 테스트하기가 불가능하거나 어려웠을 것이다. 각 피어에게 새로 생긴 정보의 블록을 추가하는 것을 전파하는 블록체인은 통신 속도가 보장 안 되는 경우 사용이 어렵다.

2008년 9월 미국발 금융위기 이후 비트코인이라는 블록체인이 세상에 나타났다. 2009년 1월에 비트코인을 통해서 블록체인 기술은 미국부터 시작해서 조금씩 세상에 알려지기 시작했다. 선진국들의 경우 개인이 사용하는 인터넷 속도가 수십 Mbps로, 인터넷을 사용하는 데 전혀 지장이 없을 정도의 속도를 보장한다.

이후 인터넷의 속도는 계속 향상되었고 현재 주요 선진국은 최소 수백 Mbps속도를 보장하고 있다. 우리나라는 Gbps의 속도를 보장해 인터넷의 속도가 가장 빠른 나라 중 하나다.

블록체인의 핵심기술은 각 피어에 생성된 데이터 정보의 링크를 추가하는 방식이라 인터넷의 속도가 블록체인의 성능을 좌우하는 주요한 요소다.

모바일의 상황은 어떤가? 모바일의 속도는 PC와 조금 다르다. 3G 이후 모바일에서 정보 검색이 원활해졌으며 LTE 4G 이후 동영상 등의 서비스가 원활하게 제공되고 있다.

현재 5G가 보급이 완벽하게 된 상태는 아니지만 5G로 전환될 경우 가정 내 PC 인터넷 사용속도와 모바일 사용속도는 비슷하게 될 것이다. 향후 다가올 6G 시대에서는 5G의 50배 속도를 목표로 하고 있다.

여기서 눈여겨볼 점은 인터넷의 속도와 무선통신의 속도는 계속 발전하고 있고 이를 지원하는 하드웨어 또한 업그레이드되고 있다는 것이다. 블록체인 또한 인터넷과 무선통신의 발전에 따라서 성능 문제가 해결될 가능성을 내포하고 있다. 무선통신에서 현재보다 50배 속도가 빨라지면 유선통신 속도와 비슷해질 것이다. 최소 Gbps속도를 지원하게 되면 블록체인에서 데이터의 생성과 각 피어에 정보를 전파하고 블록이 추가되는 기술적 시간은 끊김 없는 연결(Seamless Connectivity)을 보장할 것이다. 블록체인 기술이 우리의 삶에 안착할 수 있다는 말이다.

이렇게 되면 속도가 느려서 사용할 곳이 없는 블록체인이라는 오명은 없어질 것이고, 블록체인이 필요한 곳에 중간자의 문제(Middle Man Problem)는 자연적으로 해결될 것이다. 즉, 생산자·중간자·소비자의 계층 관계에서 중간자가 생략되는 서비스 모델이 많이 구현될 것이고, 이를 해결하는 기술 중 하나로 블록체인이 활용될 것이다.

블록체인이 널리 퍼지게 된 이유는?

블록체인이 널리 퍼지게 된 이유는 무엇일까? 비트코인이 백서를 공개한 것은 미국의 금융위기가 나타나고 나서다. 금융위기는 왜 발생했을까? 한마디로 부동산 모기지론의 파생상품 때문이다. 부동산을 매입하게 되면 돈이 많아서 현금으로 구매하는 경우를 제외하면 대부분은 은행에 빚을 지게 된다. 비슷한 위험도 모기지론을 모아 채권을 발행한다. 채권을 발행하면 금융기관에서 채권을 매매하게 되어 이것의 파생상품이 만들어진다. 투자 은행이 발행하는 파생상품은 무한대로 만들어지는데, 미국의 부동산 침체로 집값이 하락해서 수많은 파생상품은 종잇조각으로 전락하고 말았다.

그로 인해 리만브라더스 등 거대 투자 은행이 파산하게 되고 최대 보험회사인 AIG 또한 파산의 위험에 직면하게 되었다. 금융기관들이 미국 정부를 통해 구제금융을 받게 되면서, 달러의 무제한 발행이 시작되었다. 이를 양적 완화라고 하는데, 이 양적 완화와 비트코인이 밀접한 관계가 있다.

이때 미국 정부는 부동산 침체를 타계하기 위해서 장기 금리 인하를 유도해 투자와 소비를 활성화를 하려 했다. 몇 년에 걸쳐 진행되었으며 한화로 대략 4000조 원 이상이 시장에 풀렸다. 미국은 달러를 발행할 수 있는 국가이자 전 세계의 기축통화의 나라다. 만약 다른 나라가 이렇게 달러를 발행했다면 그 나라의 화폐가치는 통화량이 많이 늘어서 몇배로 가치가 떨어졌을 것이다.

비트코인은 통화량이 정해져 있는 개념으로 출발했다. 현재 현존하는 화폐가 통화량을 늘려서 인플레이션이 발생하는 것과는 달리 비트코인은 개수를 처음부터 통제하도록 만들어졌다. 2,100만 개가 총 발행되는 비트코인이며, 이 비트코인은 실제 돈과 달리 쪼개서 사용이 가능하게 설계되었다.

블록체인이 활발히 보급되기 시작한 것이 비트코인이 발간한 백서와 이를 실제 코드로 구현하고 이를 공개해서 개인의 피어가 해당 네트워크를 유지하는 보상으로 코인을 받게 되었다. 코인을 사용하려는 욕구의 사용자들이 많아졌다는 점이 블록체인이라는 개념을 일반인에게 쉽게 퍼지게 할 수 있었던 원동력이었다. 금융위기의 양적 완화의 반대개념과 그리고 가지고 있으면 희소성을 가지는 개념까지 사람들의 관심을 끌 만한 요소를 보유하고 있던 것이다.

보유하면 가치가 늘어난다는 것은 해당 기술에 투자자들이 가치를 부여했다는 말과 일맥상통한다. 통신기술의 발달로 속도는 빨라지고, 투자자들의 투자금으로 기술의 발전 그리고 사용처의 확대 등 블록체인 기술은 여러 방면으로 급속도로 퍼지고 있다.

코인의 부모인 비트코인과 이더리움

비트코인의 제너시스 블록이 처음 생성된 2009년 이후 블록체인이라는 기술이 사람들에게 알려졌고 사람들의 개인 PC에 블록체인 블록을 저장할 수 있게 만들었다. 비트코인의 제너시스 블록에는 다음과 같은 내용이 저장되어 있다. "The Times 03/jan/2009 Chancellor on brink of second bailout for banks."

의역하면, "2009년 1월 3일 두 번째 은행 구제금융이 임박했다"로 해석할 수 있다. 제네시스블록(Genesis Block)은 블록체인에서 생성된 첫 번째 블록을 의미한다. 즉, 비트코인은 무분별한 돈을 찍어내는 정책과 금융기관의 도덕적 해이에 대응하기 위해 만들어졌다.

[자료 1-2] 비트코인의 단위

구분	세부 단위
1BTC	비트코인, Bitcoin
0.01BTC	센티코인, Centicoin
0.001BTC	밀리코인, Millicoin
0.000001BTC	마이크로코인, Microcoin
0.00000001BTC	사토시, Satoshi

비트코인은 설계를 1보다 커지는 숫자가 아닌 1보다 적은 숫자인 소수점으로 단위를 설계했다. 1BTC, 즉 1비트코인이 가장 큰 단위다. 비트코인의 1억분의 1인 0.00000001를 1사토시로 가장 적은 단위로 설계했다. 사토시는 비트코인을 처음 세상에 알린 사토시 나카모토(Satoshi Nakamoto)의 사토시를 따온 것이다.

한국 돈으로 1비트코인이 1억 원이 되면 1사토시는 1원이 되는 것이다. 미화로 1비트코인이 100만 달러(11억 원)가 되면 1사토시는 1센트(11원)가 된다. 실제로 이 가격이 되는 것은 아직 미지수지만 원화로는 8천만 원 가까이 가격이 형성되었다. 사토시의 가격이 한화의 기준과 미화의 기준이 되는 가격이 된다면 투자의 실제 디지털 금으로 가치를 부여받았다고 생각할 수 있다. 비트코인은 초창기 모델이다 보니 기술적인 로드맵을 보여주었고 실제 구현이 되는 것을 공개했다. 그러나 실제로 속도가 너무 느린 기술적 문제를 가지고 있다. 전송 이외에서는 활용하기가 어려운 기술로 인식되었다.

이와는 달리 실용성을 가지고 탄생한 이더리움은 블록체인 기술을 실제 널리 보급시킨 일등공신이다. 2015년에 탄생한 이더리움은 비트코인과는 다른 차이점을 보이고 있다. 셀룰러폰과 스마트폰의 차이점을 생각해보면 쉽게 이해할 수 있다. 셀룰러폰에서는 현재 사용하고 있는 스마트폰과 달리 게임, 금융, 미디어, 헬스케어, 업무 등의 앱(App)을 설치할 수 없다. 이더리움은 이러한 디앱(Dapp, Decentralized Application)을 지원한다.

이더리움의 핵심 가치는 스마트 컨트랙트(Smart Contracts)다. 만약(If)이라는 조건이 만족되면 실행(Execution)되게 만든 것이다. 즉, 프로그램적으로 조건이 만족되면 자동으로 실행되게 만든 것으로, 다양한 분야에서 적용이 가능하다. 금융, 게임, 부동산, 엔터테인먼트, SNS, 보안 등 우리가 사는 많은 분야의 적용이 가능하게 만들어 폭발적인 블록체인의 성장을 이끌었다.

또한 개발언어를 다양하게 지원해서 서비스를 손쉽게 접근이 가능하게 했다. 그리고 개발자들이 참여를 많이 할 수 있도록 지원한다. 현재 대부분의 댑은 이더리움 기반으로 만들어져 있다. 이더리움은 현재의 블록체인과 코인 생태계를 폭발적으로 성장시킨 주인공이다. 캐나다의 비탈릭 부테릭(Vitalik Buterin)이라는 젊은 프로그래머가 만든 이더리움 블록체인 네트워크를 통해 세상이 변하고 있다.

모든 분야에 블록체인이 적용이 필요한 것은 아니다. 그러나 블록체인을 적용하면 현재보다 더 나은 서비스를 제공할 수 있는 부문이 있다.

이더리움은 단지 트랜잭션의 전송 기능만 있는 비트코인과는 달리 실제 생활에서 사용될 수 있는 기술을 개발했다. 이를 널리 퍼뜨리기 위해 개발 언어를 오픈했다. 여러 언어를 지원해서 많은 개발자들이 이더리움 네트워크 생태계에 들어오게 했다. 너불어 기술개발을 거듭해서 해킹문제를 해결하고자 현재의 ETH(이더리움)을 하드포크했으며, 기존 ETC(이더리움 클래식)은 그대로 존재하고 있다.

코인의 네트워크는 무엇을 의미하는가?

코인의 네트워크는 운영체제를 생각하면 쉽게 이해할 수 있다. 우리가 보통 사용하는 운영체제는 MS사의 윈도우를 사용한다. 애플사의 MAC을 이용하는 사용자는 macOS를 사용한다. 서버 부분에서는 대표적으로 유닉스(Unix)와 리눅스(Linux)가 있으며 우분투(Ubuntu)와 레드햇(Red Hat) 운영체제를 많이 사용한다.

코인의 네트워크도 자체 운영체제를 가지고 있다고 생각하면 이해하기 쉽다. 비트코인 네트워크, 이더리움 네트워크가 있고 이오스 네트워크 트론 네트워크 등이 있다. 각 코인은 대표적으로 자신의 네트워크를 가지고 있고 이 네트워크를 통해서 트랜잭션이 일어나게 된다. 코인의 네트워크 위에 댑들이 활동하는 것이고 많은 댑이 있을수록 해당 코인의 네트워크는 많이 활성화될 것이다.

네트워크에 댑이 많다는 의미는 이를 사용하는 사용자가 많은 것이다. 코인 네트워크를 운영하는 재단(Foundation)에서는 트랜잭션이 일어날 때마다 발생하는 수수료를 받아서 운영하게 되는 구조다. 사용자가 많으면 많을수록 기술 개발과 보완점이 개선되는 선순환 구조를 갖게 된다.

수많은 코인 네트워크들이 생기고 있으며, 가장 대표적인 코인 네트워크는 이더리움이다. 독보적으로 많은 댑들이 활동하고 있으며 생태계가 효율적으로 유지되고 있는 코인 네트워크다.

초기 인터넷 시장에서 수많은 회사가 탄생하고 역사 속으로 사라졌던 것처럼 현재 블록체인의 코인 네트워크도 마찬가지의 길을 가고 있다. 코인 네트워크를 개발해서 생태계를 이끌려고 하는 시도는 지금도 세계적으로 지속하고 있다. 1990년대 후반 '검색의 제왕' 라이코스를 기억하는가? 당시 라이코스는 현재 구글과 같은 세계적으로 가장 많이 사용하는 검색 엔진이었다. 야후와 함께 세계적인 쌍두마차였지만 구글이 검색 시장을 지배하자 사람들의 기억 속에서 조금씩 사라져갔다.

지금 블록체인 네트워크 생태계도 마찬가지다. 현재 가장 많은 블록체인 네트워크의 사용은 이더리움이지만 앞으로 어떠한 변화가 일어날지는 모르는 일이다.

그러나 한가지 자명한 것은 많은 사람이 사용할 수 있는 운영체제와 같은 네트워크를 천재적인 개발자들이 세상 곳곳에서 개발하고 있고 새로운 네트워크가 계속 생성되고 있다는 것이다. 결국, 블록체인 기술은 적재적소에 사용될 것이 분명하다.

인플레이션과 비트코인의 관계

금융위기로 인해 일반 시민들은 힘들어졌다. 그 이유는 미국 연방준비제도에서 금리를 단계적으로 인상하면서 부실 유동화 증권이 문제가

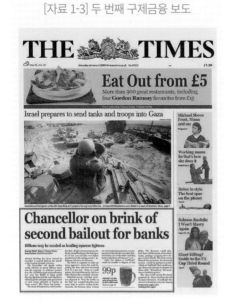

생기기 시작했기 때문이다. 악성 모기지 채권과 우량 모기지 채권을 섞어 만든 금융상품 판매를 시작했고, 수많은 파생상품들이 생성되어 판매되었다. 판매 규모를 알 수 없을 정도로 많은 파생상품이 판매되어, 금리 인상과 더불어 악성 모기지 채권의 부실화 비율이 높아지게 되었다. 결국, 이것이 문제가 되어 금융위기가 발생하게 되었다. 이 금융위기를 해결하기 위해서 미국 정부에서는 달러를 찍어내서 주요 금융기관을 지원했다. 통화량이 늘어나면 물가가 상승이 되고 물품과 자산의 인플레이션이 발생하게 된다.

이렇게 문제가 계속 반복되자 일반 시민들이 피해를 입었다. 일반 사람들이 손쉽게 디지털 자산을 보유하고자 설계된 것이 비트코인의 시발점이다. 비트코인의 제너시스 블록을 보면 명확하게 나타나 있다.

"2009년 1월 3일, 〈더 타임스〉, 은행들의 두 번째 구제금융을 앞둔 U.K 재무장관(The Times 03/Jan/2009 Chancellor on brink of second bailout for banks)."

구제금융으로 달러를 발행해서 대형 금융기관은 살리고 피해는 시민들이 받게 되는 문제를 해결하기 위해 탈중앙화된 디지털 화폐의 필요성을 느끼게 된 나카모토 사토시가 오픈 소스로 비트코인을 오픈하게 된다. 비트코인의 가장 큰 특징은 개수가 정해져 있다는 점이다. 약 2,100만 개로 설계되어 있다. 코인이 발행되는데 그 숫자가 줄어들면서 발행되는 것이 특징이다.

금을 비축해놓고 화폐를 발행했던 과거 금본위제가 없어지고, 오늘날의 미국 화폐는 발행량을 마음껏 할 수 있다는 문제를 지니고 있다. 그러나 비트코인은 개수가 이미 정해져 있다. 약 2,100만 개로 개수가 한정되어 있으므로 달러와는 반대의 개념이다. 공급은 정해져 있고 4년마다 반감기로 인해서 공급이 더욱 줄어들게 된다.

블록 보상의 개수가 처음 2009년 1월부터 4년간은 50BTC개가 보상되었다. 이후 대략 4년마다 절반씩 줄고 있다. 보상이라는 것은 비트코인 네트워크를 유지하기 위해 채굴자(마이너)들이 네트워크를 유지하는 데 필요한 리소스에 대한 보상을 주는 것이다. 2022년은 6.25BTC의 반감기 대역에 있다. 2024년 5월에는 반감기가 3.125 BTC로 줄어들 것으로 예상된다.

2022년 초 18,918,625BTC 정도의 비트코인이 발행되어 있다. 2,100만에 근접해 있는 것이다. 반감기로 인해 채굴의 개수가 줄어들어 앞으로 몇십 년은 더 지나야 채굴이 끝날 것으로 예상하고 있다.

공급적인 측면에서 인플레이션과 반대의 개념으로 나온 것이 비트코인이다. 그러나 투자적인 수요보다 공급이 적어서 가격이 초 인플레처럼 올라가는 기이한 현상이 나타나고 있다. 비트코인은 달러 발행과 거대 금융기관의 지원을 통해 대마불사라는 문제를 해결하기 위해 나타난 것이다. 일반 시민들이 공정하게 나눠 가질 수 있도록 설계되었다. 현재는 거대 자본들이 많이 보유하는 문제를 가지고 있지만, 설계 자체는 일반 시민을 위한 디지털 자산으로 탄생한 것이다.

달러와 글로벌 SNS 기업의 관계

달러는 전 세계에서 통용되는 대표적인 화폐다. 해외여행을 많이 다녀 본 사람은 이미 경험했겠지만, 달러만 챙겨가면 해당 국가에서 그 나라의 화폐로 바꿔서 여행이나 출장에 필요한 경비 처리가 가능하다.

그렇다면 디지털 암호화폐로 결제가 가능하다면 어떨까? 거래되는 암호화폐는 가격의 변동성이 심해서 달러처럼 사용하기는 어렵다고 생각할 수 있다. 또한 사용자가 새로운 앱을 설치해야 하는 번거로움도 있을 수 있다. 사용자는 자신의 이익보다 불편함이 크면 사용을 하지 않을 확률이 크다.

그런데 만약 SNS 공룡기업인 과거 페이스북이 현 메타(META) 회사에서 암호화폐를 만들어서 자신들의 앱에 사용 가능하게 한다고 생각해보자. 메타(페이스북)는 인스타그램과 왓츠앱을 보유하고 있는 글로벌 SNS 그룹이다. 사용자만 메타(27억 명), 인스타그램(10억 명), 왓츠앱(20억 명)으로 수십억 명의 사용자를 보유하고 있다. 지구 인구가 79억 명인 것을 보면 3, 4명 중 1명은 글로벌 SNS그룹의 앱을 사용하고 있으며, 인터넷과 스마트폰이 발달한 나라의 경우 절반 이상이 사용하고 있을 것이다.

글로벌 SNS앱을 통해 해외에 나가도 특정 암호화폐로 결제할 수 있다면 사용자들이 사용을 할까? 아니면 기존처럼 환전해서 달러를 이용할까? 한번에 확 바뀌지는 않겠지만 만약 앱으로 결제가 가능하다면 젊은 층을 중심으로 해외에서 사용 사례가 널리 퍼지게 되고 점진적으로 사용량이 늘어날 것이다. 대신 가격이 달러처럼 변동성이 적은 암호화폐여야 한다. 과거 페이스북 그룹에서 만들려고 했던 코인은 '리브라'라는 이름의 코인이었다. 가격의 변동이 거의 없는 스테이블 코인(Stablecoin)을 준비했다. 현재는 이름을 디엠으로 바꾸어서 추진 중이다.

2019년 7월 미국 민주당 하원의원들이 금융시스템에 커다란 위험이 없을 때까지 페이스북의 리브라 프로젝트를 중단해줄 것을 요청하는 서한을 공식적으로 보냈다. 또한 페이스북 창업자 마크 저커버그(Mark Zuckerberg)는 마약 거래 등 악용에 대한 미국 정부의 우려가 불식될 때까지 암호화폐 출시를 연기하겠다고 발표했다.

미국 정부에서는 2가지의 우려를 하고 있는 것 같다. 첫 번째는 실생활에서의 국제통화로써 역할 축소의 문제다. 앱을 잘 사용하는 연령층인 20~50대의 실활용이 많을 경우 은행에서 달러 환전이 예전처럼 많이 일어나지 않을 것이다.

2021년 미국 중앙은행인 연방준비제도(Fed, 연준)이 검토 중인 중앙은행 디지털화폐(CBDC·Central Bank Digital Currency)가 실제로 탄생한다면 디지털화폐로의 전환이 빨라질 것으로 보인다. 메타 그룹의 디엠 스테이블 코인에 대한 승인도 기대해볼 수 있을 것 같다.

두 번째는 기축통화의 지위를 미국 국가에서 거대 SNS 기업에 빼앗길 수 있다는 우려가 있는 것 같다. 기업가, 사용자들은 기존 거래보다 편하고 이득이 되는 경우 기존의 방법을 변경할 수 있다는 점을 잘 알고 있다. 은행 또한 문제가 될 것이다. 달러를 사고, 팔면서 얻게 되는 매매 및 수수료 차익이 은행에서 SNS기업으로 가게 되고, 전 세계를 상대로 이익이 발생할 수 있기 때문이다. 미국 정부에서는 중앙 디지털화폐가 발행되기 전에는 쉽게 승인할 수 없는 딜레마를 가지고 있다.

PoW와 PoS의 차이는?

암호화폐는 누군가의 기여로 인해서 암호화폐의 네트워크가 유지되는 것이다. 예를 들어 비트코인을 0.01BTC를 철수가 영희에게 보냈다면 트랜잭션이 발생하고 트랜잭션이 발생된 정보를 모아서 블록에 기록된다. 블록에 기록이 될 때 각 노드에게 전파를 하게 되는데 각 노드가 같은 정보를 가지게 동기화를 맞추어주는 역할을 한다. 우리가 일반적으로 사용하는 중앙서버의 방식은 중앙데이터 서버에 기록하면 다 해결된다. 하지만 블록체인은 각 피어에게 정보를 분산해서 저장하고 이를 변조하기 어렵다는 강점을 가진 기술이므로 각 노드에 정보를 분산해서 저장하고 이를 인증하고 동기화하는 작업이 반드시 필요하다. 이를 누군가는 해야 하는데 이를 네트워크를 유지해주는 누군가가 하게 되는 것이다.

PoW는 Proof of Work의 약자로 마이닝한다는 의미로 많이 사용한다. 대표적으로 비트코인, 이더리움, 이더리움클래식, 비트코인골드 등이 있으며 비트코인을 제외한 위의 3개의 코인은 개인 PC에서도 GPU가 있으면 채굴할 수 있다. 채굴하는 사람을 마이너라고 하는데 본인 전력을 이용해서 마이닝 풀에 기여해 채굴한 것에 대한 보상을 해당 코인으로 받게 된다. 그런데 PoW의 가장 큰 문제점은 전력 낭비가 심하다는 것이다. 환경오염의 문제점도 안고 있다.

PoS는 Proof of Stake의 약자로 지분증명의 방법을 사용한다. 지분을 일정 이상 지니고 있으면 네트워크 유지에 기여하고 지분 비율대로 코인을 받게 된다. 대표적으로 에이다, 큐텀, 네오코인 등이 있으며 값비싼 장비가 없어도 된다는 장점이 있다. 그러나 핫월렛은 항상 연결된 상태로 되어 있어야 하며 블록체인의 특성상 해킹의 위험에 노출되어 있다는 문제점을 보유하고 있다. 또한 블록체인의 사상인 많은 사람이 코인을 보유하는 이론적인 사상과 반대되는 많은 지분을 가진 자본가가 보상도 비율대로 받게 되는 문제점을 지니고 있다. 전력 낭비 문제로 인해서 현재 블록체인의 실사용 1위 네트워크인 이더리움에서 PoW에서 PoS로 전환하려는 노력을 하고 있다. PoS의 가장 큰 문제는 탈중앙화를 기치로 나온 코인의 생태계가 PoS를 통해 다시 권한이 큰 중앙집중화가 되어 해당 네트워크의 체인을 조정하는 리스크를 발생시킨다는 점이다.

PoS에서 발전되어 DPoS(Delegated PoS)라는 것이 나왔는데 이는 PoS보다 더 큰 문제인 위임을 해서 소규모 참여자가 가장 이익이 많이 나는 방식이다. 투표 결과로 상위 노드가 네트워크를 24시간 운영하고 이익 대부분을 가져가는 방식으로 상위 노드는 대규모의 시설을 통해 네트워크를 유지할 수 있다. 속도는 가장 빠르고 의사결정이 쉬우나 중앙서버 방식과 크게 차이나지 않는 방식으로 블록체인의 기본 기치를 반하는 것이다.

PoW가 환경상, 전력 소모의 문제가 있지만, 개인이 마이닝 풀에 참여해서 네트워크를 유지 발전시키는 데 기여한다는 점에서 보면 블록체인이 처음 내건 기치와 합당한 방식의 운영체계라는 생각이 든다.

개인도 채굴할 수 있는지?

개인도 채굴할 수 있다. PoW 대표적인 코인인 이더리움, 이더리움클래식, 비트코인 골드 등 여러 코인들은 개인 PC에서도 채굴이 가능하다. 그러나 PoW의 대표 격인 비트코인은 개인 PC에서 채굴할 수 없고 전용

장비에서 채굴한다. 초창기에는 CPU로도 비트코인이 채굴되었고 그 이후 GPU로도 채굴이 되었나. ASIC를 이용한 전용 하드웨어 채굴 장비가 등장하면서 하드웨어에서부터 채굴 연산만을 수행할 수 있도록 설계된 집적회로로만 채굴이 가능해졌다.

비트코인 채굴의 판도가 ASIC가 탑재된 전용 채굴기로 되었고, 현재는 전용 ASIC 하드웨어가 아니면 채굴이 불가능하다. Anti-ASIC PoW 알고리즘을 채택한 코인들은 개인 PC에서도 채굴 가능하다. 대표적인 코인이 이더리움, 이더리움클래식, 비트코인골드, 레이븐 등이 있다.

그렇다고 채굴이 일반 PC만 있다고 되는 것은 아니다. 가장 중요한 것은 NVIDIA사의 그래픽 카드를 구매해서 설치해야 한다는 것이 핵심이다. GTX 시리즈로 GTX 1060, 1070, GTX 1080, 1080Ti, GTX 1050Ti, RTX2060, 2070, 2080, RTX 3080 Ti, 3070 Ti, 3060 Ti 등 그래픽 카드를 가지고 채굴할 수 있다.

채굴은 마이닝 풀에 참가해서 자원을 제공하고 보상을 코인으로 받는 방식인데 실시간적으로 코인이 소량씩 배분되며, 대부분 0.1이 쌓이면 개인 코인 지갑으로 전송된다.

GPU는 게임에서 많이 필요한 리소스여서 NVIDIA사에서 개발하게 되었다. 코인 채굴 시 기존 CPU의

[자료 1-4] 채굴 가능한 그래픽 카드

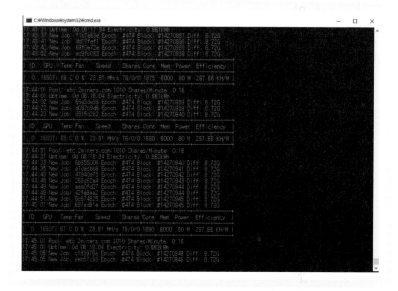

시분할 방식보다 성능이 우수해서 GPU그래픽 카드를 한 메인보드에 여러 대를 설치해 코인을 채굴하는 것을 심심치 않게 볼 수 있다. 그래픽 카드를 별도로 구매해서 간단하게 그래픽 카드 전용 프로그램을 설치하고 마이닝 풀에 설정하고 컴퓨터를 실행하면 채굴이 된다.

PC에서 채굴이 가능한 모습 예시다. 2miner라는 마이닝 풀에서 채굴하는 것이며 그래픽 카드는 1660Ti를 사용한다. 그래픽 카드 등 내부의 온도는 65~67도 사이를 하고 있으며 해쉬레이트가 23MH/s로 채굴이 되는 것을 보여주고 있디.

컴퓨터를 조금 할 줄 알면 쉽게 개인도 채굴 풀(Pool)에 참여해서 채굴할 수 있다. 게임과 인공지능에 사용되는 GPU가 채굴에 많이 사용되자 NVIDIA에서는 채굴이 되지 않게 LOCK을 걸어서 제품을 내놓기도 했다.

이렇게 채굴이 되는 경우 네트워크를 유지하는 참여자가 자발적으로 많아지게 된다. 이는 결국 해당 체인이 정상적으로 유지가 되고 있으며 트랜잭션 처리가 발생하고 블록이 증가하는 경우 최종 업데이트가 각 피어에 제공되고 동기화가 제공된다는 의미기도 하다. 이렇게 채굴에 참여하는 사람이 자발적으로 지속된다면 해당 코인은 자생적으로 운영이 될 것이다.

코인 개발회사는 과거 인터넷 회사들과 같은 모습을 보인다

코인 개발사들은 재단이라는 이름으로 활발히 활동하고 있다. 다양한 사업 분야에서 현실 세계에서 불편하거나 해결하지 못하는 문제를 개선하고자 많은 개발사들이 생성되고 사라지고 있다.

과거 인터넷 붐이 일었던 1990년대 후반에 많은 회사가 생겼고 또 많은 회사가 사라졌다. 현재도 이러한 역사가 반복되고 있다.

서로 간의 플랫폼 표준을 잡기 위해서 코인을 개발하고 있으며 포스트 이더리움을 꿈꾸는 많은 회사들이 코인 네트워크를 개발하고 있다. 국내의 경우 한국형 이더리움이라는 아이콘이라는 코인이 개발되었다. 코인을 개발하고 나면 네트워크 유지도 중요하지만, 그 위에서 작동되는 여러 형태의 댑이 중요하다. 스마트폰의 앱(APP)과 같이 사용자들 끌어들이는 역할을 한다. 아이콘 이후 카카오의 클레이튼 코인이 많은 댑들을 끌어들여 한국형 이더리움을 만들어내고 있다.

이더리움을 뛰어넘고자 하는 카카오의 클레이튼은 게임, 엔터테인, 헬스케어, 금융, 테크기업, 커머스, 결재, 생활 등의 디앱을 클레이튼 체인에 올리고 있으며 사용자가 많이 사용할 수 있는 환경을 구축하고 있다.

카카오톡 모바일 메신저를 보면 클레이튼 지갑이 생성되어 있다. 클립을 누르면 나의 토큰 정보가 보인다. 토큰을 추가할 수 있는데 이를 확인해보면 클레이튼이 생태계를 많이 추가하고 있는 것을 확인할 수 있다.

코인 개발사와 댑 개발사들은 초창기 인터넷 기업처럼 사용자들의 선택을 통해 그 가치를 인정받을 것이다. 사용자들이 많이 사용하고 활용하는 기업인 경우 살아남아서 점유율을 높일 것이고 그렇지 못한 기업은 서서히 사라질 것이다.

국내 인터넷 인기 커뮤니티였던 아이러브스쿨과 프리챌 그리고 대기업의 인수까지 되었던 싸이월드 또한 새롭고 사용자가 이용하기 좋은 다른 플랫폼으로 옮겨가면서 추억 속의 서비스가 되었다.

현재 블록체인에서도 비슷한 일이 벌어지고 있다. 포스트 이더리움을 표방하며 많은 회사들이 블록체인 네트워크를 개발하고 있고 실생활에 필요한 댑을 개발하는 회사들 또한 많은 노력을 기울여 세상에 새롭게 선보이고 있다.

스마트 컨트랙트라는 이더리움에 만든 개념으로 세상에 적용할 서비스 분야가 많아지고 있다. 10년 내에는 메타버스가 세상의 주류를 이루면서 블록체인 또한 같이 성장할 것으로 생각된다.

[자료 1-6] 클레이튼을 기반으로 하는 디앱(Dapp)

토큰

클레이(KLAY)

56
(= 100.530 KRW)

한화 기준: CoinGecko 2022.01.05 18:11

서비스 토큰   ⊕ 추가

등록된 토큰이 없습니다.
관심있는 토큰을 추가하세요.

토큰 추가

토큰 이름 또는 토큰 심볼을 입력하세요

- 볼트(BOLTT)
- 빈즈(BNS)
- 식스(SIX)
- 위켄(WIKEN)
- 인슈어리움(ISR)
- 썸씽토큰(SSX)
- 클라우드브릭(CLBK)
- 템코(TEMCO)
- 펫토큰(BPT)

토큰 추가

토큰 이름 또는 토큰 심볼을 입력하세요

- 힙스(HIBS)
- 블루피티(BLUEPT)
- 에스클레이(SKLAY)
- 박스(BOX)
- 미네랄(MNR)
- 클레이튼 다이(KDAI)
- 클레이스왑 프로토콜(KSP)
- 클레이튼 랩트비트코인(KWBTC)
- 클레이튼 오르빗 체인(KORC)
- 클레이튼 이더리움(KETH)

토큰 추가

토큰 이름 또는 토큰 심볼을 입력하세요

- 클레이튼 비너스(KXVS)
- 클레이튼 벨트 토큰(KBELT)
- 클레이튼 오토(KAUTO)
- 위믹스 토큰(WEMIX)
- 디피닉스(FINIX)
- 클레이튼 아이콘(KICX)
- 체인플릭스(CFXT)
- 마이스타체인(MSC)
- 클레이튼 유에스디 코인(KUSDC)
- 보라(BORA)

신원증명으로 사용하는 블록체인 기술

블록체인의 활용 분야로 활발하게 사용되는 분야 중 하나는 신원증명 분야다. 탈중앙화 신원증명(Decentralized Identifier)으로 DID로 표현된다. DID는 전자신원증명이다. 기존에 많이 사용하던 공인인증서, 현재는 공동인증서로도 사용하는 데 불편함이 없었지만 블록체인을 활용한 DID를 사용하면 기존보다 사용자에게 더 이득이 되는 부분이 있다.

우선 공인인증서(이하 공동인증서)의 경우 ROOT CA, 즉 중앙기관에서 데이터의 주권을 가지고 있으며 이를 활용해 소수의 서비스 제공자들이 정보와 부를 소유하고 있다.

DID는 블록체인 기술을 이용해서 개인들이 자신의 데이터를 직접관리하는 구조다. 중앙화된 기관을 거치지 않으면서 검증이 가능하도록 인증을 해주는 것이다.

[자료 1-7] DID 모델 기본 구조

출처 : 금융결제원

대한민국 금융결제원에서 만든 DID 모바일 신분증 서비스를 보면 분산 ID발급이 개인한테 온다. 블록체인으로 분산화된 저장된 내용을 가지고 이용기관에서는 검증을 할 수 있다. 또한 정보 노출을 개인이 조정할 수 있다.

개인정보의 노출 측면에서도 유리하다. DID기반의 신원인증을 해야 한다고 하면 특정 정보만 오픈할 수 있다. 그러나 현재 오프라인에서는 개인정보의 확인 수단인 주민등록증이나 운전면허증, 여권 등에는 많은 정보가 오픈이 되는 문제가 있다.

블록체인은 분산한 정보를 피어들에게 저장해서 데이터의 무결성 측면에서 유리한 기술이다. 무결성을 변조하기가 기술적으로 매우 어렵기 때문에 발급정보가 블록체인화 되면 검증에 대한 무결성이 보장된다.

국내 DID 시장에서는 블록체인 기술기업 아이콘의 마이아이디 얼라이언스, SK텔레콤이 주도하는 이니셜 DID 연합, 라온시큐어가 주도하는 DID 얼라이언스 등이 있다.

핵심은 개인정보 노출의 위험이 줄어든다는 것이다. 신원이 분산저장 관리되어 노출의 위험이 줄어들고, 또 사용자의 의지에 따라 개인정보 활용 범위를 통제하고 관리할 수 있다. 이는 모바일 서비스가 더욱더 고도화하는 사회에서 반드시 필요한 기술이다.

해외에서는 국내보다 활성화 속도가 빠르게 진행 중이다. 영국의 요티사는 편의점에서 나이에 제한된 물품 구매 시 신분 확인하는 경우 DID를 이용해 나이만 확인할 수 있도록 서비스를 제공한다. 사용자의 다른 불필요한 이름, 개인번호, 주소 등의 정보가 노출되지 않게 된다. 해외

은행들은 신원인증 및 각종 금융서비스를 이용할 수 있도록 DID 기술을 이용하고 있다.

블록체인 기반의 DID 기술은 이제 선택이 아닌 필수 기술로 생체인식과 함께 여러 분야에서 적용될 것이다. 따라서 블록체인 기술이 사장되는 일은 없을 것이다.

소금융으로 사용하는 블록체인 기술

블록체인 프로젝트 중에서 활발히 진행되고 있는 프로젝트 중 하나는 디파이 프로젝트다. 디파이(DeFi)란 탈중앙화 금융(Decentralized Finance)을 의미한다.

우리나라에서 계좌 개설은 보편적인 서비스다. 그러나 선진국을 제외한 저개발 국가의 경우 은행 계좌를 가진 사람이 우리가 생각하는 것만큼 많지 않다.

아프리카의 경우 세계은행 보고서에 따르면 은행은 10만 명당 2개, ATM은 6개 수준인데 모바일 대리점은 100명당 1개 비율로 있어서 손쉽게 방문이 가능하다. 대부분의 사람들은 모바일 핸드폰을 가지고 있다. 즉, 은행 계좌는 없어도 핸드폰은 가지고 있다는 말이다.

디파이(DeFi)란 탈중앙화 금융을 의미하며, 기존 은행에서 빌리는 대출이 아니라 블록체인 프로젝트 통해서 모바일로 개인들이 모금을 통해 필요한 사람에게 소액으로 대출을 해주는 것을 의미한다.

이렇게 되면 얻게 되는 이점은 기존 금융권을 이용하지 못하는 소외된 계층이 손쉽게 모바일 핸드폰을 통해서 대출을 이용할 수 있다는 점이다. 개인 사금융보다 저렴한 비용으로 대출을 이용할 수 있다. 개인은 이더리움과 비트코인을 맡기고 이자를 받으며, 대출을 활용하는 사람은 소액의 돈을 해당 국가의 화폐로 받게 된다. 개인 간의 사채인 사금융이 연 20%의 이자라면 디파이에서는 10% 정도의 이자를 받고 금액을 빌려주게 된다. 즉, 투자자가 코인으로 빌려준 것을 필요한 사용자에게 돈으로 모바일 핸드폰을 통해 빌려주는 것이다.

20% 넘는 이율로 돈을 빌리는 사채를 쓰는 사람한테는 8%는 낮은 이율이다. 이걸 스마트 컨트랙트 기술로 연계해주는 것이 디파이 프로젝트다.

은행 계좌가 약 25억 개 정도인데, 이는 전 세계 인구의 절반 이상은 은행 계좌 개설이 어려운 상황임을 뜻한다. 그러나 휴대폰 보급률은 67%로 디파이를 이용하는 것이 은행 계좌 개설보다 접근성이 훨씬 용이하다. 현재 은행 계좌에 자금 예치 시 받는 이자는 2~3% 정도다. 디파이는 내가 가진 코인을 빌려주고 이자를 받는 구조로 연간 10~15%로 고수익이 기대된다. 코인 가격이 오르면 당연히 추가 수익도 가능하다. 반대로 코인이 내려가면 원금 손해는 불가피하다.

가장 유명한 프로젝트는 에이브(AAVE) 코인으로 담보대출 1위 업체다. 우리 돈을 맡길 때도 수수료가 든다. 그것을 프로그램화해서 연파이넨스(WFI)가 제일 이자율이 좋은 디파이를 찾아서 자동 매칭 해주는 프로젝트도 있다.

그러나 디파이의 문제점은 국가 금융당국과 은행과의 배치한다는 것이다. 또한 외화유출 문제도 있다. 베트남이 연이율 15% 빌려야 하는데 디파이에서 10%로 빌려주면 은행은 손해고, 국가적으로도 손해다. 또한 외화 유출의 위험도 있다. 이러한 리스크가 있어서 각종 규제가 검토되고 있다.

많은 사람들한테 적은 돈을 빌려주고 전체적으로 보면 이득이다. 이더리움 스마트 컨트랙트를 적용해서 못 갚으면 퇴출을 시킨다.

후진국에서 사채를 빌리는데 30% 넘었는데 디파이 접근해서 빌리면 쉽고 이율이 싸다. 그래서 이 디파이 부분은 소액 시장에서 활발히 진행될 것이다.

우리나라 같은 금융 선진국에 적합한 시스템이 아니라 금융 후진국에서 적용하기 좋은 모델이다.

저작물에 대한 자산으로 사용되는 블록체인 기술(NFT)

블록체인을 활용한 기술에서 가장 이슈가 되고 있는 것은 NFT다. NFT는 대체 불가능한 토큰이다. Non-Fungible Token의 약자이며 블록체인에 저장된 데이터 단위로, 고유하면서 상호 교환할 수 없는 토큰을 의미한다.

앞서 설명한 블록체인의 가장 큰 특징을 떠올려보자. 사용자들의 각 피어에 정보를 저장한다. 업데이트된 정보는 채굴자(마이너)들이 동기화시켜 준다. 여기서 가장 큰 핵심은 변조가 어렵다는 점이다. 수백만 이상이 보유한 정보를 변조해서 한꺼번에 이를 반영하기는 기술적으로 매우 어려운 일이다.

NFT는 블록체인의 변조에 대한 강한 특성을 이용해서 기술적으로 '이 자산은 내 것이다'라는 각인을 디지털에 반영했다고 생각하면 된다.

NFT는 몇년 전 이더리움 기반의 크립토키티(Cryptokitties)에서 시작이 되었다. 크립토키티가 소개된 후 지금까지 가장 비싸게 거래된 기록은 1억 원 이상이다. 암호화폐 가격이 급상승하며 이 게임의 인기도 치솟아 고가에 거래가 되었다.

크립토키티는 수집게임으로 블록체인 기반의 고양이 육성 게임이다. 이더리움 ERC-721 토큰 방식의 디앱 프로젝트다. NFT의 시작이라고 볼 수 있다. 이더리움으로 발행하는 대부분의 프로젝트는 ERC-20 프로토콜을 이용한다. 대부분의 이더리움 기반의 디앱 프로젝트가 여기에 해당한다. 대체가능이라는 의미로 사용되며, 여기서 사용되는 토큰 한 개가 다른 토큰 한 개와 동일한 가치를 지닌다.

그러나 ERC-721 토큰은 대체 불가능한 특징을 지니고 있다. ERC-721 프로토콜로 발행되는 토큰은 모두 각각의 가치를 갖고 있다는 의미다. 크립토키티는 동일한 고양이가 생성되지 않는다. 희소성이 있는 크립토키티는 값비싼 가치가 부여되어 비싸게 판매되고, 평범한 크립토키

[자료 1-8] NTF 활용의 시초, 크립토키티

티는 싼 가격에 판매된다.

몇년 전 유행했던 ERC-721 토큰의 크립토키티의 NFT는 몇 년의 시간을 지나 요즘 각광받는 기술 및 상업기술로 이용되고 있다.

대표적인 마켓 오픈씨(OpenSea, opensea.io)는 이더리움과 같은 블록체인이 뒷받침하는 수집품, 게임 아이템 및 기타 디지털 상품을 포함하는 암호화 자산의 분산된 시장이다. 오픈씨를 사용하면 본인 고유의 자산, 게임 항목 및 기타 블록체인 기반 디지털 항목을 거래할 수 있다.

오픈씨는 NFT는 물론, 디지털 수집품, 이더리움 기반 게임 아이템 등 다양한 자산을 경매 등의 방식으로 거래할 수 있는 온라인 플랫폼이다. 최근에는 식음료 기업 코카콜라, NBA프로농구팀 골든 스테이트 워리어스 등도 오픈씨에서 NFT 수집품을 발행하면서 블록체인과 관련한 디지털 전략을 모색하고 있다.

키덜트 문화 중 하나가 카드 수집을 들 수 있다. 야구 메이저리그 카드, 농구 NBA 수집과 같은 취미를 목적으로 판매되는 소형의 사진카드다.

블록체인의 NFT기술이 널리 알려지기 시작하면서 NBA에서는 이제 인터넷사이트(nbatopshot.com)를 만들어 디지털 카드를 판매한다.

기존 카드가 실물이고 종이로 인쇄된 카드라면 NBA탑샷은 짧은 동영상이다. NBA 선수들의 하이라이트를 10~20초 영상으로 만들어 NFT화시켜 블록체인에서 관리한다. NBA탑샷을 통해 6천억 원 이상의 거래량을 기록하고 있다. 덩크슛 장면이나 3점슛 장면 등 하이라이트 장면을 만들어서 NFT로 판매하는네 이렇게 수요가 엄청나다. 희귀한 영상의 경우 가치가 올라가서 많은 사용자들이 NBA탑샷에 참여해서 구매를 하고 있다.

[자료 1-9] NFT로 판매하는 영상 카드 중 하이라이트 부분인 덩크슛 연속 동작

출처 : nbatopshot.com

디지털 공간에서의 코인 미아의 문제

은행계좌는 언제든지 돈을 찾을 수 있다. 오랫동안 거래하지 않아서 휴면계좌가 된 경우에도 사용자가 인증 절차를 거치면 정상적인 거래를 할 수 있다.

그런데 블록체인을 활용한 크립토커런시(Cryptocurrency)는 은행의 계좌와 비슷한 개념으로 지갑(Wallet)이라는 것을 사용한다. 지갑은 여러 가지 암호화폐를 담을 수 있는 지갑이 있고, 거래소를 통해서 암호화폐의 지갑을 이용하기도 한다.

거래소의 경우에는 사용자 인증을 통해서 내 암호화폐 주소에 대한 정보를 알 수 있다. 로그인이 안 되는 경우 고객센터와 이메일을 통해서 연락 및 인증을 처리할 수 있다.

가장 많이 NFT 거래나 ICO 투자를 위해서 이더리움(ETH) 기반을 지원하는 메타마스크(metamask.io)나 마이이더월렛(www.myetherwallet.com)을

이용해서 나의 이더리움 주소를 생성할 수 있다.

[자료 1-10] 메타마스크를 이용해서 이더리움 주소 생성하기

출처 : 메타마스크

클릭 몇 번이면 간단하게 이더리움 주소를 생성할 수 있다. 그런데 생성되는 주소(0xa207186aAB2dbcbc355D6ffdC8Ed436E19fXXXXX)는 누구인지 추정하기 어려운 구조고 이더리움 지갑인 메타마스크나 마이이더월렛(MEW)에서 손쉽게 생성할 수 있다. 개인이 많은 수량의 주소를 보유할 수 있다는 이야기고 지갑 주인이 누구인지 알 수 없는 익명성이 가지고 있다.

거래소 내에 있는 지갑인 경우에는 신원인증과 이메일, 핸드폰, 계좌인증이 이루어져 있어서 암호화폐 주소를 가지고 누구의 것인지 알아낼 수 있지만 이더리움이나 다른 암호화도 마찬가지로 개인계좌 지갑에서

만든 주소는 누구 것인지 특정할 수 없다.

그런데 방금 위에서 만든 계좌에 접속하기 위한 비밀번호를 사용자가 잊어버렸다고 생각해보자. 거래소라면 거래소에 연락해서 해당 주소에 접속할 수 있다. 하지만 개인 지갑인 경우 비밀번호와 Recovery 키 등이 기억이 나지 않는 경우 접속이 불가하다.

접속이 불가하다는 말은 개인이 구매한 암호화폐에 대한 접근이 불가 능해졌고 이를 거래 또한 불가능하다는 말이다. 돈을 주고 구매했다면 그 돈을 다 날리게 된 셈이다.

암호화폐 데이터 전문기업 체인아날리시스의 통계를 보면 보안키 손 실이나 분실 등의 이유로 쓸 수 없는 비트코인의 양은 12년 동안 약 350 만 개로 추산된다고 한다. 전체 채굴된 비트코인의 약 20% 수준이다. 총 2,100만 개의 16% 수준이라고 추산하고 있다.

코인 미아 문제가 여기서 발생한다. 은행의 경우 개인이나 법인이 맡 긴 돈은 신원이 확인되면 적법하게 찾을 수 있으며 거래 또한 인증서나 OTP를 갱신해서 진행할 수 있다.

그러나 암호화폐는 거래소 지갑이 아닌 경우, 개인 지갑을 생성하면 누구인지를 알 수 없는 익명성을 보장하므로 개인이 해당 지갑의 보안 키 값을 잊어 버리면 해당 지갑에 있는 암호화폐를 사용할 수 없다. 이 렇게 코인 미아 문제는 발생할 수 있다. 보안을 위해 특정 외장 하드나 USB에 넣어놨는데 분실되거나 제삼자가 쓰레기통에 버린 경우, 아니면 암호를 적어놓은 종이를 비밀리에 숨겨놨는데 종이가 유실되는 경우도 있을 수 있다. 그리고 아무것도 적어놓거나 기록해놓지 않고 머릿속에 기억하고 있는 암호가 기억이 안 나는 경우 내가 비용을 지불하고 얻은 암호화폐는 더 이상 내 것이 아니라 디지털 세상에서 떠도는 미아가 되고 만다.

블록체인 간의 통신 문제

블록체인의 암호화폐는 각자 네트워크 구조를 가지고 있다. 개인 피어에 보낸 네트워크를 구조를 유지하기 위해서 마이너(채굴자)들이 열심히 업데이트 정보를 일치화시키고 있다.

다른 은행 간의 송금은 빠르고 간편하다. 심지어 해외 송금도 일주일 이내에 처리가 가능하다.

그러나 블록체인 암호화폐에서는 각기 다른 네트워크를 가진 암호화폐 간 코인을 송금하면 받은 쪽에서 코인에 대한 정보를 받을 수가 없다. 코인이 디지털 미아가 되는 문제가 발생할 수 있다.

이더리움 기반의 토큰인 경우 이더리움을 통해 토큰 타입을 선택하고 이더리움 지갑인 메타마스크나 MEW에서 전송이 가능하다. 이는 이더리움 ERC-20 프로토콜을 이용해서 토큰이 생성되었기 때문에 이더리움 기반으로 전송할 수 있다.

카카오에서 개발한 클레이튼 블록체인 기반의 클립 지갑에 이더리움이나 이더리움 기반의 토큰을 전송하면 클레이튼 기반의 클립 지갑에 도착히지 못하는 문제가 발생한다. 클레이트 기반의 디파이(De-Fi)에 예치해서 고이자 수익을 얻기 위해서 투자한 사람들은 이런 문제가 많이 발생할 수 있다. 네트워크가 다르기 때문에 발생하는 문제다.

이를 해결하기 위해서는 중간에서 스왑해주는 플랫폼 변환 장치를 거처야 한다. 앞선 예처럼 이더리움 기반 토큰을 클레이 스왑에서 쓸 수 있도록 클레이튼 블록체인으로 변환해주는 서비스가 필요하다. 이런 서비스가 만들어지고 사용자는 불편하지만 한번 변환 과정을 거쳐서 해당 네트워크에 이체할 수 있어야 안전한 암호화폐 전송 및 투자가 가능하다.

암호화폐는 다른 코인 간의 전송은 지원되지 않는다. 각자 고유의 네트워크를 보유하고 있으며 이는 MS사의 윈도우, 애플의 Mac OS, 리눅스, 유닉스등 다양한 운영체가 있는 것처럼 블록체인 암호화폐도 고유의 운영체제가 있다고 생각할 수 있다.

일반적으로 인터넷, 모바일등 사용에 대해서 취약한 일반 사람들은 암호화폐의 전송이 은행처럼 쉽게 전송이 된다고 생각하기 쉽다. 그러나 이것은 생각보다 복잡한 구조적인 문제여서 해결되기 어렵다.

너무나 많은 암호화폐가 있지만 한국의 네이버나 카카오 그리고 미국의 MS와 구글, 메타 등의 인터넷과 모바일의 발전을 살펴보면 암호화폐 또한 메이저 암호화폐가 대부분의 네트워크와 서비스를 차지할 것이라는 생각이 든다. 사실상 표준이 정립되면 네트워크 간의 전송의 문제는 자동 스왑 기능이 생겨서 쉽게 전송할 수 있는 길이 생기지 않을까 예측해본다.

블록체인 암호화폐는 왜 해킹에 취약한 것인가?

블록체인 암호화폐는 태생적인 특징이 변조에 강하다는 특징을 가지고 있다. 중앙에 저장되는 것이 아니라 각 노드의 피어에 저장되어 수많은 노드가 가진 정보를 동시에 조작하기 어렵기 때문이다.

그런데 블록체인의 암호화폐가 누구 것인지는 모르지만 암호화폐 코인이나 토큰을 가진 사람의 주소를 스캔해서 얼마나 보유하고 있는지를 확인이 가능하다. 그래서 해킹에 항상 노출되어 있다.

0x1256f825934685ea8AA1eF7362f8d68a95xxxx로 시작하는 주소는 필자의 마이이더월렛 주소다. 이더리움 기반의 토큰을 구매해놓은 것이 있었는데 누군가가 해킹해 가져갔다. 다음 이미지의 빨간색으로 되어 있는 부분 3가지를 해킹당했다.

해킹의 원리는 다음과 같다. 누구인지는 확인이 안되지만 어떤 개인 지갑에 보유한 코인 개수는 스캔을 통해 알 수 있다. 비밀키가 있지만 무작위 공격 방식(Brute-force Attack)이나 저장해놓은 이메일, 공유 파일 등을 공격해서 이를 취득하는 것이 가능하다.

이렇게 블록체인은 해킹에 대해 취약할 수밖에 없는 구조다. 공개성이 특징이기 때문에 익명의 주소를 가진 사람은 알 수 없지만, 그것에 저당된 주소의 코인이나 토큰의 개수는 파악할 수 있다. 이것을 무작위적인 공격이나 이메일 계정 탈취, 공유 파일 탈취 등을 통해 비밀번호를 알아내서 이를 취득하는 과정에 대한 위험성을 항상 내포하고 있다.

안전하고 생각되는 거래소 또한 해킹 공격을 받아서 막대한 손해를 입은 경우도 있다. 일본의 경우 2018년 코인체크 거래소는 총 580억 엔(약 5,700억 원) 상당의 해킹 공격을 받았다. 이전에 2014년에 발생한 이전 해킹 사건 최대 피해액인 일본 마운트곡스의 470억 엔(약 4,577억 원)를 넘어서는 기록이다.

개인보다 보안상태가 높은 거래소 또한 해킹당하는 것을 보면 공개

[자료 1-11] 해킹으로 탈취된 토큰 예시

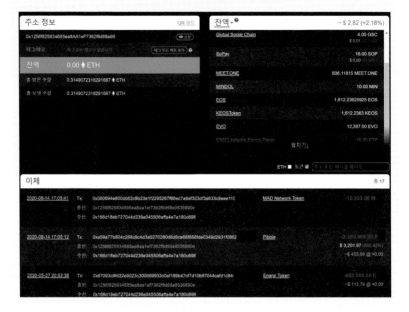

성이라는 문제가 항상 발생하게 되는 문제를 가지고 있다. 주요 원인은 외부 네트워크와 접속이 가능한 핫월렛 형태로 보관된 것이라고 알려져 있다.

콜드월렛은 네트워크에 접속된 상태가 아닌 사용한 특정한 값을 줘야 인터넷 접속이 활성화되는 형태다. 핫월렛은 항상 인터넷과 접속되어 있어 해킹에 위험에 노출되어 있다.

블록체인 암호화폐는 익명성 그리고 누구든지 거래 원장을 볼 수 있다는 공개성의 장점이 해킹에는 불리하게 작용하는 문제를 야기하고 있다. 누군가 관리자가 데이터베이스를 조작하게 된다면 이를 알아차리기 어렵다는 문제를 해결하기 위해 나온 것이 블록체인 암호화폐인데 이를 해결하다 보니 누구나 거래 트랜잭션을 볼 수 있게 된다는 문제가 생긴 다. 이것은 해커한테 익명의 누군가의 지갑에 코인의 액수가 이만큼(계좌 에 돈이 이만큼 들어 있다) 들어 있다는 뜻과 같은 이야기가 된다. 결국, 해킹 에 취약한 것이 블록체인 암호화폐의 단점이다.

블록체인과 암호화폐의 미래

블록체인 기술은 없어지지 않을 것 같다. 인터넷 붐이 일어났던 1990 년대 후반처럼 엄청나게 많은 기업이 블록체인 기술을 기반으로 사업을 추진하고 있다. 우리나라에서는 대표적으로 카카오의 클레이튼 블록체 인과 한국의 이더리움을 표방한 아이콘 블록체인이 대표적이다. 생태계 를 확대하고자 다양한 분야에서 디앱 참여 업체들이 새로운 시장에서 개 발하고 있다.

해외 또한 더욱 활발하게 진행되고 있다. 하이테크 기술의 선두주자 인 미국의 경우 가장 앞서서 블록체인 원천 기술을 개발하고 있다. 블록 체인의 아버지인 비트코인과 블록체인 활성화 붐을 일으킨 스마트 컨트 랙트의 이더리움 또한 미국에서 시작된 프로젝트다.

앞으로 다가오는 시대적 흐름인 메타버스(Metaverse)에서 가장 효율적 으로 사용될 수 있는 기술 중 하나가 블록체인이 될 것이다. 메타버스 사 용자 인증 DID 기술과 메타버스 내에서 사용자들에 대한 보상 또한 스 마트 컨트랙트 기술을 이용해서 자동으로 보상을 해주는 코인 보상, 그 리고 메타버스 세상에서 더욱 활발히 진행될 NFT 사업들을 생각해보면 블록체인 기술은 없어질 수 없는 기술이다.

그렇다면 블록체인의 아버지인 비트코인은 없어질까? 비트코인은 자체적으로 활용할 수 있는 기술은 없다. 너무나도 느리기 때문이기도 하고, 스마트 컨트랙트 기술을 사용할 수 없어서 실사용에 사용하기 어렵다는 문제가 있기 때문이다.

그러나 비트코인은 없어지지 않을 것이다. 비트코인은 다른 코인을 살 수 있게 하는 암호화폐의 기축통화 역할을 하고 있다. 신기술을 이용해서 암호화폐 개발을 하는 기업에 투자할 때 비트코인을 가지고 해당 기업의 암호화폐를 구입할 수 있다. 모든 거래소가 BTC마켓을 가지고 있으며 거래가 가장 활발한 시장이다. 그리고 사용자로부터 디지털 금이라는 대표성을 가지게 되었다. 전체 발행량이 2,100만 개로 되어 있어서 희소성이라는 측면에서 투자자들이 디지털 금이라는 투자성으로 사용자들이 인식하고 있다.

코인마켓캡(coinmarketcap.com/currencies/bitcoin)에 따르면 현재 18,930,912.00 BTC가 채굴되었다. 대략 전체 발행량의 90% 정도가 발행되었다. 희소성 측면에서 비트코인의 가치는 투자자들이 더욱 관심을 가질 것이라고 생각된다.

비트코인 이후 이더리움이 개발되지 않았다면 블록체인 생태계가 이렇게 커지지 않았을 것이다. 스마트 컨트랙트 기술로 인해서 중간자의 문제를 자동으로 프로그래밍해서 조건이 맞으면 자동계약이 가능하도록 되어서 많은 분야에서 수많은 기업이 새로운 서비스를 개발하게 하는 생태계를 조성했다.

앞으로 다가올 세상인 메타버스에서 블록체인 기술은 더욱 많이 적용 및 활용될 것이다.

[자료 1-12] 비트코인 발행량

구분	년도	발행량(단위 : 만 개)
반감기 1기	• 2009 ~ 2012	1050
반감기 2기	• 2013 ~ 2016	525
반감기 3기	• 2017 ~ 2020	275
반감기 4기	• 2021 ~ 2024	137.5
반감기 N기	2140년 : 채굴 중지 2,100만 개	합계 1,987.5

출처 : 코인마켓캡

현재의 아마존기업, 메타(구 페이스북) 등 새로운 생태계인 인터넷, 모바일이 활성화 되면서 새로운 기업이 시장을 점유한 것처럼, 블록체인 생태계에서도 시장을 점유할 기업이나 재단이 탄생할 것이다. 새로운 기회의 시장에서 기술을 이해하고 투자할 기회를 잡길 바란다.

Reference

1. 비트코인 도미넌스 비율, 전체 상장 코인 리스트 _ https://coinmarketcap.com/
2. 비트코인 채굴 다 끝나면 어떻게 될까? _ https://www.zdnet.co.kr/view/?no=20180413125916
3. 비트코인 발행량 _ https://bitinfocharts.com/bitcoin/
4. 마이이더월렛 이더리움, 토큰 지갑 _ https://www.myetherwallet.com/
5. 해킹에 안전한 암호화폐, 거래소가 뚫리는 이유는 _ ttps://www.hankyung.com/society/article/2018061108137

4차 산업혁명 시대의 전기차 및 로봇 구동기술

김승주

02

4차 산업혁명 시대의 전기차 및 로봇 구동기술은?

전동기 구동기술

Q : 전동기 구동기술의 개념은 무엇이고 왜 필요한 것인가?

A : 전동기 구동기술은 전동기와 전동기를 구동시키는 제어 기술을 의미한다. 전동기는 전기에너지를 기계에너지로 변환하는 전기기기다. 전 산업 분야에 동력원으로써 가장 핵심이 되는 주요부품 중에 하나다. 즉, 전동기는 공조설비, 반송설비, 급배수설비 등 동력설비의 핵심 에너지 다소비기기로 전체 전력사용의 절반 이상(54%)을 차지하고 있다. 산업이 발전할수록 전력 수요관리와 에너지 절약을 위해 전동기 및 구동시스템의 구동기술은 고효율화하는 것이 큰 이슈가 되고 있다.

전동기는 우리나라 전체 에너지의 20%를 소모하는 주 소비처다. 전체 전기에너지의 67% 정도가 전동기에 의해 소비되고 있다. 미국은 평균 67%의 효율로 전동기가 운전되고 있는 것으로 조사되고 있으며, 우리나라도 이와 유사한 효율을 보일 것으로 판단하고 있다. 따라서 전동기를 잘 관리하고 운영하면 전기소비를 획기적으로 줄일 수 있다. 이것은 곧 발전소에서 생산된 한정된 전력을 보다 효율적으로 사용할 수 있으므로 발전소 건설에 막대한 비용과 환경오염을 줄일 수 있다는 의미다.

이런 이유로 일찍이 미국은 1997년부터 국가 주도로 에너지 효율법

(EEAct, EPAct)을 제정 시행했다. 200마력 이하 대부분의 산업용 유도전동기를 대상으로 고효율 전동기 사용을 의무화한 것이다. NEMA(미국 전동기 제조업체 협회)는 고효율 일반전동기 기준보다 4~5% 높은 프리미엄급 전동기 보급 확대를 위해 프리미엄 전동기 기준을 제정했다. 2011년 이후 프리미엄 전동기 사용을 의무화해서 전력을 보다 효율적으로 사용하고 있다.

우리나라도 에너지를 사용하는 기기의 효율 향상과 고효율제품의 보급확대를 위해서 산업통상자원부와 한국에너지공단에서 효율관리제도를 추진하고 있다. 효율관리제도는 에너지소비효율등급표시제도, 고효율에너지기자재인증제도, 대기전력저감프로그램으로 구성되어 있다.

이런 제도를 통해 소비자에게 에너지효율 성능에 대한 올바른 정보를 제공해서 고효율제품을 구매하도록 유도하는 한편, 업체의 에너지효율 향상 기술개발을 촉진했다. 고효율기기로 시장 전환을 가능하게 하고 있으며, 이는 상당한 에너지 절약과 온실가스 감축 효과를 가져오기 때문에 정부는 제도 시행 및 보급확산에 노력하고 있다.

특히, 국제에너지기구(IEA)가 발표한 자료에 따르면 2050년 기준으로 온실가스 감축을 위한 정책수단에서 기기·설비부문 에너지 절약은 36%로 가장 중요한 비중을 차지한다고 보고되고 있다. 이와 같은 현황으로 최근에는 전기기기 에너지 절약 및 자원순환의 일환으로 재제조에 대한 관심도 높아지고 있다.

4차 산업혁명 시대의 전기자동차 구동기술

Q. 엔진자동차에서 전기자동차로 전환되고 있다. 전기자동차의 구동기술이 궁금하다.

A. 최근 몇 년 사이 우리는 주변에서 전기로 동작하는 이동수단(킥보드, 전기스쿠터, 전기자동차 등)을 매우 많이 접하고 있다. 이런 이동수단에 빠짐없이 들어가는 부품이 전동기와 전동기 구동시스템이다. 전기자동차로 인해 구동시스템에 변화가 생기고 있으며, 세계 각국에서 전기자동차 시장이 성장함에 따라 기존 내연기관차의 파워트레인인 엔진 관련 부속품과는 다른 배터리와 전동기가 주목받고 있다.

전기자동차의 전동기는 전기를 이용해 회전운동의 힘을 얻는 핵심부품이다. 전동기 축에 감속기를 연결해 적절한 회전력을 바퀴에 전달해 차량을 움직이게 한다. 이런 전기자동차는 크게 3가지로 분류할 수 있으며, 엔진과 전동기가 결합된 하이브리드 자동차(HEV)와 플러그인 하이브리드 자동차(PHEV), 순수 전동기로 된 전기자동차(EV)가 있다.

하이브리드 자동차(HEV)는 화석연료 엔진과 전동기를 함께 사용하는 것으로 도요타의 '프리우스'가 대표적인 하이브리드전기자동차며, 구조는 플러그인 하이브리드 자동차(PHEV)와 동일하다. 차이가 있다면 정상 주행할 때에는 엔진을 주로 사용하고, 시동을 걸 때나 고속 주행 등 더 큰 출력이 필요할 때는 전동기를 보조로 사용하는 방식이다.

플러그인 하이브리드 자동차(PHEV)는 내연기관과 전동기를 함께 사용하는 것은 하이브리드 자동차와 동일하지만, 배터리는 외부전원(Plug)으로 충전할 수 있도록 한 전기자동차다. 전기 콘센트에 플러그를 꽂아 전기로 주행하다가 충전한 전기가 모두 소모되면 화석연료 엔진으로 움직이는 방식으로 주동력원이 전기에너지다.

구 분	하이브리드 자동차 (HEV)	플러그인 하이브리드 자동차 (PHEV)	전기자동차(EV)
구동원	엔진+모터 (보조동력)	모터, 엔진 (방전 시)	모터
에너지원	전기, 화석연료	전기, 화석연료 (방전 시)	전기
구동형태	모터/발전기+배터리 +엔진+연료탱크	모터/발전기+배터리 +전원(외부충전) +엔진+연료탱크	(엔진 미장착) 모터/발전기+배터리 +전원(외부충전)
배터리	0.98~1.8kwh	4~16kwh	10~30kwh
특징	주행 조건별 엔진과 모터를 조합한 최적운행으로 연비향상	단거리는 전기로만 주행, 장거리 주행 시 엔진사용 하이브리드 + 전기차의 특성을 가짐	충전된 전기에너지만으로 주행, 무공해차량

순수 전기자동차(EV)는 화석연료(가솔린·디젤)엔진 없이 배터리를 통한 전기에너지만을 동력원으로 사용하는 전기자동차다. 충전된 전기에너지만으로 구동되어 이산화탄소 등 배출가스가 전혀 발생하지 않는다. 또한, 내연기관이 필요 없고 전동기만 장착하면 되기 때문에 자동차 구조를 단순화할 수 있다. 친환경 이슈 등으로 인해 내연기관 대비 전기자동차의 전동기 비중이 점차 높아지고 있다.

전기자동차 구동시스템은 구동용 전동기, 감속기, 전력공급모듈, 전지팩 등으로 구성된다. 전동기는 DC전동기, AC전동기, 브러쉬리스 전동기(BLDC), 영구자석형 동기전동기(PMSM) 등 크게 네 가지로 나누어 적용되고 있으며 전기자동차 구동시스템의 핵심부품이다. 자동차의 구동시스템은 실질적으로 자동차를 움직이게 만드는 동력을 담당하기 때문에 그 어느 부속품보다 중요한 역할을 수행한다.

전기자동차 구동시스템의 기술은 전기자동차의 고효율화, 고속충전,

일 충전거리 등의 요구로 배터리 전압이 400V에서 800V급으로 고전압화되고 있다. 그러므로 전동기는 고전압화로 인해 고속구동 및 전동기 사이즈 축소에 유리할 수 있지만, 절연등급이 높아지고, 인버터 스위칭 소자의 고속화 및 스위칭 노이즈 증가 등을 고려해야 한다.

전동기의 트렌드에 대해 EPA(미국 환경보호청)는 '2018 Fuel Economy Guide'에 전기자동차량 별로 채택한 전동기를 자세히 다루고 있다. 닛산 리프는 브러쉬리스 전동기를 적용했다. 테슬라 모델S와 모델3, BMW i3, 피아트 500e는 AC전동기를 적용했고, 현대 아이오닉 일렉트릭, 기아 쏘울 일렉트릭, 폭스바겐 e-골프, 포드 포커스 일렉트릭은 영구자석형 동기전동기를 적용하고 있다. 네 가지 전동기 중 어느 하나가 절대적 우위에 있다고 볼 수는 없다.

최근에는 전기자동차 전동기로 출력밀도가 높은 영구자석형 동기전동기가 주목받고 있다. 포르쉐가 공개한 전기스포츠카인 타이칸도 영구자석형 동기전동기를 적용했다. 영구자석형 동기전동기는 브러시와 정류자가 없어서 내구성이 뛰어나고 계자 코일의 손실에 의한 온도 상승이 없어 이에 대한 보호가 필요 없다는 장점이 있다. 하지만 전동기에 적용된 영구자석의 종류 및 형상을 고려한 냉각과 제어운전이 필요하다는 점에 유의해야 한다.

그리고 차세대 전동기로 인휠전동기가 각광받고 있으며, 인휠전동기는 각 바퀴에 선동기를 장착하는 개념을 의미하는 것으로 구동 과정이 간소화되어 동력손실을 줄일 수 있다. 각 바퀴 구동력을 독립적으로 제어할 수 있으며, 차체 무게를 줄일 수 있는 장점이 있다.

하지만 구조가 복잡해 시스템 제어가 어렵다. 일본 NSK는 변속기를 내장한 전기자동차용 인휠전동기를 공개했다. 우리나라는 모헤닉게라지스가 모헤닉Ms 전기자동차에 인휠전동기를 장착하고 주행테스트를 성공했다. 인휠전동기의 장점으로 그 외에도 완성차 업체들이 인휠전동기의 개발에 박차를 가하고 있다.

[자료 2-2] 미래차 보급계획

구 분		~2020년 6월	2022년	2025년
차량 보급	전기차	11.3만대	43.3만대	113만대
	수소차	0.8만대	6.7만대	20만대
	미래차 판매비중	-	10.8%	18.9%
충전소 구축	전기 급속	7,243	10,000	15,000
	수소	40	310	450

구분	~2019년	2020년	2021년	2022년	2023년	2024년	2025년	~'25년 (누계)
전기차	90,899	78,650	106,000	157,500	187,000	227,500	288,000	113만
수소차	5,097	10,180	15,185	36,540	40,850	45,700	51,300	20만
총계	9.6만	8.9만	12.1만	19.4만	22.8만	27.3만	33.9만	133만

출처 : 환경부

국내는 환경부의 미래차 보급계획에서 2025년까지 전기자동차 113만 대(승용+버스+화물 등 누적)를 보급하고, 충전 기반시설(인프라) 4.5만기(급속충전기 1.5만기, 완속충전기 3만기 누적) 확충할 예정이다. 또한 전기자동차에 대한 기술개발 투자와 함께 각종 제도개선을 통해 2025년까지 113만대 보급을 적극적으로 지원한다는 방침이다. 산업통상자원부는 국산 전기자동차의 경쟁력을 강화할 수 있도록 전기자동차의 성능, 부품 개선 등에 대한 기술개발(R&D)사업을 지원하고 있다.

[자료 2-3] 전기자동차 구동/제어 시스템 기술로드맵

구동/제어 시스템	고효율 및 경량화 기술을 통한 xEV용 구동시스템			
	2020년	2021년	2022년	최종 목표
차량용 모터기술 고도화를 위한 영구자석				희토류 20% 저감 또는 자석가격 25% 저감, ND계와 동등 수준의 보자력/에너지밀도 확보
모터 쿨링 모듈				전기구동시스템 일체형 고효율 냉각시스템 개발
전기모터 구동 보조 장치				고효율 회생제동장치 개발
모터 제어 시스템 (인버터)				고밀도화 및 고 효율화 냉각시스템을 포함한 구동 모터 제어 기술 개발
반도체 파워소자				기존 대비 효율 향상 2% 기존 대비 무게 및 부피 50% 감소
감속기(변속기)				변속효율 93%
박판 전기 강판				강판두께 0.2mm 미만, 단위면적당 손실 15W/kg 미만

출처 : 중소기업기술진흥원

중소기업기술정보진흥원은 미래 자동차에 대한 기술로드맵을 수립했다. 그 중 구동제어 시스템 분야는 전동기(구동전동기), 인버터, 감속기로 구성되고 고출력 및 고효율 기술을 요구하는 xEV용 구동시스템 부품군에 대해서 기술개발 전략을 수립하고 기술개발 지원을 하고 있다.

또한, 구동기술이 발전함에 따라 관련 시험방법 및 기준에 대한 표준이 활발히 재개정되고 있다. 전기자동차의 구동시스템(전동기, 인버터 등) 관련 국제 표준은 ISO-21782 시리즈에서 주로 다루고 있다. 국내 표준도 ISO-21782 시리즈 부합화를 진행 중이다. 현재까지 제정된 전기자동차의 전동기 및 인버터 관련 국내 표준은 다음과 같다. KS R ISO

21782-5는 자동차공학회, 자동차연구원, 모터 소위원회를 주축으로 부합화가 진행 중이다.

[자료 2-4] KS R 1203 표준

KSKSKSKS
KSKSKSK
KSKSKS
KSKSK
KSKS
KSK
KS

KS R 1203

KS

도로 차량 − 전기동력자동차용 인버터
구동형 전동기의 개별 효율 시험방법
KS R 1203:2016

산 업 표 준 심 의 회
2016년 8월 2일 제정

KS R 1175 : 도로차량 − 차량용 가변속도 삼상 농형 유도 전동기 손실 분리 시험방법

KS R 1181 : 도로차량 − 전기자동차용 인버터 구동형 전동기의 발전 효율 측정방법

KS R 1182 : 도로차량 − 전기동력자동차 구동용 전동기와 인버터의 출력 시험방법

KS R 1183 : 도로차량 − 전동기 동력계를 이용한 전기자동차용 전동

기 시스템의 성능 시험방법, 실차 주행 모드 모사

KS R 1203 : 도로차량 – 전기동력자동차용 인버터 구동형 전동기의
개별 효율 시험방법

KS R ISO 21782-1 : 전기자동차 – 전기구동 부품에 대한 시험 제원,
제1부 : 일반 시험 조건 및 정의

KS R ISO 21782-2 : 전기자동차 – 전기구동 부품에 대한 시험 제원,
제2부 : 전동기시스템의 성능 시험

KS R ISO 21782-3 : 전기자동차 – 전기구동 부품에 대한 시험 제원,
제3부 : 전동기 및 인버터의 성능 시험

KS R ISO 21782-6 : 전기자동차 – 전기구동 부품에 대한 시험 제원,
제6부 : 전동기 및 인버터의 작동 부하 시험

4차 산업혁명 시대의 로봇 구동기술

Q. 미래에 지속적으로 발전할 분야인 로봇의 구동기술에 대해 듣고
싶다.

A. 최근 4차 산업에 대한 관심 및 투자 증가에 따라 로봇 관련 및 응
용 기술에 대한 산업적 수요가 폭발적으로 증가할 것으로 전망된다. 그
중에서도 인간과 로봇의 협업하는 반자동화 단계에 대응하는 협동로봇
에 대한 수요가 증가할 것으로 기대되고 있다.

협동로봇은 인간과 로봇의 협력을 바탕으로 하며 인간과 같은 작업
공간을 공유하기 때문에 로봇의 안전성, 신뢰성을 위해서 경량화와 센서
기술이 필수적이다. 이렇게 로봇기술이 발전함에 따라 로봇의 안전성에
대한 관심과 함께 관련 안전성 확보 시험방법 및 표준 재개정이 활발하

게 이루어지고 있다.

협동로봇의 경쟁력은 저가화, 시리즈화 그리고 안전기능 등에 있다. 미국, 독일, 스위스, 일본 등의 해외의 선진 회사는 이미 활발한 로봇 구동모듈기술 개발을 통해서 독자적인 기술력을 갖추어 국내 시장을 독과점하고 있는 실정이다. 이 협동로봇에서 관절 구동모듈은 로봇을 구성하는 핵심 모듈로 전체 로봇 제작원가의 70%를 차지하고 있다. 기술고도화 및 부품 국산화를 통한 가격경쟁력 확보가 시급하다고 할 수 있다.

중소기업기술진흥원은 2019년 중소기업 기술로드맵에 기계금속 분야 중 서보전동기를 선정했다. 기술개발을 늦출 수 없는 부품으로 서보전동기는 대표적인 로봇용 전동기다. 원하는 움직임에 대한 상대 운동을 제한하고 움직이는 부분 사이에 마찰을 줄이는 기계요소로 부품의 손상을 막고 축을 정확하고 매끄럽게 회전시키기 위해 사용되는 부품이 서보전동기다.

서보전동기는 전동기와 제어구동보드를 포함하며, 전동기 자체만 가지고 서보전동기라 하지 않으며 명령을 따르는 전동기를 서보전동기라고 한다. 서보전동기는 제어가 용이해야 되는 만큼 큰 가속도에 의해서 기동하거나 정지하는 성능을 보유해야 한다. 물체의 위치, 방위, 자세 등을 제어량으로 하고, 목표치의 임의 변화에 추종하도록 구성된 제어계와 주어진 신호에 따라 위치, 속도, 가속도 등을 신속하고 정확하게 제어할 수 있는 전동기다. 제조용 로봇 및 각종 장비의 구동에 사용된다.

서보전동기는 고정자, 회전자, 베어링, 하우징, 엔코더(위치센서) 등으로 구성된다. 고정밀도, 고속제어, 유연성(속도, 토크, 위치제어 등 변환 가능), 반복성, 에너지 절감 효과를 가지고 있으며 신뢰성이 높다. 위치제어가 가능함으로써 공작기계, 산업용 로봇, 권선장비 등 각종 기계 분야에 적용이

[자료 2-5] 서보전동기의 종류에 따른 장단점

종 류	장 점	단 점
DC 서보모터	• 기동 토크가 큼 • 크기에 비해 큰 토크 발생 • 효율이 높음 • 제어가 용이 • 속도제어 범위가 넓음 • 비교적 가격이 저렴	• 브러시 마찰로 기계적 손실이 큼 • 브러시의 보수가 필요 • 접촉부의 신뢰성이 떨어짐 • 정류속도에 한계가 있음 • 사용환경에 제한이 있음 • 방열이 나쁨
동기기형 AC 서보모터	• 브러시가 없어 보수가 용이 • 내환경성이 우수 • 정류속도에 한계가 없음 • 신뢰성이 우수 • 고속, 고토크의 사용이 가능 • 방열이 좋음	• 시스템이 복잡하고 고가 • 전기적 시정 수가 큼 • 회전 검출기가 필요 • 영구자석을 고정자로 사용하므로 대용량의 모터 제작이 어려움
유도기형 AC 서보모터	• 브러시가 없어 보수가 용이 • 내환경성이 우수 • 정류속도에 한계가 없음 • 자석을 사용하지 않음 • 고속, 고토크의 사용이 가능 • 방열이 좋음 • 회전검출기가 불필요	• 시스템이 복잡하고 고가 • 전기적 시장 수가 큼

출처 : 중소기업기술진흥원

가능하다. 위치제어나 속도제어 및 토크 제어기를 가진 서보는 그 용도에 맞춰 구동요소로 동작하기 때문에 적용 분야가 확대되고 있다.

또한 전력소비 감소와 시스템 간소화도 가능하다. 전동기 컨트롤러를 통해 30% 이상의 효율성 향상과 스마트 시스템으로 환경을 감지하고 리얼타임으로 반응한다. 현재는 가격경쟁력과 시장이 발달해서 소비자 가격이 하락하고 반도체 기술의 발달로 가격장벽이 높지 않아 다양한 분야에 사용 중이다. 디지털 제어로 다기능화가 쉽고, 타 기기와 시스템 구축이 편리하다는 장점이 있다.

서보전동기에는 DC(직류) 서보전동기와 AC(교류) 서보전동기가 있다.

AC 서보전동기는 구조에 따라 동기전동기와 유도전동기로 분류할 수 있다. 직류 전류에서 구동하는 DC 서보전동기의 역사는 깁니다. 1980년대까지는 서보전동기라고 하면 대부분 DC 서보전동기를 이야기하는 것이었다. 그러나 마이크로프로세서 등의 발달로 1984년부터 교류 전류로 구동하는 AC 서보전동기가 등장하게 되었다. 여러 가지 장점이 있어 현재 AC 서보전동기로 세대교체가 활발히 이루어지고 있다.

DC 서보전동기는 토크와 전류가 비례해서 선형제어계의 구성이 가능하므로 비교적 간단한 회로로 안정된 제어계 설계가 가능했다. 그러나 최고속도와 그 점에서의 허용토크는 고정자와 회전자 구조로 인해 제약을 받게 되므로 적용이 제한적이다.

동기전동기형 AC 서보전동기는 DC 서보전동기와 반대로 자석이 회전자에 부착되어 있고 전기자권선은 고정자 측에 감겨 있는 구조로 정류자 없이도 외부로부터 직접 전원을 공급받을 수 있는 구조기 때문에 브러시리스 DC 서보전동기라고도 한다.

동기전동기형 AC 서보전동기도 DC 서보전동기와 마찬가지로 광학식 엔코더나 레졸버를 위치 및 회전속도 검출기로 사용하며, 위치 및 속도 센서를 적용하지 않는 센서리스 제어도 적용되고 있다. 센서리스 제어는 전동기의 전압, 전류 등의 정보를 이용해서 회전자 위치 및 속도를 추정해 제어하게 된다. 기존시스템보다 연산 및 제어시스템의 마이크로프로세서 성능이 높아야 한다. 전기자 전류와 토크의 관계가 선형이므로 제동이 용이하고 비상 정지 시에 다이내믹 브레이크가 작동한다.

유도전동기기형 AC 서보전동기의 구조는 일반 유도전동기(Induction Motor)의 구조와 동일하며 유도전동기의 경우 구조상으로 회전자와 고정자의 상대적인 위치 검출센서가 필요하지 않다.

세계 서보전동기 및 구동장치 시장 규모는 2016년 109억 달러에서 연평균 6.3% 성장해서 2022년 156억 8,400만 달러에 이를 것으로 전망된다. 국내 산업용 로봇부품의 시장 규모는 2015년 3,265억 원에서 연평균 5.3% 성장해서 2021년 4,460억 원에 이를 것으로 전망된다. 프로그램 컨트롤러의 시장 규모는 2015년 7,033억 원에서 연평균 5.0% 성장해서 2021년 9,413억 원에 이를 것으로 예상된다.

로봇 관련 시장은 지속적으로 수요가 확대 중이다. 2018년 제조현장 인력 1만 명당 로봇 보급 대수는 독일과 일본이 각각 301대, 305대로 보고되고 있다. 글로벌 시장 동향을 보면 제조용 로봇은 앞으로도 꾸준한 성장이 예상되고, 최근 협동로봇 또는 협업로봇으로 불리는 로봇은 이제 시장이 형성되는 초기 단계에 진입한 것으로 보고되고 있다.

전자기기의 수요가 많아지고 종류가 다양해진 만큼 자동화장비의 더 빠르고 정밀한 기술을 요구하고 있다. 많은 종류의 장비들이 서로 생산하는 부품 및 재료는 다르지만 장비의 정밀도, 속도 등 장비 구동에서 핵심이라 할 수 있는 전동기 및 구동장치의 중요성이 높아지고 있는 상태다. 보편적으로 로봇에 적용되는 부분은 로봇의 위치를 제어하는 부분이며, 전동기가 대부분 적용되고 있다. 로봇의 제작량에 따라 전동기 제작도 비례해서 증가하고 있는 상태다. 더욱이 모든 공정에서 자동화 시스템에 대한 의존도가 높아지고 있는 추세다.

국제로봇협회(IFR)에 따르면 2018년 전 세계 로봇 시장에서 소프트웨어 및 주변 장치를 제외한 산업용 로봇의 설치는 165억 달러에 달하는 422,271대로 2017년 대비 6% 증가한 상태다. 이는 2010년 이후부터 자동화에 대한 관심과 산업용 로봇의 지속적인 기술 발전으로 인해 수요가 증가했기 때문이다. 아시아는 세계에서 가장 큰 산업용 로봇 시장으로 산업용 로봇은 중국, 일본, 미국, 대한민국 및 독일의 5가지 주요 시장이 이끌고 있고, 전 세계 로봇 설치의 74%를 차지하고 있다.

이렇게 로봇의 수요는 증가하고 있지만 세계 로봇·자동화용 서보전 동기 시장은 화낙 21%, 야스카와전기 20%, 지멘스 16%, 미쓰비시전기 16%, 파나소닉 2% 등 전 세계 서보전동기 시장의 59%를 일본 기업이 차지하고 있어 해외 기술 의존률이 높은 편이다. 국내의 경우 각 부분품에 대한 기술은 고도화에 성공했으나, 산업용 로봇에 적용하기 위한 애플리케이션, 로봇 본체, 네트워크 기술 등의 발전이 더디며 글로벌 경쟁력을 갖추지 못하고 있다.

국내의 로봇산업도 일본의 화낙, 야스카와, 유럽의 KUKA, ABB와 같이 하드웨어와 함께 전후방 산업을 통합해 개발함에 따라 기술적 진입장벽을 높이고 시장 확대에 따른 가격경쟁력도 갖춰야할 것으로 판단된다.

이렇게 로봇 구동기술이 발전함에 따라 관련 시험방법 및 기준에 대한 표준이 활발히 재개정되고 있다. 하나의 예로 KS B ISO 9283 표준이 로봇 성능 항목 및 시험방법으로 적용되고 있다. 로봇 관련 안전에 관한 표준은 KS B ISO 10218-1, 2가 적용되고 있으며, 표준에 만족하는 시험은 주로 로봇 진흥원과 한국전자기술연구원에서 시험장비를 구축해서 성능평가를 수행하고 있다. 로봇 관련 국제 표준 및 국내 산업용 로봇 관련 표준 중 주요 표준은 다음과 같다.

• ISO - 국제 표준화 기구에서 제정한 표준

ISO 15066	로봇 및 로봇 장치 - 공동 로봇

• IEC - 국제 전기 기술위원회에서 제정한 표준

IEC 60335-2-2	진공 청소기 및 물 흡입 청소 가전 제품에 대한 개별 요구 사항
IEC 60335-2-107	로봇 배터리에 대한 특정 요구 사항은 전기 잔디 깎는 기계를 구동
IEC 62061	기계의 안전 : 전기 , 전자 및 프로그램 가능한 전자 제어 시스템의 기능 안전

• KS - 산업용 로봇

KS B 0068	기호
KS B 7084	조작 장치 등에 관한 기능 식별 기호 및 식별 색
KS B 7086	모듈화 설계 통칙
KS B 7096	전기 장치
KS B 7097	프로그램 언어 SLIM
KS B ISO 8373	용어
KS B ISO 9283	성능 항목 및 시험 방법
KS B ISO 9409-1	메커니컬 인터페이스 - 원형 플랜지형
KS B ISO 9409-2	메커니컬 인터페이스 - 샤프트
KS B ISO 9787	좌표계 및 운동기호
KS B ISO 9946	특성 표시 방법
KS B ISO 10218-1	안전에 관한 요구사항 - 로봇
KS B ISO 10218-2	안전에 관한 요구사항 - 로봇 시스템 및 통합
KS B ISO 11593	엔드 이펙터 자동 교환 장치 - 용어 및 특성 표시 방법
KS B ISO 14539	쥠형 그리퍼 -용어 및 특성 표시
KS B ISO TR 13309	ISO 9283에 따른 로봇 성능 평가를 위한 시험장비 조작 및 측정 방법
KS C ISO 6210	저항 용접건용 실린더 - 일반 요구 사항
KS X 6907	중간 코드

기타 산업 분야의 구동기술

Q. 그 외에 산업 분야의 구동기술에 대해 듣고 싶다.

A. 4차 산업혁명, 스마트시티 바람이 불고 인공지능, 빅데이터, 5G 등 첨단 ICT가 모든 분야에 영향을 미치고 동시에 기후변화와 온실가스라는 위기가 함께 덮치면서 에너지 효율화가 필수 과제로 떠오르고 있다.

현재 정부는 가정용 전기기기의 경우 으뜸 효율 가전제품 구매비용 환급사업으로 고효율제품의 생산, 유통, 판매를 촉진함으로써 고효율제품이 선호되는 소비문화를 확산시키려 하고 있다. 고효율제품 구매비용의 일정 부분을 환급해주는 사업을 진행하고 있으며, 그만큼 온실가스에 대한 대응이 필수적이라고 판단하고 있다.

세계 전동기 시장은 1,210~1,290억 달러, 2015~2020년 연평균 5.3~6.4%로 성장하고 있다. 소비자의 친환경 자동차 인식 확산과, 정부 지원의 확대로 전기자동차 및 산업용 전동기 교체 수요가 성장을 주도하고 있다. 세계 전동기 시장은 이미 성숙단계에 진입했다. 그러므로 전동기에 대한 고효율화가 빠르게 진행되고 있으며, 고효율 전동기 시장으로 전환 추세를 보이고 있다.

전동기의 기술 발전으로 에너지 손실량은 획기적으로 감소했다. 일반 전동기(IE1)과 슈퍼프리미엄전동기(IE4)의 효율 차이는 3.7%에 불과하다. 하지만 전동기 한 제품의 에너지 손실만을 본다면 일반전동기보다 슈퍼프리미엄전동기의 손실이 47% 감소했다.

기존엔 고효율, 저소음, 제어 용이성, 고내구성 특징을 가지는 브러시 없는 BLDC(BLDC : Brushless Direct Current)전동기 응용 분야의 확대가 주를 이루었지만 현재는 팬·전동기 시장에서 EC전동기(Electronically

Commutated Motor) 적용이 더욱 활발해지고 있다.

EC전동기는 BLDC전동기에 외부에서 제어 신호를 보낼 수 있는 장치를 탑재한 전동기다. BLDC는 인버터제어를 위해 외부에서 전류 방향 전환 신호를 보내는 장치를 별도로 탑재하고 있는 반면에 EC전동기는 이를 일체화, 콤팩트화 한 전동기라고 할 수 있다.

EC전동기는 회전자의 위치에 따라 외륜구동과 내륜구동으로 나뉘며 외륜구동은 회전자가 외부에 위치해 회전함에 따라 내륜구동에 비해 회전 시 동적균형을 최적화할 수 있다. 회전부품의 무게가 양쪽 베어링에 치우침 없이 고르게 배분됨에 따라 베어링의 수명을 높일 수 있는 장점을 가지고 있다. 일반적으로 전동기를 이루는 부품에서 베어링은 회전자의 마찰, 열, 축전류 등의 원인으로 부품의 수명이 가장 짧기때문에 베어링의 수명은 곧 전동기의 수명이라 해도 과언이 아니다. 그러므로 베어링의 수명을 높일 수 있는 것은 전동기의 수명을 연장할 수 있는 가장 큰 장점이 될 수 있는 것이다.

또한 외륜구동 EC전동기를 냉장·냉동부품으로 사용 시 내륜구동과는 달리 찬 공기가 전동기를 지나치는 구조가 되므로 자체 냉각을 통해 전동기의 발열을 줄이고 열 손실이 저감되므로 절연성능 등이 개선되어 수명이 증가할 수 있다. 그리고 EC전동기는 내부에 일체형으로 인해 제어 신호처리를 최적화할 수 있고 매우 높은 효율성과 뛰어난 운전능력이 있다. EC전동기는 모델에 따라 다르지만 이미 고효율 전동기 기준의 IE4를 만족하는 제품도 출시되고 있다.

산업용 고효율 전동기

전동기의 전력 소비 비중이 높음에 따라 선진국을 시작으로 각 나라마다 전동기에 대한 효율을 규제하고 확대 적용하고 있다. 특히, 전동기 중에 삼상유도전동기는 전체 전동기의 70%를 점유한다. 총 소비 전력의 40% 이상을 소비하고, 동력설비에서 가장 많이 적용되고 있는 전동기이므로 선진국을 중심으로 효율 규제를 하고 있다. 전동기 제품의 평균 수명이 15년 이상으로 매우 길고, 전 수명주기 비용을 고려하면 소비하는 에너지가 차지하는 비중이 96% 이상이므로 전력사용량 저감을 위한 효과적 수단으로 전동기 용량 및 극수별 제품의 효율 기준을 설정하고 기준 이상의 효율을 만족하는 제품만 시장에서 판매할 수 있다. 이에 따라 국내에서는 2011년부터 온실가스 감축기술 전략 로드맵을 내세워 기술개발을 진행하고 있다.

슈퍼프리미엄급 고효율전동기(IE4)는 프리미엄급 고효율전동기(IE3) 대비 손실을 20%(효율 1~2%↑) 이상 저감한 전동기다. 하지만 IE4 전동기는 이미 기존 선진 회사에서 상용화하고 있다. 따라서 국내에서는 선진 회사 제품과의 경쟁력(성능, 가격) 확보를 위해 슈퍼프리미엄급 IE4전동기의 타입별 설계 이론 및 상세설계 기술을 고도화하고 전기, 기계, 소재, 생산 기술과의 융합연구를 통해 효율을 극대화하며, 제조원가를 최소화하는 방향으로 기술개발이 되고 있다. 국내에서는 프리미엄급 고효율전동기(IE3)를 상용화하는 기술 단계다. 효율과 가격 경쟁력을 동시에 만족하는 슈퍼프리미엄급 고효율 전동기(IE4) 개발을 위해 유도기 전동기 및 Hybrid형 전동기에 대한 설계 기술개발을 정부 과제를 통해 진행 중이다.

[자료 2-6] 슈퍼프리미엄급 고효율 3상 유도전동기 온실가스 감축기술 전략 로드맵

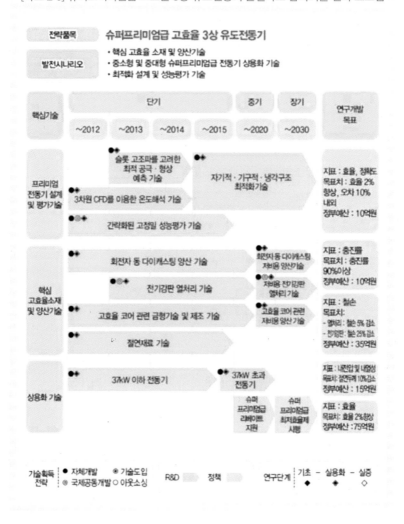

전동기 최저효율 지속적 강화로 선진국을 중심으로 2025년경에 슈퍼 프리미엄급 고효율전동기(IE4)로 상향될 것으로 예상된다. 국내는 전동기 의 최저효율(IE2)제도가 2008년에 도입되었다. 2010년부터 프리미엄급 고

효율전동기(IE3)로 단계별 강화되었다.

[자료 2-7] 전동기 최저효율

최저효율(IE2)		최저효율(IE3)	
전동기 용량	시행일	전동기 용량	시행일
37kW~200kW	2008.7.1	37kW~200kW	2015.10.1
37kW~100kW	2010.1.1	~375kW	2016.10.1
15kW~37kW	2010.1.1	0.75kW~37kW	2018.10.1
0.75kW~15kW	2010.7.1		
0.75kW~15kW	2011.1.1		

친환경 및 에너지 절감의 시장·기술·정책 요구를 충족하는 고효율전 동기의 수요가 증대되고 있다. 고효율전동기의 생산성 향상과 제품 경 쟁력을 최종적으로 결정하는 핵심 요소는 생산기반 기술이다. 특히 슈퍼 프리미엄급 고효율전동기(IE4)로 확대 개편이 예측되는 시장 변화에 조기 대응하기 위한 재·공정·부품·제품을 연계한 융복합 생산기술의 필요성 이 크게 부각되고 있다.

국내 전동기 생산 중소기업은 슈퍼프리미엄급 고효율 전동기(IE4)로 의 요구 성능 향상 및 생산비용 절감을 동시에 만족해야 하는 기술적 한 계에 직면해 있다. 이를 극복하기 위해서는 고효율전동기 제품에 적용할 수 있는 다양한 소재 및 설계 기술을 접목한 생산현장 밀착형 생산기술 확보 및 생산 지원체계 구축·운영이 필요하다. 국내외 에너지 규제에 대 응하고 슈퍼프리미엄급 고효율전동기(IE4) 제품의 조기 출시를 촉진하는 핵심 생산 공정 원천기술을 개발해 보급함으로써 국내 전동기 생산 중소 기업의 시장 진입을 지원하고, 기존 IE2/IE3급 생산 공정에 슈퍼프리미 엄급 고효율전동기(IE4)에 대응하는 핵심 생산 공정 기술을 개발해서 추가함으로써 최소한의 생산비용 상승만으로 슈퍼프리미엄급 고효율전동기(IE4)를 생산할 수 있는 생산 기반 기술 확보가 필요한 실정이다.

슈퍼프리미엄급 고효율전동기(IE4) 요구 설계 효율 만족 및 생산비용 증가를 최소화하는 핵심 융복합 생산 기반 기술 개발을 목표로 소재·설계·생산기술의 융합, 원천 생산기술 확보, 생산 지원 체계 구축 및 공정 기반 생산비용 최소화를 통해 슈퍼프리미엄급 고효율 전동기(IE4) 생산기술 고도화를 위한 기술개발이 정부 과제를 통해 추진되고 있다. 이러한 활동 및 정부의 지원과 함께 자원순환 및 탄소중립을 위해 필요한 산업용 전동기 재제조에 대한 관심이 높아지고 있다.

[자료 2-8] 60Hz IE4 공칭 효율 한계값

(단위 : %)

정격 출력	2극	4극	6극	8극
0.12	66	70	68	64
0.18	70	74	72	68
0.25	74	77	75.5	72
0.37	77	81.5	78.5	75.5
0.55	80	84	82.5	77
0.75	82.5	85.5	84	78.5
1.1	85.5	87.5	88.5	81.5
1.5	86.5	88.5	89.5	85.5
2.2	88.5	91	90.2	87.5
3.7	89.5	91	90.2	88.5
5.5	90.2	92.4	91.7	88.5
7.5	91.7	92.4	92.4	91
11	92.4	93.6	93	91
15	92.4	94.1	93	91.7
18.5	93	94.5	94.1	91.7
22	93	94.5	94.1	93
30	93.6	95	95	93
37	94.1	95.4	95	93.6

45	94.5	95.4	95.4	93.6
55	94.5	95.8	95.4	94.5
75	95	96.2	95.8	94.5
90	95.4	96.2	95.8	95
110	95.4	96.2	96.2	95
150	95.8	96.5	96.2	95.4
185	96.2	96.5	96.2	95.4
220	96.2	96.8	96.5	95.4
250~1 000	96.2	96.8	96.5	95.8

출처 : KS C IEC 60034-30-1

삼상유도전동기 효율측정은 KS C IEC 60034-2-1(회전기기-손실 및 효율을 측정하는 표준 시험방법)시험규격을 적용한다. 효율 시험방법은 직접 및 간접 측정으로 나눌 수 있다. 국내 삼상유도전동기 효율 규제 대상 범위 용량은 0.75kW~370kW를 적용하고 있다. 만일 시험이 연속적으로 진행될 수 없는 상황이라면 시험의 온도조건을 다시 맞춘 후 진행해야 한다. 이런 시험방법 등을 적용한 효율제도가 큰 효과를 내고 고효율기자재 보급 확산이 원활하게 되기 위해서는 사후관리를 철저히 운영해야 할 것이다. 사후관리제도가 정착되지 못하면 결국에는 효율이 낮은 전동기를 사용하게 된다. 사후관리를 제대로 적용해서 소비자의 피해가 없도록 해야 한다.

전동기 효율이 중요한 만큼 산업용 전기구동시스템의 효율도 중요하다. 그 이유는 전동기 구동 제어기술이 발전함에 따라 전동기뿐만 아니라 전동기를 구동하는 장치를 포함한 구동시스템의 효율이 중요한 이슈가 되고 있기 때문이다.

그러므로 산업용 전기구동시스템에 대한 표준이 재개정되고 있으며 유럽연합(EU)는 2014년까지 전동기 및 구동시스템의 효율 규제를 위한 연구를 1차적으로 마쳤다. 그 이후 경제적 효과에 대해서 외부 자문도 이루어졌다. 전동기 부하의 상당 부분을 차지하는 펌프, 팬, 컴프레서의 시스템효율 규제에 대한 연구를 수행해오고 있다. 이는 전동기, 인버터와 같은 단품의 효율 향상만으로는 에너지 절감에 한계가 있기 때문이기도 하다.

따라서 부하를 포함한 확장된 시스템(EP : Extended Product)의 효율 관리가 중요하게 대두되고 있다. IEC 61800 규격은 전동기가 일정 부하에서 연속적으로 운전되고 있는 경우가 아니다. 주기적 또는 비주기적으로 운전되고 있는 경우의 시스템의 효율 개념으로 확장해서 적용할 수 있게 되어 있다. 이러한 계산은 속도-토크 프로파일과 부하-시간(duty) 프로파일을 이용하게 된다.

[자료 2-9] PDS(Porwe Drive System)의 손실 결정을 위한 동작점

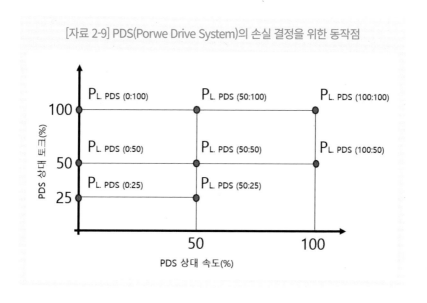

이 중에서 특히 속도-토크 프로파일은 부하의 종류(펌프, 팬, 견인 등)에 따라 달라지게 된다. 실제로는 무한에 가까운 부하점에서의 특성값이 요구되나 실용적인 측면에서는 그림에서와 같이 8개의 운전점에서의 값을

요구하고 있다. 이를 이용해서 다른 부하점의 값을 제시된 보간법을 통해 계산할 수 있도록 하고 있다.

IEC 61800-9-2 : 2017에서는 가변속으로 구동하는 전동기시스템의 에너지 효율 향상을 위해 CDM(Complete Drive Module)과 PDS(Power Drive System)의 효율 결정방법과 효율등급을 정의하고 있다. 여기서 효율등급은 전동기 또는 인버터 자체의 효율등급인 IE등급과 구별해서 PDS의 경우에는 IES등급으로 나타내고 있다. 적용 범위는 0.12kW~1MW를 대상으로 한다.

생산업체 중에 전동기만을 생산하거나 또는 구동장치(인버터)만을 생산하는 업체가 있다면 제시된 모델인 RCDM(Reference CDM)과 RM(Reference Motor)을 기준으로 PDS의 효율등급을 산정할 수 있다. 즉, 전동기만 생산하는 업체의 경우 RCDM을 이용해서 IES등급을 산정할 수 있게 했다. 전력변환장치만 생산하는 업체의 경우에도 RM을 이용해서 IES 등급을 산정할 수 있도록 하고 있다. 두 제품을 모두 생산하는 경우에는 각각의 효율측정을 통해 IES 등급 산정이 가능하다.

실제 전동기의 운전범위는 효율이 매우 낮은 부하 조건인 40% 미만에서 운전되는 경우가 상당히 많은 것으로 추정할 수 있다. 이러한 운전조건은 펌프 시스템에서 흔히 일어나고 있다. 이 경우 전동기 또는 인버터 단품만의 효율 규제보다는 시스템 전체의 효율을 관리하는 것이 매우 효과적이라고 판단해서 국제적으로 전기구동시스템의 효율규제에 대한 준비를 하고 있는 추세다. 특히, 유럽연합(EU)은 이러한 경우에 대한 규제를 지속적으로 연구해오고 있으며 해외 선진 제조사에서는 IEC61800-9-2에 따라 시험하고 결과를 적극 홍보하고 있다.

앞으로 전동기 구동기술은 전동기 및 구동장치를 모두 포함하는 시스템 단위의 기술로 발전할 것으로 예상된다. 특히, 고성능·고정밀 및 고효율 구동제어기술이 중요한 핵심기술이 될 것이다.

Reference

1. 온실가스감축기술 전략로드맵, 2011, 한국에너지기술평가원
2. 친환경 미래모빌리티(전기·수소차)보급, 2020, 환경부
3. 전기자동차 구동/제어 시스템 기술로드맵, 2019, 중소기업기술진흥원
4. 서보전동기의 종류에 따른 장단점, 2019, 중소기업기술진흥원
5. 슈퍼프리미엄급 고효율 3상 유도전동기 온실가스 감축기술전략 로드맵, 2011, 한국에너지기술평가원
6. 로봇 분야 국내 표준화 활동 현황
7. 로봇 분야 국제 표준화 동향
8. ISO-IEC standardization efforts in robotics
9. ABB_Industrial Safety Requirements for Collaborative Robots and Application
10. 2011_09_30d_KUKA_DLR
11. http://www.koros.or.kr/

가스·화공플랜트의
디지털 트랜스포메이션

김욱주

03

가스·화공플랜트의 디지털 트랜스포메이션

우리나라에 가스·화공플랜트가 들어선 지도 벌써 40여 년이 지났다. 초창기에는 화공 엔지니어가 적었고 기초 엔지니어링 기술도 없었다(물론 지금도 드문 상황이다). 유럽이나 미국, 일본의 기술을 기초로 베이직 설계를 진행하고 우리 건설업체가 상세설계 및 공사를 담당했다. 공장 운영은 외국 기술진의 도움을 받아 우리가 운영하면서 관련 노하우를 습득했다.

당시 오퍼레이터가 사양이 높은(현재 기준으로는 매우 낮은) 컴퓨터로 플랜트를 제어하며 일일이 로그 시트를 작성했고, 트러블이 발생할 때는 엔지니어가 수작업으로 원인을 분석하고 해결책을 찾았다. 그 후 제어시스템이 지속 발전하면서 PLC(Programmable Logic Controller)나 DCS(Distributed Control System) 같은 고성능 시스템이 개발됐지만, 운전 모니터링 및 제어, 인터록(Interlock) 등의 목적이 대부분이었다. 물론 주요 설비의 온도, 압력, 유량 등 데이터는 자동 저장되었지만 자동 분석은 이뤄지지 않았다.

사실 지금도 공장에 트러블이 발생하면 오퍼레이터와 엔지니어가 일일이 데이터를 수집해서 상관관계와 원인을 찾는다. 원인 파악을 위해 수일을 고민할 때도 있다. 제어시스템이 보안상 인터넷망과 단절돼있기에 데이터를 얻으려면 조정실로 찾아가 모니터 화면을 핸드폰으로 찍어오기도 한다. 그리고 DCS에 저장되지 않은 일부 데이터는 종이로 된 로그 시트를 뒤져서 찾아야 한다. 물론 2~4시간 단위로 로깅(Logging)되는 데이터라 정작 분석에 도움이 되지 않을 때도 있다. 또, 분석에 필요한 도면, 벤더 프린트(설비 사양에 관한 서류), 기술자료는 자료실에 가서 찾아오거나 컴퓨터에 저장된 문서를 검색해서 찾기도 한다. 힘들게 찾은 자료를 유심히 보다 보면 업데이트가 안 된 자료가 많아서 참 난감하다. 도면 역시 종이로 된 자료가 많아 찾는데 시간이 많이 걸리고 잘못된 부분도 많다. 우여곡절 끝에 이렇게 모아진 데이터를 기초로 시뮬레이션 프로그램을 실행해볼 때도 있다. 이때도 사례별로 변수를 입력, 분석해야 해서 시간이 많이 걸린다. 물론 예전 16비트 컴퓨터로 일하던 시절 보다는 많이 좋아졌지만, 자료를 찾고 분석하는 시간은 그렇게 빨라지지는 않은 듯 하다.

현장의 모든 데이터가 감지되고 제어 시스템에 자동 저장되며, 문제 발생 전에 알람을 준다면 얼마나 좋을까? 3D 도면이 띄어진 모니터에서 해당 설비를 마우스로 클릭하면 벤더 프린트나 기술자료가 화면에 바로 나오고, 모니터상 공정도에 변수를 입력하면 자동 시뮬레이션되어 온도나 압력, 유량값이 출력되면 좋지 않을까? 종이로 된 로깅시트 대신 모바일 기기를 통해 현장에서 특이사항을 입력하고 작업허가서 및 설비 사양, MSDS(Material Safety Data Sheet) 등을 볼 수 있다면 좀 더 효율적이지 않을까? 드론을 띄워 반응기나 정제탑, 저장탱크 상부, 부두 파일 하부 등 사람이 접근하기 어렵고 위험한 곳을 점검할 수는 없을까? 무인 로봇 또는 소형이동기기가 현장을 순찰하며 가스감지기가 내장된 다기능 CCTV로 이상 유무를 확인하고 조정실로 알람을 해줄 수는 없을까? 여러 가지 생각이 떠오른다. 사실 이러한 생각은 수년 전만 해도 아이디어에 불과했다. 하지만 4차 산업혁명 시대를 맞아 디지털 기술이 융합되면서 이러한 아이디어가 이제는 현실화되고 있다. 이렇게 우리의 아이디어를 현실로 만들어주는 DT(Digital Transformation)는 과연 무엇이고, 가스·화공플랜트에 있어 어떻게 적용할 수 있는지 알아보자.

플랜트 DT의 개요

우리 사회는 과거 1~3차 산업혁명 시대를 지나 바야흐로 4차 산업혁명 시대에 접어들고 있다. 사실 4차 산업혁명이란 용어는 독일의 인더스트리 4.0에서 출발했다. 예로부터 제조업 강국이던 독일은 공장의 해외 이전이 가속화되자 주요 도시에서 산업 공동화 현상이 발생했다. 저출산 고령화로 숙련 기술자가 줄어들고 미국 정보통신 업체의 급부상으로 자국 기술경쟁력 또한 낮아졌다. 독일은 이를 극복하기 위해 2011년부터 노사정이 하나가 되어 공장의 스마트화를 추진했다. 이것이 바로 4차 산업혁명이라는 용어가 나온 배경이다. 그리고 2016년 다보스포럼에서 이런 4차 산업혁명의 개념이 모든 산업에 첨단 디지털 기술을 적용해서 더 큰 가치를 만들어내는 것으로 확대됐다. 이러한 4차 산업혁명의 주요 특징은 다음과 같다.

4차 산업혁명의 주요 특징

- 기하급수적인 기술진보 : 기계와 로봇에 AI와 Big data 등의 첨단 디지털 기술이 접목되면서, 인간의 신체적 노동력은 물론 인지능력까지 넘어설 정도로 기하급수적인 기술진보를 보일 것이다.
- 융합성 : 기술 또는 산업간 융복합, 지식과 정보의 축적이 가속화되면서 새로운 제품과 비즈니스 모델이 등장할 것이다.

- 무경계화, 초연결사회 : 초고속 무선통신과 IoT를 통해 시간과 공간의 경계가 무너질 것이다. 또한 기계와 IT 기술의 융합과 상품·서비스의 이종결합이 증가하면서 제조업과 서비스업의 경계도 없어질 것이다. 아울러, 가상과 물리적 현실이 실시간 통합되면서 모든 것이 연결되는 사회가 도래할 것이다.

우리는 이러한 4차 산업혁명을 다른 말로 DT(Digital Transformation)라고도 부른다. 그래서 최근에 '디지털 전환', 'DT' 같은 용어를 많이 듣는다. 하도 많이 들어서 매우 익숙하지만, 막상 용어를 자세히 설명하려면 쉽지 않다. 그래서 이와 관련된 여러 문헌을 찾아봤는데, 그 결과 DT란 '물질의 형태나 상태를 정보(Data)로 바꾸는 것'이라는 결론에 이르렀다. 우리가 즐겨 듣는 MP3 파일도 음악이란 무형의 음파를 디지털로 전환한 것이라 할 수 있다. 디지털 카메라로 찍은 사진도 사물의 모습을 디지털로 변환한 것이다.

그렇다면 플랜트 DT는 무엇일까? 말 그대로 플랜트(공장)의 디지털 전환이라고 이해하면 쉽겠다. 서두에서 이야기한 것처럼 과거에도 플랜트에 PLC나 DCS, 각종 센서 같은 디지털 기술을 적용해왔다. 점점 커지고 복잡해지는 플랜트를 효율적으로 정확히 제어하려면 디지털 기술을 적용할 수밖에 없었기 때문이다. 하지만 디지털 기술의 적용 범위가 일부 장치로 제한됐기에 얻을 수 있는 데이터의 종류와 양이 적었다. 또한 데이터에 대한 자동 분석이나 설비 예지보전 같은 좀 더 높은 수준의 기능은 구현하기 어려웠다. 따라서 이를 보완하기 위해 최신 디지털 기술인 AI(Artificial Intelligence), IoT(Internet of Things), 클라우드(Cloud), 빅데이터(Big Data), 모바일(Mobile) 등을 적극적으로 활용할 필요가 있다. 이러한 최신 디지털 기술의 적용 과정이 플랜트 DT라고 이해하면 된다. 그리고 우리

는 이러한 플랜트 DT를 통해 생산 및 운영 효율을 극대화하고, 동시에
사고를 예방할 수 있다.

[자료 3-1] DT 주요 기술

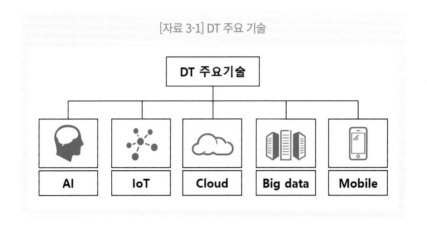

플랜트 DT의 주요 기술

DT 주요 기술과 이에 대한 플랜트 적용방안에 대해 좀 더 구체적으로
살펴보겠다. 개별적인 디지털 기술을 소개하기에 앞서 각 기술 간의 관계
를 큰 시각에서 생각해볼 필요가 있다. 예를 들어, 컴퓨터는 기본적으로
입력된 데이터를 메모리에 저장한 후 CPU에서 분석 및 처리해서 모니터
나 프린터로 값을 출력한다.

[자료 3-2] 컴퓨터의 데이터 처리단계

이와 동일하게 디지털 기술도 물질의 상태를 데이터로 만들어 입력하는 단계, 저장 및 분석/처리하는 단계, 출력하는 단계, 총 3가지 단계로 나눌 수 있다. 휴대폰이나 PDA 같은 모바일기기, 사물인터넷(IoT) 적용 센서 등은 데이터를 만들어내고 입력하는 기술이라고 할 수 있다. 그리고 이러한 기술의 대중화로 빅데이터가 만들어지는데, 이 빅데이터는 클라우드에 분산, 저장된다. 아울러, 빅데이터를 유의미하게 분석/처리하기 위해 AI 기술을 사용한다. 궁극적으로는 모바일 기기나 AR, VR 등으로 출력해서 실생활에 활용하는 것이다. 이것이 큰 시각에서 디지털 기술을 구분해본 것이고, 이러한 분류를 통해 디지털 기술을 좀 더 쉽게 이해할 수 있다.

[자료 3-3] 처리단계별 활용되는 디지털 기술

참고

– AR : 'Augmented Reality'의 약어로 증강현실을 의미한다. 가상현실 (VR)과는 다르게 현실 세계를 배경으로 추가되는 정보만 가상으로 보여주며, 구글 글래스가 대표적이다.

– VR : 'Virtual Reality'의 약자로 가상현실을 의미한다. 컴퓨터로 만든

가상 세계에서 실제 같은 체험을 할 수 있도록 하는 기술이다.

- 3D 프린팅 : 프린터로 평면을 인쇄하는 것이 아니라 입체 도형을 찍어내는 것이다. 도면만 있으면 바로 제품 생산이 가능하다.
- 챗봇(ChatBot) : 메신저에 채팅하듯이 질문을 하면 AI가 대답해주는 것이다. 최근 많은 기업이 고객 상담용으로 도입 중이다.
- RPA : 'Robotic Process Automation'의 약어다. 데이터를 수집해 입력하는 단순 반복 업무를 자동화하는 일종의 프로그램이다. 최근 AI와 결합해서 빠르게 발전하고 있다.

1. AI(Artificial Intelligence)

AI는 말 그대로 인공적으로 만들어진 지능을 의미한다. 우리가 흔히 들어본 머신러닝(Machine Learning), 딥러닝(Deep Learning)도 일종의 AI다. 용어들이 비슷한 듯 다른 듯 헷갈리지만 알고 보면 그렇게 어렵지 않다. 일단 AI가 가장 큰 개념이고, 그 다음이 머신러닝, 딥러닝 순이다. AI가 머신러닝을 포함하고 머신러닝은 딥러닝을 포함하는 것이다.

먼저 AI는 기계나 컴퓨터가 사람의 지능을 따라할 수 있도록 만든 것이다. 아주 오래전에 나왔던 바둑이나 체스를 두는 프로그램도 일종의 AI라고 할 수 있다. 머신러닝은 1990년대 등장한 개념으로 통계적 기법을 통해 기계를 학습시키는 것이다. 개별적인 여러 사실을 통해 일반적인 원리를 이끌어낸다고 해서 귀납적 추론 방식이라고도 한다. 예를 들어 CCTV 카메라에 보인상 문제가 되는 여러 가지 상황을 노출시켜 이벤트를 학습시키는 것이다. 일반 컴퓨터가 프로그램(알고리즘)에 데이터를 입력해서 결과값을 계산하는 것이라면, 머신러닝은 컴퓨터에 데이터와 결과값을 넣어 프로그램을 만드는 개념이라고 생각하면 된다. 딥러닝은 여기서 한발 더 나아가 데이터 입력 등도 컴퓨터 스스로 하고 데이터끼리의 관계까지 분석하는 것이다.

[자료 3-4] AI의 상세분류

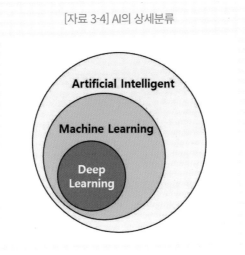

참고로 인간의 지능은 감정적 측면과 이성적 측면으로 구성된다. 이 중 감정은 희노애락, 기분, 즉흥성 등으로 표현할 수 있다. 많은 전문가들은 이러한 감정을 AI로 분석·처리하는 것은 매우 어렵다고 이야기한다 (먼 미래에는 가능할지도 모르겠다). 사실 인간의 표정이나 말을 감지해서 감정을 파악하고자 하는 AI 기술도 있다. 그러나 변수가 워낙 많아 정확성이 낮다. 이와는 반대로 수치 데이터 간의 상관관계나 인과관계 같은 이성적 분석은 AI로 구현하기가 상대적으로 쉽다. 따라서 현재 주로 활용 중인 AI는 기계 운영 데이터나 인간의 외적 상태를 분석하는 이성적 측면의 지능이라고 할 수 있다.

사실 요즘 주위를 둘러보면 AI를 적용하지 않은 전자 제품이 없을 정도다. 세탁기, 냉장고, 심지어 정수기까지 AI란 표지가 모두 붙어 있다. 유튜브를 켜면 AI가 추천하는 영상이 화면에 뜨기도 하고, 기업에서는 채용 관련 서류 심사 및 인적성 검사를 AI로 진행하기도 한다. 필자도 국내 M사에서 만든 AI 분석툴을 활용해서 면접을 진행했다. AI가 지원자의 사전 화상면접 영상을 분석해 즉답성, 논리성, 유창성 등을 수치화하고 지원·영업·생산 등 어떤 직무에 적합한지도 추천해준다. 실제 지원자와 면접을 진행해본 결과, AI 평가 내용이 틀린 부분도 있었지만 맞는 부분도 있었다. 이처럼 AI는 우리 생활 곁에 빠르게 다가오고 있다.

그렇다면 이러한 AI 기술이 도대체 플랜트와 무슨 관련이 있는 걸까? 바로 이러한 기술을 설비 예지보전에 활용할 수 있다는 것이다. 수많은 데이터와 결과값(정상 또는 고장)이 AI 컴퓨터에 입력되어 프로그램이 만들어지고, 이를 통해 주요 설비의 고장 가능성 및 시기를 예측할 수 있다. 펌프, 압축기, 버너 등 공장 주요 설비는 가동 중단 시 보수비용을 떠나 막대한 영업손실이 발생한다. 따라서 고장 발생 전에 이상징후를 찾는 것이 무엇보다 중요하다. 일례로 플랜트에 공급되는 전기의 전압을 낮춰주는 변압기에 대한 모니터링 시스템을 들 수 있다. 국내 O사에서 한전 데이터를 기반으로 개발한 시스템이다. 주기적으로 측정한 변압기 내 유증기 성분 값을 통해 트러블 발생 시기를 예측하는 것이다. 쉽게 말해, 측정한 유증기 성분 값과 트러블 발생 시 데이터 값을 비교, 분석하는 것인데 만약 측정값이 문제가 발생했던 값과 유사해지면 선제적인 조치를 취할 수 있게 한다. 어떻게 보면 상당히 간단한 방법 같지만, 비교 대상이 되는 빅데이터를 확보하고 비교 기준을 설정해야 한다는 측면에서 쉽지민은 않온 것 같다. 이외에도 AI는 공장 주요 설비의 전류, 진동, 발열 등 변화를 분석해서 고장 시기를 예측할 수도 있다.

2. IoT(Internet of Things)
IoT는 우리말로 사물인터넷을 의미한다. 말 그대로 모든 제품을 인터넷으로 연결하는 것이다. 예전에는 인터넷 연결 방식이 유선이나 Wi-Fi 였기에 확장성이 낮았다. 하지만 무선통신 기술의 발전과 함께 5G 통신 환경이 확대되면서 인터넷에 연결할 수 있는 기기가 폭발적으로 늘어나고 있다. 물론 기기간 주고받을 수 있는 데이터의 양과 속도도 대폭 증가 중이다. 이제는 모든 기기가 데이터를 주고받기 쉽게 된 것이다. 이러한 IoT 기기 중 대표적인 것이 센서다. 센서는 인간의 눈과 귀를 대신해서 각종 데이터를 수집하고 서버로 전송하는 장치를 의미한다. 센서가 많으면 많을수록 데이터가 많아지므로 사물의 상태를 좀 더 정확하고 빨리 파악할 수 있다.

[자료 3-5] IoT 개념도

과거 인터넷 속도에 관심이 많았던 분들은 윈도우에서 DOS 모드로 들어가 'Ping Test'를 해본 적이 있을 것이다. 'Ping Test'를 하기 위해서는 IP 주소를 알아야 한다. DOS 모드에서 'ipconfig'라는 명령어를 입력하면 컴퓨터의 IP 주소가 나온다. 이 IP 주소가 IoT 기기의 개별 주소로

사용된다. 과거에는 IP 주소 체계가 32비트 길이로써 약 43억(2³²)개의 주소만 만들 수 있었다. 하지만 IoT 센서가 지속적으로 늘어나면서 IP 주소가 부족해졌다. 이러한 문제를 해결하기 위해 2011년에 IP 주소 체계를 32비트에서 128비트로 늘렸고, 이제는 IP 주소를 거의 무한대로 사용할 수 있게 되었다. 조그만 IoT 센서 하나하나까지 주소를 줄 수 있게 된 것이다.

그렇다면 이러한 IoT 기기는 우리 생활에 어떤 도움을 줄 수 있을까? 먼저 가습기와 공기청정기의 연결을 생각해볼 수 있다. 실내 습도가 30% 이하일 때 가습기를 동작시키고, 동시에 공기청정기를 멈추게 할 수 있다. 또한 이것을 난방기와 연결하면 취침 시 온도와 습도를 일정하게 유지시킬 수 있고, 외출 시엔 불필요한 전력을 줄일 수 있다. 앞으로는 거주자의 위치를 파악해서 집에 들어오기 전 에어컨이나 난방기를 작동시킬 수도 있겠다. 그리고 각 방 별로 거주하는 사람을 인식하고 개인의 취향에 맞춰 온도와 습도를 자동 조절할 수도 있겠다.

플랜트도 이와 유사하다. 플랜트에 설치된 CCTV가 가스 누설을 탐지해서 관련 자동밸브를 안전하게 닫을 수 있다. 또한 각종 장치, 배관에 설치한 센서를 통해 각종 데이터를 상호 연관해서 분석할 수 있다. 아울러 탱크로리가 화학제품을 실으러 공장에 들어올 때, 차량번호를 인식해 출하처가 어딘지, 제품을 얼마나 출하해야 하는지 등을 자동으로 알 수 있다.

사실 플랜트에서는 감지 데이터의 신뢰성 확보 측면에서 무선보다는 유선 장비를 선호해왔다. 이렇다 보니 투자비, 설치공간 등에 제약이 많아 중요 설비에만 온도, 압력 등을 측정할 수 있는 유선 센서를 설치해왔다. 하지만 최근에는 5G 무선통신망이 확대 보급 중이고 관련 기술이 지속 발전하고 있기에, 이러한 유선 방식이 무선으로 이동해가는 추세다. 감지기에 무선 센서를 도입하면 기존의 유선 형식보다 감지 장비의 설치가 쉬워지고, 좀 더 쉽게 여러 종류의 데이터를 수집할 수 있다. 결국 IoT는 플랜트 내 저장탱크, 반응기 등 모든 설비에 여러 가지 무선 센서를 설치해서 데이터를 실시간으로 수집하는 것을 의미한다. 특히 이렇게 산업 분야에 적용하는 IoT 기기를 따로 IIoT(Industrial IoT)라고도 부른다. 그리고 궁극적으로 이러한 정보와 3D 도면, 분석툴 등을 결합하면 우리가 최근 많이 듣고 있는 디지털 트윈(Digital Twin)을 구축할 수 있는 것이다.

3. 클라우드(Cloud)

과거에는 데이터의 형태가 정형적이었기 때문에 그만큼 종류도 적고 양도 적었다. 여기서 정형적이란 말은 엑셀의 숫자나 문자처럼 형식이 갖춰진 데이터를 의미한다. 하지만 휴대폰이 급속히 보급되고 SNS(Social Network Service)가 활성화되면서 사진, 동영상, 여러 가지 텍스트 등이 폭발적으로 늘어났다. 이렇다 보니 기하급수적으로 늘어나는 데이터를 저장할 수 있는 공간이 부족해졌고, 분석·처리할 CPU의 능력도 부족해졌다. 이를 해결하기 위해 여러 대의 서버를 이어붙여 저장 공간을 늘리고, 대용량의 데이터를 처리할 수 있는 분산 시스템을 구축했다. 이것이 바로 클라우드(Cloud)다. 빅데이터는 클라우드를 만들었고 클라우드는 빅데이터를 만든 것이다. 즉, 클라우드란 데이터와 프로그램을 인터넷상 서버에 저장하고 언제 어디서든 사용할 수 있게 하는 컴퓨터 환경을 의미한다. 네이버 클라우드나 구글 드라이브도 일종의 클라우드며, 세계적으로 유명한 AWS(Amazon Web Service)도 대표적인 클라우드 시스템이다.

클라우드 서비스를 플랜트 DT에 어떻게 활용할 수 있을까? 통상 플랜트에 설치된 서버는 DCS라고 부른다. DCS는 현장의 계기류, 회전기기, 자동밸브류 등과 신호를 주고받으며, 기기를 제어하고 데이터를 저장하는 역할을 한다. 하지만 DCS는 제한된 설치공간으로 인해 확장성이 떨어지기에, 하드웨어를 늘리는데 한계가 있다. 따라서 플랜트에서 생성된 데이터를 저장공간이 큰 클라우드에 저장하고 클라우드의 분산처리 능력을 통해 복잡한 데이터를 분석할 필요가 있는 것이다. 그리고 이러한 클라우드의 전환을 통해 좀 더 빠르고 정확한 분석 결과를 얻을 수 있다.

[자료 3-6] 클라우드 개념도

4. 빅데이터(Big Data)

빅데이터(Big Data)는 쉽게 말해 엄청나게 많은 데이터를 의미한다. 기존의 정형화된 데이터는 물론, 공정에서 생성되는 반정형화된 데이터, 여기에 사진과 그림처럼 플랜트에서 활용하지 못했던 비정형 데이터도 모두 포함하는 개념이다. 이러한 빅데이터는 3가지 특성을 갖고 있다. 이것을 영어로 표현하면, 'Variety', 'Velocity', 'Volume'으로 3V라고도 한다. 이는 다양한(Variety) 종류(정형/비정형)의 데이터가 빠른 속도(Velocity)로 증가하면서 대용량(Volume)이 된다는 것이다. 이러한 빅데이터를 저장하기 위해 클라우드를 사용할 수 있고, 효율적인 분석을 위해 AI 기술을 활용할 수 있다. 사실 빅데이터는 날 것(Raw)이기 때문에 그 자체만으로는 활용하기 어렵다. 즉, 데이터 분석을 통해 정보로 만들고 이 정보를 통해 의사결정을 할 수 있어야 한다. 따라서 빅데이터를 확보하는 것도 중요하지만, 분석을 통해 유의미한 정보로 바꾸는 것이 좀 더 중요하다고 볼 수 있다.

[자료 3-7] 빅데이터 처리단계

플랜트에서는 하루에 수만 건의 데이터가 생성된다. 통상 온도, 압력, 유량, 액위 같은 데이터다. 현재는 이런 데이터가 수초 또는 수분 단위로 플랜트별 DCS에 저장되고 있다(실제로는 DCS 메모리 용량 한계로 최근 수년간 데이터만 저장되기도 한다). 그리고 설비 고장 원인을 분석하거나 데이터 트렌드를 살펴볼 때 이런 데이터를 활용하고 있다. 앞서 클라우드를 설명할 때 이야기한 것처럼 앞으로 데이터가 폭발적으로 늘어난다면, 이러한

DCS 시스템이 클라우드로 대체될 수 있겠다.

5. 모바일(Mobile)

과거 '삐삐'라는 통신기기를 기억하는 분들이 꽤 계실 것이다. 필자 또한 학창시절에 유용하게 사용했던 기억이 난다. 그 당시 삐삐로 '8282(빨리빨리)', '1004(천사)', '5782(호출빨리)' 등 숫자만으로 함축된 의사소통을 했었다. 삐삐 화면의 숫자를 보고 공중전화로 달려가 음성 사서함을 확인했던 기억이 생생하다. 물론 그 당시에도 1G(1st Generation)라고 불렸던 아날로그식 휴대폰도 있었지만, 크기가 벽돌같이 크고 가격도 비싸 대중화가 되지 않았다. 하지만, 이런 추억 돋는 삐삐 시대도 오래가지 못했다. 1990년대 디지털 통신 기술을 도입한 2G시대가 도래한 것이다.

'걸면 걸리는 걸리버', '군017', '사랑의 019' 등 PCS(Personal Communication Service)폰이 등장했다. CDMA(Code Division Multiple Access)로 불리는 코드 분할 다중접속 기술이 본격 적용된 것이다. 이 기술을 통해 음성통화뿐만 아니라 문자전송도 가능해졌다. 그 후 2000년도에 SK T, KT Show로 대변되는 3G가 등장했다. 전송속도가 2Mbps로 대폭 늘어나 영상통화나 인터넷 검색도 가능해진 것이다. 현재 우리는 4G(100Mbps)와 5G(1Gbps) 시대의 중간 과도기에 살고 있다. 휴대폰으로 유튜브를 보고 SNS로 실시간 의사소통하는 것이 자연스러운 세상이다. 앞으로 5G가 대중화되면 초고속/대용량, 초연결, 초저지연을 통해 IoT, AR, VR이 활성화되고 차량 자율주행도 가능해질 것이다. 물론 전국적인 5G 서비스를 위해서는 기지국을 좀 더 구축해야 하는 이슈가 있지만, 시간의 문제이므로 조만간 구축 완료될 것으로 예상한다.

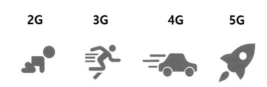

모바일 기술의 발전과정을 설명한 이유는 이것이 DT의 핵심 기술이기 때문이다. 과거 모바일 기술이 사람과 사람 간의 연결 수단이었다면, 이제는 이를 넘어 사물과 사물, 사물과 사람간을 모두 연결할 수 있는 수단이 되는 것이다. 그것도 실시간, 대용량으로 말이다. 모든 사물을 디지털로 전환하려면 데이터의 전송속도와 양을 늘리는 것이 필수인데, 모바일 기술이 이를 실현시켜주기 때문이다.

그렇다면 이러한 모바일 기술이 플랜트 DT에 어떻게 적용될 수 있을까? 우선 공정지역 어디에서든 모바일 기기를 통해 데이터를 입력 및 검색할 수 있고, 직원 간 자유롭게 의사소통할 수 있게 된다. 물론 지금도 이런 활동이 가능하다고 할 수 있지만, 앞으로 IoT 확장에 따른 데이터의 증가도 감당할 수 있다는 것이다. 그리고 드론이나 이동로봇 등을 통한 대용량의 데이터 수집도 가능할 것이다. 아울러, 스마트안경 등 웨어러블 기기를 통해 AR를 실현함으로써 현장 근로자의 업무도 지원할 수 있을 것이다. 이처럼 모바일 기술은 플랜트 DT의 핵심으로써, 대용량의 데이터를 실시간으로 수집하고 출력/열람하게 하는 기술이라고 할 수 있다.

해외·국내 DT 사례 및 효과

1. 호주 우드사이드(Woodside)

우드사이드(Woodside)는 1954년 설립됐으며, 호주에서 가장 큰 석유 및 가스 생산업체다. 이 업체는 최근 공정 트러블 원인 파악 등에 디지털 기술을 적극 활용 중이다. 한가지 예로써, 최근 AWS(Amazon Web Service)와 협업했던 사례가 있다. 통상 LNG 생산공정에는 이산화탄소, 황화수소 같은 산화가스를 제거하는 공정이 있는데, 여기서 거품이 많이 발생하는 설비 트러블이 자주 일어난다. 하지만, 지금까지 정확한 원인 파악이 어려웠다. 관련 공정에 트러블이 발생해서 가동이 중단되면 기타 공정도 모두 멈춰야 하므로, 기회비용이 매우 클 수 있다. 우드사이드는 이를 해결하기 위해 AWS와 함께 관련 공정을 포함한 공장 전체에 IoT 센서를 20만 개 가량 설치했다. 또한 6천 개의 분석모델을 구현했다. 결론적으로 이러한 활동을 통해 거품현상 발생 1~2개월 전에 고장 시기를 예측할 수 있게 되었고, 고장 시 기회비용을 줄일 수 있었다. 우드사이드는 이러한 성공 사례를 바탕으로 기타 글로벌 5개 공장에도 디지털 기술 적용을 적극 진행 중이다.

2. 미국 엑슨모빌(Exxonmobil)

엑슨모빌(Exxonmobil)은 1911년에 설립됐으며, 연 매출이 약 194조 원(2020년 기준)에 이르는 미국의 석유·천연가스 메이저 기업이다. 이 업체 역시 세계적인 4차 산업혁명 시대에 발맞춰 수년 전부터 DT를 추진 중이다. 엑슨모빌은 업계 최초로 심해 시추에 자동 시추선을 적용했다. 지금은 가장 알맞은 시추 위치, 각도, 속도 등 생산성에 영향을 미치는 주요 변수를 계산하는데 AI 기술을 사용하고 있다. 또한 마이크로소프트와 협업해서 미국 페르미안 셰일가스전에 IoT 센서를 설치했다. 그리고 클라우드 시스템을 통해 저장 및 분석해서 가스 생산율을 높이고, 온실가스(메탄)의 누출량을 최소화하고 있다. 아울러, 정유 및 석유화학 플랜트의 모든 장치에 IoT 센서를 설치해서 6조 개가 넘는 데이터를 확보하고 이를 통해 데이터 호수(우리는 데이터 댐이라고도 한다)를 구축하기 위해 노력 중이다.

3. E1

E1은 1984년에 설립됐으며, LPG 유통, 태양광·풍력·수소 등 에너지 사업을 영위 중이다. 여수, 인천, 대산에 3개 LPG 수입기지를 운영하고 있으며, 전국에 400여 개소의 LPG 충전소가 있다. 특히 여수기지는 2021년에 무재해 37년을 달성했을 만큼 안전관리에 최선을 다하고 있다. E1은 이러한 무재해 전통을 유지하고 철저한 안전관리 및 효율적인 운영을 위해 DT를 적극적으로 추진 중이다. 이에 대한 사례로 먼저 기지 안전관리 업무를 통합 관리할 수 있는 SHE 포탈 시스템을 2020년에 구축한 것이다. 이후 기지 DCS 정보를 어디에서든지 확인할 수 있도록 DCS 온라인화도 2020년에 완료했다. 그리고 기지 레이아웃을 3D 도면화하고, 모든 설비에 대한 상세도면, 스펙, 정비이력 등을 온라인으로 검색할 수 있는 설비정보 HUB를 2021년에 구축했다. 설비정보 HUB 구축으로 직원들이 설비정보를 좀 더 쉽게 검색할 수 있게 된 것이다. 앞으로는 현장에서 즉시 로깅도 가능하도록 모바일 기기를 개발해 관련 시스템과 연동할 계획이다. 또한, IoT 센서 신설, 분석 시스템 적용 등 데이터 분석체계를 구축하고, 여러 운전 데이터를 수집해 설비 예지보전을 진행할 예정이다. 궁극적으로는 현실의 설비와 동일하게 사이버상에 설비를 구현해서, 설비 트러블 시기를 예측하고 운전 효율을 극대화할 수 있도

록 디지털 트윈 실현을 목표로 하고 있다.

참고(E1 DT Road map)

ERP 구축 → DCS 연동 → HUB 구축(현재) → Mobile 기기 연동 → Data 분석체계 구축(IoT 등) → 설비 예지보전 → 디지털 트윈(Digital Twin) 실현

4. GS칼텍스

GS칼텍스는 여수 국가산단에 위치한 정유업체로써 약 180만 평 규모의 생산공장에 약 30만 개 이상의 설비를 운영 중이다. 대규모 부지에 복잡하게 연결된 각 공정은 과거 완공 시기별로 설계 기준이 달라 관리 및 최적화 기준도 개별적으로 운영해왔다. 그리고 이러한 개별 공정에 문제가 발생하면 각 설비 담당부서 간 문제점과 해결방안을 공유하는 과정에서 많은 시간을 소모해왔다. 이에 따라, 공장 내 모든 설비를 실시간으로 모니터링하고 최적으로 운영하기 위해 디지털 기술을 활용한 통합관제센터 구축을 추진하고 있다. 아울러, 이러한 통합관제는 단순 관리만이 아니라 디지털 트윈 구축을 통해 최적의 운영방안을 찾는 것도 포함한다. 쉽게 말해서 여러 군데 개별적으로 운영하던 조정실을 한 군데로 통합하고, 디지털 트윈 체계를 갖추는 것이다.

5. 한화토탈

한화토탈은 과거 삼성토탈로써, 대산산단에 위치한 석유화학회사다. 한화토탈 역시 그룹의 핵심목표로써 DT를 적극적으로 추진하고 있다. 모든 설비의 정보를 온라인으로 조회할 수 있는 설비정보포탈을 2020년

에 구축했다. 이 설비정보포탈은 AIP(Asset Information Portal)라고 불리며, 약 30만 개 설비의 도면, 스펙, 점검 이력 등을 간편하게 검색할 수 있다. 과거에는 공장별로 정보가 흩어져 있어 설비정보 파악이 어려웠으나, 지금은 AIP를 통해 고장 이력부터 최근 상태까지 손쉽게 파악이 가능해진 것이다. 한화토탈은 이번 시스템 구축을 통해 연간 약 3만 2,000시간의 업무시간을 단축하고, 적시 정비를 통해 매년 약 22억 원의 비용 절감 효과가 있다고 밝혔다. 이 외에도 공장 내 전용 무선통신망 구축, 방폭 스마트폰, 이동형 CCTV, 스마트글라스, RPA(Robotic Process Automation) 등도 도입했다. 이중 스마트 글라스는 코로나 시대에 왕래가 어려운 외국 엔지니어와 의사소통에 사용되고 있다. 현재는 공장에서 지속적으로 수집, 축적되는 빅데이터를 분석하고 의사결정을 지원할 수 있는 시스템을 구축하고자 관련 프로젝트를 진행하고 있다.

가스·화공 플랜트 DT의 미래

가스·화공플랜트 DT 추진에 있어 여러 장애물이 있을 수 있다. 첫 번째 장애물은 기존 설비 운영방식에 적응된 직원들의 거부감이다. 사실 DT 없이도 직원들은 공장을 큰 문제 없이 운영할 수 있다. 그리고, DT를 추진하기 위해서는 상세한 로드맵을 수립하고 여러 가지 과제를 수행해야 한다. 공정별, 종류별로 설비를 구조화해서 나눠야하고 여러 종류의 더 많은 데이터를 입력해야 한다. 직원들은 이러한 업무를 현재 불필요한 추가 업무로 생각할 수 있다. 사실, 필자도 DT 관련 추가 업무를 하면서 거부감이 많이 들었던 적이 있다. 따라서, 직원들이 DT 필요성에 공감해서 자발적으로 협조할 수 있도록 DT의 장점을 지속적으로 설명해 줘야 한다. 실제 선진사에서는 DT를 어떻게 적용하고 있는지, 무슨 장점이 있는지 공유해주고, 직원들의 공감을 얻어야 한다. 그래야만 DT 프로젝트를 좀더 쉽고 빠르게 추진할 수 있다.

두 번째로 DT에 대한 투자 부족이다. DT를 추진하기 위해서는 기본적으로 ERP(Enterprise Resource Planning), 설비관리 HUB 등을 구축해야 하는데, 이 비용만 수십 억 원이 든다. 과거 DT에 투자할 돈이 있으면 설비 증설에 투자하는 것이 낫다는 이야기도 있었다. 사실 지금까지 공장은 꼭 필요한 투자만 하고 비용은 절감해서 효율성을 높이는 것이 최선의 목표였다. 하지만, 이제는 사고의 전환이 필요한 시점이다. DT를 적용하면 여태 알지 못했던 비효율 사례를 발굴할 수 있다. 운영 데이터 분석 및 설비 예지보전을 통해 공장을 보다 안전하고 효율적으로 운영할 수 있다. 결론적으로 이를 통해 운영비용 절감이 가능하다. 따라서 경영진은 이러한 장점을 고려해서 현재 비용이 좀 더 들더라도 DT 분야에 대한 투자를 지속해야 한다.

세 번째로 DT 추진 조직의 구성 문제다. 어떤 조직이든 주체가 있어야 프로젝트를 성공적으로 추진할 수 있다. 물론 DT와 연관 있는 IT 부서에 일부 인원을 충원해서 DT 업무를 진행할 수 있겠으나, 대표성 부재 및 추진력 저하로 일 진행이 안 될 수 있다. 따라서 초기에는 회사내 여러 부서에서 DT 관련 인원을 모아 별도 부서를 만들어 프로젝트를 추진하는 것이 필요하다. 물론 DT 구축이 어느 정도 완료되면 최소한의 인원만 남겨두고 관련 시스템을 고도해가는 방법도 좋겠다.

네 번째로 DT 추진 목적의 모호함이다. 우리가 DT를 추진하는 목적이 일을 좀 더 효율적으로 하기 위한 것인지, 단지 외부에 보여주기 위함

인지 모호할 때가 있다. 몸에 맞지 않는 옷은 불편해서 잘 입지 않는 것처럼, 목적에 맞지 않는 DT는 사용자들에게 외면당한다. 여러 가지 DT 기술을 적용해서 쓰지 않는다면 화려한 옷을 만들었는데 막상 불편해서 입지 않는 것과 같다. 아울러, 디지털 기술이라는 도구가 목적을 이루는 데 도움이 돼야지 그 자체가 목적이 돼서는 안 된다. 가장 좋은 시스템은 고가의 고성능 시스템이 아니라 사용자가 편리하게 사용할 수 있는 시스템이기 때문이다. 그리고, 목적에 맞는 시스템을 도입했다면 나에게 딱 맞는 맞춤형 옷이 되도록, 자주 입으면서 길들일 필요가 있다. 나의 체형에 적합한 골프 드라이버를 샀는데, 연습을 안 한다면 공을 잘 칠 수 없는 것과 같다.

끝으로 시간의 문제다. DT는 하루이틀만에 추진할 수 있는 것이 아니다. 초기에 완벽한 디지털 시스템을 구축할 수도 없다. 시간이 지나면서 기술이 발전하고 새로운 니즈가 생겨 수정 소요가 지속 발생하기 때문이다. 따라서, 처음부터 너무 완벽하게 DT를 추진하려 하기보다는 초기 구축 후 현실에 맞게 지속적으로 보완해나가는 것이 좋겠다.

많은 전문가들은 DT의 최종목표를 디지털 트윈이라고 말한다. 여기서 디지털 트윈은 실제 공장을 디지털 공간에 똑같이 구현해놓은 것을 의미한다. 우리는 디지털 트윈을 통해 현장의 모든 데이터를 모니터링할 수 있고 문제 발생 전 또는 발생 시 예상 원인을 빠르게 찾을 수 있다. 또한, 실제 공정 상태를 변화시키지 않고도 시뮬레이션을 통해 결과값을 예측할 수 있고, 예지보전을 통해 설비를 좀더 안정적으로 운영할 수 있다. 현장에서는 모바일 기기를 이용해 특이사항 로깅, 작업허가서 및 MSDS 등을 열람할 수 있다. 드론이나 무인 로봇 등을 통해 위험하거나 접근이 어려운 현장을 면밀히 관찰할 수도 있다. 아울러, 스마트 헬맷 및 안경, 웨어러블 기기 착용 등을 연계해서 의사소통을 원활히 할 수 있고, 현장 근로자의 안전과 보건 상황 역시 모니터링할 수 있다.

사실 기존의 전통 화학공학을 전공하고 17년간 가스플랜트에서 일한 필자는 이러한 DT의 미래상이 정말 실현될까라는 의문이 들기도 한다. 하지만 최근의 기술 발전 속도와 관련 솔루션의 완성도를 볼 때, 머지않아 디지털 기술이 적용된 스마트 플랜트가 현실화할 수 있지 않을까? 여러 기업들이 DT에 지속 투자하고 구성원들 역시 필요성을 인식해 사고를 전환한다면 이러한 시기는 좀 더 앞당겨질 수 있을 것이다. 일상의 반복적인 업무는 기계가 하고 창조적인 일은 사람이 하는 스마트 플랜트가 곧 우리 곁에 올 것이라 생각한다.

Reference

1. 한화토탈 홈페이지
2. GS칼텍스 홈페이지
3. Woodside 홈페이지
4. Exxonmobil 홈페이지
5. 한국고용정보원, '4차 산업혁명 시대의 신직업', '4차 산업혁명 미래 일자리 전망'
6. 현장 컨설턴트가 알려주는 디지털 트랜스포메이션(주호재/성안당)
7. 디지털 트랜스포메이션(오상진/교보문고)
8. 디지털 트랜스포메이션 생존 존략(데이비드로저스/에이콘출판)
9. LG 유플러스 공식 블로그

04

스마트 팩토리 구축

유병철

스마트 팩토리 구축

제조업의 혁신, 스마트 팩토리

21세기에 들어서면서 인구 고령화로 인해 숙련된 노동자들이 점차 줄어들게 되었고, 트렌드가 빠르게 변하면서 제품의 수명주기가 급격히 줄어들게 되었다. 경제 구조가 제조업에서 정보기술(IT)을 포함한 서비스업 중심으로 옮겨가면서 전통적인 제조업은 큰 타격을 입게 되어 제조업의 혁신이 혁신이 요구되었으며 스마트 팩토리(Smart Factory)가 등장했다.

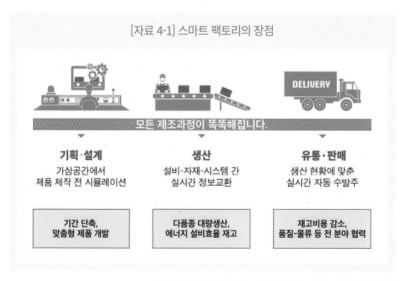

[자료 4-1] 스마트 팩토리의 장점

출처 : 중소기업기술정보진흥원 부설 스마트제조혁신추진단

스마트 팩토리는 설계 및 개발, 제조 및 유통 등 생산과정에 디지털 자동화 솔루션이 결합된 정보통신기술(ICT)를 적용해 생산성, 품질, 고객 만족도를 향상시키는 지능형 생산 공장이다. 공장 내 설비와 기계에 사물인터넷(IoT)을 설치해서 공정 데이터를 실시간으로 수집하고, 이를 분석해 스스로 제어할 수 있게 만든 미래의 공장이다.

스마트 팩토리의 특징과 구성요소

지금까지의 공정 자동화 기술은 각각의 공정별로만 자동화가 이뤄져 있어 전체 공정을 유기적으로 관리하기 어려웠다. 하지만 스마트 팩토리는 ICT기술 덕분에 모든 설비나 장치가 무선통신으로 연결되어 있어, 전후 공정 간 데이터를 자유롭게 연계할 수 있고 이를 통해서 보다 유기적이고 통합적인 최적의 생산 환경을 이룩할 수 있게 되었다.

관리 외적으로 비용 효율성도 높아 스마트 팩토리를 구현하면 더 이상 값비싼 노동력에 의지하지 않아도 되고, 대량 생산이 야기하는 재고의 불확실성 문제에서도 자유로워진다. 또한 자동화를 통해 생산라인의 유연함이 더해져 개인 맞춤형 상품을 합리적인 가격에 즉각적으로 생산할 수 있게 되었다.

스마트 팩토리는 기존의 중앙집권형 생산체제를 바꾸고 제조업이 생산의 분권화와 자율화를 가능하게 만든 것이다. 그러나 제조공정의 자동화는 아직까지 갈 길이 멀다. 제조공정 또는 물류 부문 등에서 정형화하기 어려운 부분들은 여전히 사람이 처리하고 있다. 이것까지 자동화할 수 있는 비정형 자동화 기술의 발전이 이루어져야 궁극적인 스마트 팩토리 구축이 가능해진다.

4차 산업혁명 시대 스마트 팩토리의 등장

4차 산업혁명 이후로 스마트 팩토리는 빠르게 보급되고 있다. 스마트 팩토리는 각 생산공정들이 최대한 자동화, 데이터화된 공장을 말한다. 2019년 통계에 따르면, 스마트 팩토리 체제를 적용한 기업들은 안전사고 발생률이 약 18.4%, 상품의 불량률은 약 27.6%가 줄어들었고, 이러한 경제효과를 기반으로 공장의 평균적인 운영단가가 무려 29.7%나 절약되는 효과가 있었다고 한다.

스마트 팩토리 등의 공장 자동화를 고려한다면 IT공간에서 상용화한 제품으로 스마트공장의 안전과 품질을 든든하게 지켜 주는 설비 솔루션을 고려해야 한다. 주요 설비와 부품들을 24시간 실시간으로 자동모니터링하면서 각종 사고나 문제의 가능성을 미리 감지하고 막아주는 솔루션 등이 대표적인 사례다. IoT(사물인터넷) 기술이 적용되어 있어, 언제 어디서든 장소에 관계없이 산업현장을 원격모니터링할 수도 있다.

[자료 4-2] 자동화 공장

출처 : ZDNet Korea 뉴스

현 시스템에서는 관리와 일정한 생산품질을 유지할 수 없으며 다양한 변수의 문제를 해결하기도 어렵고 수많은 엔지니어들은 상황별 임기응변식의 대응에 지쳐가고 있을뿐만 아니라 복잡 다양한 운영 상황에서는 개선조차도 불가능 상황이 연출되고 있기에 이를 해결하고자 스마트 팩토리가 빠르게 도입되고 있는 실정이다.

공장 자동화에서 스마트 팩토리 발전

과거 공장이 처음 사회에 등장했을 때는 노동자들이 직접 노동을 하면서 생산을 했지만 기술이 점점 발전하면서 사람이 직접 노동을 하기보다는 기계들이 사람의 일을 대체하고 있다. 최근 대부분 작업을 사람이 아닌 기계들이 하는 공장들이 많아지고 있는데 이를 흔히 자동화 공장이라 부르기도 한다. 앞으로도 이런 추세는 지속될 것으로 보인다. 단순 자동화 공장이 아니라 스마트 팩토리의 형태로 변할 것으로 예측이 되고 있다. 보통 스마트 팩토리를 자동화 공장과 같다고 생각한다. 하지만 엄밀히 따져 본다면 공장 자동화와 스마트 팩토리는 차이가 있다. 두 가지 개념의 차이에 대해서 좀 더 자세히 살펴보자.

스마트 팩토리와 자동화 공장은 두 가지 공정 모두 사람이 아닌 기계를 이용해서 관리를 자동화하는 무인 생산 시설 체계라는 공통점이 있어서 혼동하게 된다. 하지만 자동화 공장은 공장을 전체적으로 스마트하게 관리하는 것이 아니라 단위 공정으로 세분화해서 개별 작업을 자동화 생산하는 것이다. 반면에 스마트 팩토리는 특정 단위 공정별로 최적화를 하는 것이 아니라 전후 공정 간 모든 데이터를 연계하며 공장을 전체적으로 유연하게 운영과 관리를 하는 개념이다.

스마트 팩토리는 한마디로 자동화 공장에 비해 한층 더 발전된 개념의 공장인 것이다. 앞으로도 인공지능의 도입에 따라 급성장할 것으로 예측된다. 제조업 분야에서는 생산성 확보와 효율성 극대화를 위해 스마트 팩토리 도입을 서두르고 있다.

스마트 팩토리의 경우 공장의 디지털화이기 때문에 앞으로 시대를 이끌어갈 4차 산업의 트렌드와도 적합하다고 볼 수 있다.

스마트 팩토리는 앞에서 말씀드린 것처럼 특정 공정만 관리하는 것이 아니라 공장의 모든 부분을 체계적으로 디지털화해서 관리를 하는 것이다. 기획이나 설계 그리고 유통이나 판매 등의 모든 생산과정을 디지털화한다면 물류에 들어가는 비용을 최소화할 수 있고 더욱 빠르고 효율적으로 제품들을 생산할 수 있다.

특히 소비자들이 원하는 맞춤 상품들을 제작할 수 있어 소비자의 니즈에도 부합하는 체계다. 다만 스마트 팩토리는 모든 과정을 인공지능

[자료 4-3] 스마트 팩토리

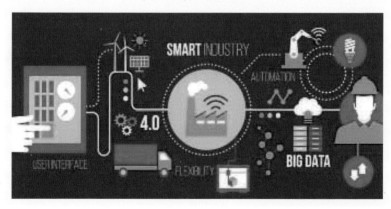

출처 : 중소기업기술정보진흥원 부설 스마트제조혁신추진단

과 빅데이터 등으로 통합해서 자동화하는 것은 물론이고 디지털화를 구현해야 하므로 고도의 기술이 필요하다. 반면에 자동화 공장은 기계들을 이용해서 생산자를 대체하는 과정만이 필요하므로 스마트 팩토리에 비해 상대적으로 간단한 체계다.

스마트 팩토리는 기획부터 유통까지의 모든 물류 과정을 정보통신기술로 통합한다. 이렇게 되면 이전에 비해 모든 물류 과정이 더욱 적은 시간과 비용만으로도 이뤄질 수 있다. 예를 들어 지금은 공장의 자동화는 가능하지만 디지털화는 되어있지 않아 대부분 소품종 대량 생산을 하는 공장들이 많다. 다품종 소량 생산을 하는 제품들은 그만큼 희소성이 높으므로 비용이 비쌀 수밖에 없었다. 하지만 스마트 팩토리가 도입된다면 다양한 물류 과정을 빠르게 통합하고 최소한의 시간과 비용으로 작업이 가능하기 때문에 얼마든지 다품종 소량 생산도 할 수 있게 된다. 그렇게 되면 적은 수의 소비자들이 원하는 제품이라 할지라도 얼마든지 기존에 비해 저렴하게 구매가 가능하게 된다. 또한 스마트 팩토리는 소비자들의 요구사항을 적극적으로 반영하는 수평적인 개념의 공장이다. 반면에 자동화 공장은 그저 자동화와 공장만을 합친 수직적 통합의 개념에 불과하다.

[자료 4-4] 스마트 팩토리의 물류 과정

출처 : 피엔에스테크놀러지(주)

스마트 팩토리와 자동화 공장의 차이를 알아봤다. 서로 비슷한 단어 같아보여도 사실상 물류 과정은 완전히 다르다. 단순히 기계를 이용해서 작업하는 자동화 공장과 모든 물류 과정을 디지털화하는 스마트 팩토리는 업체의 효율에서도 큰 차이가 있을 것이다.

미래에는 더욱 발전된 기술이 스마트 팩토리에 투입되어 훨씬 더 우수한 형태의 물류 과정이 이뤄질 수 있다.

[자료 4-5] 4차 산업혁명 제조 및 디지털 혁신

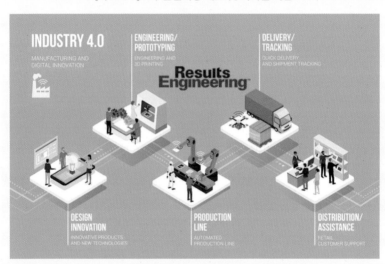

출처 : MSD(Motion System Design)(http://www.msdkr.com)

자동화 공장에 사용되는 기술들은 대표적으로 생산 설비의 데이터를 확보하는 데 사용되는 스마트센서 그리고 사물인터넷 기술이 있다. 또한 에너지 절감 기술이나 빅데이터를 이용해서 제조 데이터를 분석하는 기술도 존재한다. 반면에 스마트 팩토리는 더욱더 고차원의 기술이 사용될 것으로 보고 있다. 앞으로 미래를 이끌어갈 기술 중 하나인 삼차원 프린터나 가상과 실제를 연동하는 사이버 물리 체계 등 다양한 기술들이 스마트 팩토리에도 사용될 것이다.

국내 정책금융지원 활용

1. 제조현장 스마트화 자금
중소기업의 기업경쟁력 제고 및 산업 고도화 촉진을 위해 제조현장 스마트화 및 생산공정 혁신 정책자금을 지원한다.

- 지원대상
- 스마트공장 추진기업 중 '스마트공장 보급 사업' 등 참여기업
  * 스마트공장 보급 사업 및 생산현장디지털화 사업 등
- 4차 산업혁명 관련 신산업·신기술 영위기업
- ICT 기반 생산 효율화를 위한 자동화 시설 도입기업

- 지원조건
- 지원범위 : 시설자금(제조현장 공정혁신 및 자동화 등 소요자금), 운전자금
(시설자금을 융자받은 기업 중 시설 도입 후 소요되는 초기 가동비)
- 대출금리 : 정책자금 기준금리(변동)
- 대출기간 : 시설 10년(거치 기간 4년 이내 포함), 운전 5년(거치 기간 2년 이내 포함)
  *시설자금 신용대출은 거치 기간 3년 이내
- 대출한도 : 기업당 시설 100억 원, 운전* 연간 10억 원 이내
  *운전자금은 시설자금의 50% 이내로 지원, 시설자금과 별도 융자 불가
- 융자방식 : 중진공 직접대출 또는 금융회사 대리대출

- 운용규모
- (19년) 총 5,000억 원

- 신청
- 중소벤처기업진흥공단 홈페이지(www.kosmes.or.kr)

2. IBK 스마트공장 지원대출

글로벌 경쟁력이 있는 강소기업 육성을 위해 스마트공장 구축 및 운영에 필요한 자금을 적기에 공급한다.

– 지원대상

• BK 스마트공장 컨설팅 수행 기업

• '신·기보의 스마트공장 금융지원 활성화를 위한 업무협약'에 의한 보증서를 발급받은 기업

• 스마트공장 보급 확산 사업 참여기업

  *스마트제조혁신추진단(구 민관합동스마트공장추진단)으로부터 사업 참여 확인서 발급 필요

• 스마트공장 구축 수요기업

  *중기중앙회로부터 확인서 발급 필요

• 스마트 팩토리 지원 사업 대상기업

  *경북창조경제혁신센터 확인서 발급 필요

– 지원내용

• 스마트공장 구축기업 및 공급기업에게 저리의 자금을 지원(최대 1.0% 까지 대출금리 추가감면 가능)

• 비금융 서비스 'IBK 스마트공장 컨설팅' 우선 지원

• '스마트공장 금융지원 활성화를 위한 업무협약'에 따라 신용보증서 보증료 감면제도는 아래와 같으며 보증기관에 따른 보증료 감면 혜택을 누릴 수 있다.

보증기관	보증료 감면 비율
기술보증기금	0.4% (IBK에서 0.2%, 신용보증기금에서 0.2%
R&D	0.6% (IBK에서 0.2%, 신용보증기금에서 0.4%

3. 스마트공장 지원 특별자금

스마트공장 구축에서 설비 투자, 운영까지 전 단계별로 밀착 금융 지원

한다.

- 지원대상
- 중소·중견기업

- 자금용도
- 스마트공장 신규 구축 또는 구입
- 혁신성장 품목 관련 공장 신축 또는 구입
- 스마트공장 구축을 위한 설비구입, 개보수, 증축

- 지원내용
- 업체별 1,000억 원 이내(시설자금, 10년 이내)
- 공장의 개·보수를 통한 일부 공정의 스마트화 구축 비용까지 확대 적용

- 운용규모
- 총 1조 원

- 참고사항
- 산업은행 내부 규정 등에 의한 신용평가 및 심사 절차 필요

4. 스마트공장 특화지원 프로그램

제조업 경쟁력 강화를 위해 스마트공장 도입·공급 중소기업에 필요한 자금을 지원한다.

- 지원한도
- (운전자금) 향후 1년간 추정 매출의 1/6~1/2
- (시설자금) 해당 시설의 소요자금
  *신·증축, 매입자금 제외

- 지원대상
- (도입기업) 스마트공장 보급 사업 선정기업, 구축완료기업, 스마트공장

수준확인기업

- •(공급기업) 스마트공장 관련 설비·자동화 제품, 솔루션 등 공급기업

- – 지원내용

구분	협약보증	우대보증
지원대상	– 도입기업 중 선정기업 – 구축완료기업	– 도입기업 공급기업
대출은행	– 기업은행 – 신한은행	– 시중은행
보증비율	95%	90%
보증료차감	$-0.4\%^P$	$-0.2\%^P$
보증료지원	$-0.2\%^P$	–

- – 신청절차

보증상담	신청·접수	조사·심사	보증서 발급
영업점, 인터넷	영업점, 인터넷	사업장 방문	전자보증

5. 스마트공장 구축·공급기업 전용펀드

모태펀드 출자와 민간자금을 유치해 벤처 투자 펀드를 조성하고 스마트공장 구축·공급기업에 투자를 지원한다.

- – 운용규모
- •연간 1,000억 원 규모로 2021년까지 총 3,000억 원 조성

    * 투자 규모는 벤처 투자사와 투자 유치 기업이 협의해서 결정

- – 지원대상
- •(구축기업) 스마트공장 보급사업 수혜기업 및 민간에서 자체 조성한 스마트공장 구축기업
- •(공급기업) 스마트공장 설비 S/W, 서비스 등 공급기업 및 관련 요소기술 보유기업 등

- – 신청방법
- •펀드가 조성되면 한국벤처투자 홈페이지에 게시(2019년 하반기)

스마트 팩토리 ICT기반 구축

미국 SMLC(Smart Manufacturing Leadership Coalition)의 정의에 따르면, 스마트제조는 "신속한 신제품 생산과 시장의 요구에 대한 기민한 대응, 공급망 전체에 걸친 실시간 최적화를 목적으로 하며, 제조의 전 과정을 연결하는 지능적인 시스템과 기술"을 의미한다[강형석, 노상도, "스마트제조 주요 기술 연구 동향", IE매거진, 제 23권 제1호, pp. 24-28, 2016]. 우리 정부는 한국형 제조혁신 3.0을 통해서 스마트제조를 실현하기 위한 스마트공장을 "제품의 기획, 설계, 생산, 유통, 판매 등 전 과정을 IT기술로 통합해서 최소 비용과 시간으로 고객맞춤형 제품을 생산하는 미래형 공장으로, IIoT(Industrial IoT), CPS(Cyber Physical System)를 기반으로 제조의 모든 단계가 자동화, 정보화(디지털화)되어 가치사슬 전체가 하나로 실시간 연동"으로 정의하고 활발하게 추진하고 있다.

제조업의 스마트화는 ICT융합을 기반으로 제품, 설비, 공정이 지능화되어 네트워크로 연결되고, 모든 데이터, 정보가 실시간으로 관리, 활용되어 기획, 설계, 생산, 판매, 서비스 등의 전 과정이 최적으로 효율화되고, 개인 맞춤형 제조가 가능한 협업적 생산체계가 구축, 운영되는 제조업 고부가가치화로 정의할 수 있다. 제조업의 스마트화는 또한 생산성 및 품질 향상, 원가 절감, 납기 단축 등 제조업의 전통적인 달성 목표를 IoT, 빅데이터, 인공지능 등 ICT융합을 통해 더욱 높은 수준으로 달성하고자 하는 측면과, 수요가 있는 곳에 위치해서 고객 한 사람 한 사람의 요구 사항에 따른 맞춤형 제품을 경쟁력있는 가격과 품질로 바로 서비스하는 고객맞춤형 제조(personalized manufacturing) 형태의 새로운 산업을 창출하려고 하는 측면을 가지고 있다.

스마트 팩토리 수준별 5단계

구분	수준	표준	IOT대상	특성	조건 (구축수준)	주요 도구
고도화	레벨5	자율운영	작업자, 설비, 자재, 운전조건 +환경	맞춤 및 자율	모니터링부터 제어, 최적화까지 자율로 진행	인공지능, AR/VR, CPS 등
중간2	레벨4	최적화	작업자, 설비, 자재, 운전조건	최적화	공정운영 시뮬레 이션을 통해 사전 대응 가능	센서제어기 최적화도구
중간1	레벨3	제어	작업자, 설비, 자재	분석	수집된 정보를 분석 후 제어가능	센서+ 분석도구
기초	레벨2	모니터링	작업자, 설비, 자재	측정	생산정보의 머니터링이 실시간 가능	센서
	레벨1	점검	자재	식별	부분적 표준화 및 데이터관리	바코드RFID

스마트제조 혁신추진단에서 정의한 스마트 팩토리 수준별 5단계로 구분되며, 스마트 팩토리 수준(단계)은 ICT기술의 활용정도 및 역량 등에 따라 나뉜다. 도입을 원하는 업체에 따라 다양한 형태로 구현이 가능하다. 기업의 투자 여력과 현실에 맞게 점진적(단계적)으로 적용할 수 있으며 단계별 구분에 따른 시스템의 기능을 분류하고 있다.

스마트 팩토리 기술

스마트 팩토리의 주요 기반 기술들로는 빅데이터와 인공지능, 로보틱스, 클라우드 컴퓨팅, 3D 프린팅, 사이버 물리 시스템 및 사이버 보안 기술 등이 있다. 이러한 기반 기술들을 바탕으로 가상 공간에서 필요한 데이터들을 처리하고, 그러한 데이터들을 현실 공간에서 획득하거나 활용해서 설비 프로세스 등이 운영되도록 한다.

스마트 팩토리 솔루션을 통해 제조업이 혁신적으로 변화하고 있다. 제품 수명 주기 관리(Product Lifecycle Management, PLM)와 모바일 단말 관리(Mobile Device Management, MDM) 정보를 이용해서 맞춤형 생산을 진행함으로써, 불필요한 재고를 줄이고 인건비 등의 비용을 절감할 수 있다. 클라우드 컴퓨팅 및 데이터 분석 기술들을 이용해서 공장에서의 생산뿐만 아니라, 기획·설계 및 유통·판매 단계까지 전체 프로세스가 유기적으로 연결되고 있다.

3D 프린팅을 활용한 첨단 소재가 개발되고, 초정밀 공정에 활용되는 첨단 신소재도 개발되고 기존에는 생산 공정에 사용되었던 기계, 부품 등의 자산 보안에서 빅데이터 중심의 사이버 보안으로 보안의 대상이 변경되고 있다.

4차 산업혁명 시대의 대표적인 핵심 기술은 빅데이터와 인공지능이다. 방대한 정보를 순식간에 분석하고 처리할 수 있는 빅데이터 기술과 빅데이터를 기반으로 한 인공지능 모델로 분석·추론·학습 능력을 강화하고 있다. 빅데이터 및 인공지능 기술을 통해 효율적인 의사결정과 운영 지원을 수행해서 스마트 팩토리를 구축한다. 이러한 스마트 팩토리 구축이 새로운 경쟁력 확보를 위한 경영 고도화 전략의 일환으로 자리매김하고 있다.

빅데이터와 인공지능 기술을 이용해서 다양한 생산 요소(제조 응용 솔루션, 생산 설비 등)가 스스로 상황을 인지하고, 판단해서 자율적응형 제조 환경을 구축한다. 그리고, 공장 내 생산 요소들을 빅데이터 기술을 이용해서 수집·분석하고, 공장의 자율적인 운영과 최적화된 운영을 추구한다.

　국내 제조업 내 인공지능 및 빅데이터 기술을 활용한 스마트 팩토리 사례들이 있다. 포스코에서는 자체 개발한 빅데이터 및 인공지능 플랫폼인 포스프레임(PosFrame)을 이용해서 생산 관련 데이터를 수집하고, 작업자 의사 결정을 지원하고 있다. 설비 이상 징후를 사전에 감지하고, 품질 결함 요인을 분석하고, 현장 위험 요소를 모니터링하는 등 생산 전반에 활용 중이다. 이와 같이 포스코는 연속 공정을 적용한 공장 생산 전반에 빅데이터 및 인공지능 플랫폼 기술을 적용해 생산성을 향상시키고, 작업자 안전을 확보하고 있다.

　삼성SDS는 자체 인공지능 플랫폼인 Nexplant를 개발해서 반도체 공장에 적용했다. Nexplant를 통해 공정 품질을 30%, 불량 검출률을 3.5배, 불량 분류 정확도를 32% 증가시키는 등 제품의 품질 향상 및 생산성 향상에 기여하고 있다.

　인공지능을 이용한 머신 비전 기술은 제조 공정에 융합되어, 수동 작업을 줄이고 제조 정확성을 향상시킴으로써 스마트 팩토리 성장을 주도하고 있다. 머신 비전 기술을 통해 제조 과정에서의 결함 추적, 표면 마무리 검사, 부품들의 결합 검사 등의 수행이 가능하며, 기존 공장의 작업자들을 내체하면서 인건비를 감소시키고 불량 검출율 향상이 가능하나.

　스마트 팩토리는 제조 공정의 로봇화라는 개념을 수반한다. 자동화를 통해 스마트 팩토리 공정을 효율적으로 운영하도록 하는 것은 작은 범주에서는 로봇화라고 해석할 수 있다. 종전의 공장 자동화에서는 특정 생산 공정에 필요한 전용기기를 사용했다. 자동화된 전용기기와 로봇들이 유연하게 함께 작동하는 것이 어려워, 결국 사람이 투입되어야 했다. 스마트 팩토리에서는 로봇 중심의 자동화를 추구하고 있다.

사람의 개입 없이 로봇들 간의 유기적인 연결을 통해 제조를 수행하고, 특정 작업에만 국한된 로봇이 아니라 상황에 따라 사람처럼 다양한 제조 환경에 유연하게 활용 가능한 로봇 제작을 목표로 하고 있다.

산업용 로봇 시장을 이끄는 기업으로는 화낙(Fanuc), 야스카와(Yaskawa), ABB, 카와사키(Kawasaki) 등이 있다. 최근 산업용 로봇 기업들도 딥러닝을 이용한 로봇 제어에 대한 다양한 학습을 수행하고 있다. 특히, 화낙에서는 강화 학습을 통해 제조 공정의 효율성을 꾀하기 위한 연구를 다수 수행하고, 관련된 상당량의 특허들을 출원하고 있다.

클라우드 및 엣지 컴퓨팅 기술을 이용한 스마트 팩토리 관리전 산업에 걸쳐, 수집되는 데이터들의 양이 폭발적으로 증가하고 있다. 제조업에서도 데이터의 폭증이 두드러지게 나타나고 있다. 이러한 데이터들을 관리하기 위한 클라우드 컴퓨팅이 주목을 받았다. 클라우드 컴퓨팅은 데이터를 클라우드(데이터 센터)에 전송하고, 정보를 데이터 센터에서 저장하고 분석하는 것을 의미한다. 그러나, 클라우드 컴퓨팅은 데이터 센터가 물리적으로 먼 거리에 위치할 경우 데이터 송수신 시간이 증가하고, 많은 양의 데이터를 처리할 경우 데이터 병목 현상으로 인해 처리 시간이 지연된다는 문제가 있었다. 이러한 클라우드 컴퓨팅의 한계를 보완하기 위해 나온 기술이 엣지 컴퓨팅이다. 엣지 컴퓨팅은 사용자 근처에 위치해 있다는 것이 가장 큰 특징이다. 즉, 사용자 근처에 있는 작은 클라우드라고 할 수 있다.

스마트 팩토리에서 수집되는 데이터를 이용해서 실시간으로 변화하는 공정 상태를 분석하고, 설비 고장, 품질 불량과 같은 공정 문제를 분석해서 대처해야 한다. 이러한 분석에는 실시간으로 수집되는 데이터뿐만 아니라, 기존에 축적된 데이터들을 활용해야 한다. 클라우드에서는 기존 스마트 팩토리 솔루션8이터들을 이용한 모델링을 수행하며, 실시간으로 수집된 데이터들에 맞는 최적의 모델을 엣지로 전송해서, 엣지에서 관련 데이터들을 처리하도록 한다. 엣지에서는 클라우드에서 분석된 모델을 이용해서 설비, 공정에서의 문제를 해결하기 위한 피드백을 주며 실시간 분석을 수행한다. 엣지에서는 모델이 현재 공정에 최적화된 모델 여부를 판단하고, 그렇지 않을 경우 클라우드에 모델을 다시 요청함으로써 분석 성능을 향상시킨다.

다품종 소량생산을 위한 3D 프린팅 기술3D 프린팅 기술은 연속적인 계층 물질을 뿌려서 3차원 물체를 만들어내는 제조 기술이다. 산업용 3D 프린팅 시장은 국내 스마트 팩토리 요소 기술들의 개별 시장 중 가장 작은 비중을 차지하는 시장이나, 점차 비중이 확대될 전망이다. 3D 프린팅 기술은 제조업 분야의 시제품 개발 단계에 주로 사용되며, 다품종 소량 생산과 개인 맞춤형 제작에 활용 가능성이 높다. 3D 프린팅 기술을 이용해 GE는 LEAP 제트 엔진용 노즐을 금속 3D 프린팅 기술로 3만 개 이상 인쇄했고, 이를 통해 30% 비용 절감, 25% 경량화, 95% 재고 절감, 5배 내구성 강화 등의 효과를 볼 수 있었다.

사이버 보안은 주요 기반 시설과 멀리 떨어진 곳에 위치한 시스템의 효과적인 제어를 위해 필수적으로 활용되는 기술이다. 제조현장에서 상호 연결된 기기들의 수가 급증하며 IoT를 통해 설계부터 생산, 유통, 서비스까지 각 프로세스가 가상공간상에 통합되면서 정보 및 기술 유출의 위험성이 더욱 커지고 있다.

사이버 보안 기술은 네트워크, 데이터, 신원 및 접근, 엔드 포인트, 그리고 클라우드 보안 기술들로 구성된다. 네트워크 보안 기술은 네트워크에 부적절한 접근 및 방해를 감시하는 기술이고, 데이터 보안은 데이터베이스나 데이터 센터에 허가되지 않은 접근으로부터 보호하는 기술이고, 신원 및 접근 보안은 시스템 또는 서비스에 대한 사용자의 접근 허용성을 검토하는 기술이다.

엔트 포인트 보안 기술은 네트워크에 연결된 사물에 대한 보안 기술이고, 클라우드 보안 기술은 사이버 공격으로부터 클라우드 및 엣지 컴퓨팅을 보호하는 기술이다.

스마트 팩토리는 모든 사물들이 유기적으로 긴밀하게 연결되어 있으며, 설계부터 서비스 단계까지 수많은 데이터가 연결되어 공유되고 있다. 스마트 팩토리 내의 일부 정보가 노출되더라도 유기적으로 연결된 속성으로 인해 플랫폼상에 축적된 전반적인 데이터들까지 유출될 위험성이 존재한다. 따라서, 치밀한 사이버 보안 전략이 필수적이다.

스마트 팩토리의 핵심으로 사이버 물리 시스템 스마트 팩토리는 효율적이고 유연한 자율적인 지능형 설계와 공장 운영을 수행하는 공장이다. 이를 위해 적용되는 핵심 개념이 인지, 판단, 행동을 능동적이고 자율적으로 수행하는 사이버 물리 시스템이다. 사이버 물리 시스템은 사이버 시스템과 물리적 시스템을 통칭하는 시스템으로, 기존의 실시간 임베디드 시스템이 확장된 개념이라고 볼 수 있다.

사이버 물리 시스템은 기존의 임베디드 시스템과 달리 실제 물리 세계와의 상호작용을 강조하는 시스템으로 연산, 조작, 통신의 세 가지 요소를 중심으로 구축된다. 사이버 물리 시스템은 주로 통신 기술을 활용해 물리적인 현상을 통한 데이터를 계산하고, 분석해서 물리 시스템을 구성하는 시스템 객체들에 피드백을 준다. 제조업에 사이버 물리 시스템을 활용해서 비용과 시간을 절감하고 생산 시뮬레이션을 통해 효율적인 생산을 할 수 있도록 한다. 사이버 물리 시스템을 구현하기 위해서는 모든 사물들을 연결시키는 IoT와 데이터를 수집하는 플랫폼, 의사결정을 지원하는 빅데이터 분석 기술, 인공지능 기술 등 다양한 기술들이 필요하다.

사이버 물리 시스템은 공장을 구축하거나, 생산 라인을 구축하기 전, 또는 제품의 기획 및 설계 단계에서 가상으로 시뮬레이션을 수행하는데 사용되며 생산 과정에서도 시뮬레이션 동기화를 통해 데이터를 수집해서 분석함으로써 효율화 및 최적화를 꾀할 수 있다.

구축에 따른 기대효과

트럭 특장차 생산관리의 패러다임을 스마트화해서 불필요한 동선을 단축한 스마트 팩토리 구축 사례가 있다. 한국상용트럭은 스마트화 이후 업무효율이 향상되었고 실시간 공정 피드백을 통한 영업력 향상으로 고객 요구에 적합한 트럭 특장차를 구현하는 것이 가능해졌다.

기존에는 각 공장 담당자가 생산관리자를 통해 작업물량을 받고 차량별 사항 확인 차 사무실까지 이동했기에 여러모로 수고가 적지 않았다. 영업사원은 전화로 담당 차량의 공정을 문의하면 수동적으로밖에 파악할 수 없다는 고충을 안고 있었다. 하지만 2017년 MES를 구축하면서 불필요한 동선과 연락 단축에 나섰다. 먼저 생산 관리자가 작업지시서를 공장별로 순차 배분하고, 공장에서 컴퓨터상으로 확인할 수 있도록 스마트 팩토리를 구축했다. 또 영업사원이 견적 내용을 전산상에 일일이 등록해서 종합적 계약금액과 실적, 연월 매출 등을 파악할 수 있도록 시스템화했다. 더 나아가 고객에게 실시간 공정 현황을 즉각 피드백할 수 있도록 했다. 대·내외적으로 신뢰도 상승과 품질까지 인정받아 경영개선과 공정개선을 이룰 수 있어서 기업의 가치평가를 높게 받아 지속적인 성장을 이룰 수 있었다.

전국 영업본부에서 판매한 특장차량 계약, 생산 등 모든 정보를 최종 A/S에 활용·관리하는 시스템 구축과 부서 간 정보공유 체계로 효율은 높이고 비용은 현저히 절감할 수 있는 시스템을 구축해 각자의 자리에서 작업 지시와 실시간 공정을 파악할 수 있어 업무만족도는 더욱 향상되고 있다.

[자료 4-6] 스마트 팩토리 도입 성과

출처 : 중소기업기술정보진흥원 부설 스마트제조혁신추진단

기업과 생산시스템에서 스마트 팩토리의 도입 및 확산을 위해 최근 제조업의 패러다임 변화에 대응하고자 노력하고 있다. 세계의 시장에서 경쟁하고 인건비와 경비가 지속적으로 급상승하고 있는 국내 제조업의 생태계에서 경쟁력 강화를 위해 중소, 중견기업들은 스마트 팩토리 도입과 확장 프로젝트를 진행하고 있다. 스마트 팩토리 도입과 확장 사업은 국내의 제조 산업과 공급 산업을 발전시키기 위해서다. 제조업체의 기술과

품질발전으로 고도화된 기술발전을 통한 제조 경쟁력 강화, 해외 시장의 진출과 함께 제조 기업의 증가, 고급 일자리 창출 등이 목적이다.

국내의 스마트 팩토리 도입 및 확산은 최근 제조산업의 고객 니즈와 패러다임 변화에 대응한다. 국내 제조업의 경쟁력 강화를 위해 중소, 중견기업 등에 스마트 팩토리 도입과 확장 프로젝트가 다양하게 진행되고 있다. 스마트 팩토리 도입과 확장 사업은 제조 산업과 공급 산업을 발전시키기 위해서다. 제조 산업 발전은 제조 기술 고도화를 통한 제조 경쟁력 강화와 해외에 진출하는 제조 기업의 리턴, 고급 일자리 창출 등을 목적으로 하고 있다. 국내의 공급 산업 발전은 스마트 팩토리 IOT기술과 접목된 솔루션의 기술 발전을 통한 제조기업과 공급기업 간의 균형된 상생 발전을 통한 다양한 신규 일자리 창출까지 효과를 거둘 수 있다.

Reference

1. https://www.smart-factory.kr/, 스마트제조혁신추진단 스마트공장 사업관리시스템
2. https://blog.naver.com/comaspack86/222102347169
3. 기계저널 : 大韓機械學會誌 v.57 no.8 , 2017년, pp.33–37, 제조업 ICT융합과 스마트공장
4. ㈜NICE디앤비, 코스닥 시장 활성화를 통한 자본 시장 혁신방안 보고서

코로나19 팬데믹 이후의 스타트업 투자

이상원

05

코로나19 팬데믹 이후의 스타트업 투자

건축 기계설비 설계(냉난방, 공조, 위생, 에너지, 소방)를 업으로 하고 있으며 엔젤 투자자인 필자는 초기 스타트업 투자 전문 엑셀러레이터의 주주로 다양한 투자를 겸하고 있다. 코로나19 팬데믹 이전에는 한 해에만 30여 개 이상의 스타트업IR(기업설명회)를 다녔고 자주 스타트업 CEO나 CTO들과 호프데이를 겸한 멘토링을 하고는 했다. 일반 직장인이 입는 정장에 구두보다는 청바지에 가죽자켓을 더 선호하는 사람이어서 그런지 이런 모험적인 투자의 세계에 겁도 없이 들어선 것이다. 또한 상장주식 투자, 비상장 투자, 부동산 투자 등 다양한 포트폴리오를 가지고 있다. 하지만 여러분이 생각하는 만큼의 거대한 부를 이룬 상태는 아니다.

보통 계란을 한 바구니에 담지 말라는 말이 있다. 이것은 위험 자산과 안전 자산에 분산 투자하란 말인데 인플레이션 효과 등으로 인해 안전 자산만 투자하는 것과 또는 투자를 안 하고 현금으로만 가지고 있는 것은 앉아서 가지고 있는 자산을 손해보고 있는 것이나 마찬가지다.

조선시대의 서민은 평균 수명이 35세였고 임금의 수명이 46세였다고 한다. 그러나 지금 우리는 평균수명 100세를 지나 150세도 가능한 시기를 맞이하고 있다. 다가올 장수시대를 대비하기 위해서라도 당신은 투자를 당장 시작해야만 한다.

필자는 감당할 수 있는 만큼의 스타트업 투자를 하는 편이다. 리스크가 큰 스타트업이나 벤처 투자는 대박을 꿈꾸는 투자이기보다 그들과 호흡하며 같이 성장해나가는 진정한 꿈을 위한 투자가 더 많다. 물론 수익률을 간과해서는 안 된다. 따라서 필자는 희망과 꿈과 미래를 위한 스타트업 투자, 엔젤 투자와 자본주의 꽃인 돈으로부터 자유롭게 될 수 있도록 투자의 한 부분으로써 소개하려 한다. 많은 고민을 하며 쓰고 있지만 부족한 점이 많다고 느껴져 부끄럽기도 하다. 하지만 필자와 같은 일반인도 엔젤 투자나 스타트업 투자를 할 수 있다는 것을 꼭 알려주고 싶다.

4차 산업혁명 시대, 스타트업 투자라는 파도를 타자

지구의 나이 46억 년에 인류는 거의 지구 최상위 포식자가 되었다. 지구에서의 인간의 삶이란 길고 긴 지구의 역사에 비해 상당히 짧다. 현생 인류에 근접한 호모 사피엔스의 역사도 기껏해야 40만 년이니 말이다.

우리의 조상들은 도구를 이용해서 사냥했으며 불을 다루기 시작해 생고기를 익혀 먹게 되었다. 벼를 심어 수확한 쌀로 밥을 지어 먹었고 논을 경작하면서 사냥만으로 고단백질을 계속 충족할 수 없어 소, 돼지 등 가축을 직접 기르고 이동 대신 집단으로 거주하면서 마을을 만들었다. 생명의 근원인 물가를 찾다 강이나 하천 인근에서 살게 되었고 거대한 강 주위로 거대한 문명도시를 탄생시켰다.

동서양을 막론하고 농경사회가 오랫동안 유지되면서 왕, 귀족, 상인, 농민, 하층민 등 계급이 자연스럽게 형성되었고 근대화를 거치면서 자본주의의 형태가 만들어지고 있었다. 과학의 발전은 농경사회를 짧은 시간에 공업화로 가는 급행열차를 타게 했다.

화석연료를 이용하는 증기터빈 발명, 대규모 공업화, 농경사회에서 대규모 방직 및 제철 산업시대 진입이 유럽에서의 1차 산업혁명이었다면 전기와 화학, 철강에서의 기술혁신은 미국의 부흥의 출발점이 되었고 '철도왕' 코닐리어스 밴더빌트(Cornelius Vanderbilt), '석유왕' 존 D. 록펠러(John Davison Rockefeller), '철강왕' 앤드루 카네기(Andrew Carnegie), '자동차왕' 헨리 포드(Henry Ford), '금융왕' J. P. 모건(John Pierpont Morgan), '발명왕' 토머스 에디슨(Thomas Alva Edison), '현대 교류 전기의 아버지' 니콜라 테슬라(Nikola Tesla) 등이 이 영광을 함께했다.

기존 증기기관 발명을 1차 산업혁명, 대량 생산과 자동화를 2차 산업혁명, 정보기술과 산업의 결합을 3차 산업혁명이라고 붙여졌는데 아직 진행 중인 이번 산업혁명을 4차라고 하기에는 조금 무리가 있지만 클라우스 슈밥(Klaus Schwab) 다보스 포럼 의장이 발표 이후에는 각종 언론에서 기정사실화하고 있다.

혁명(Revolution)이란 단어가 들어가면서 무언가 사회, 구조적 변혁이 크게 일어났을 것이라 추측하게 된다. 혁명이란 기존의 것을 대단히 많이 바꾸거나 아예 대체할 수 있다. 아니면 체제를 바꾸거나 인류를 더 나은 생활방식으로 바꿀 수 있고 많은 직업이 소멸되거나 생길 수도 있다.

무성영화 시대부터 근래 영화에도 자주 나오는 서부시대의 마차는 서부로 향하던 개척 이민자들과 황금을 쫓아 서부로, 서부로 몰리던 광부들과 넓은 대지에서 목축과 농사를 짓던 많은 이들에게 교통의 핵심 역할을 했다. 또한 전쟁에서도 수많은 군대와 군수물자를 대량으로 수송했다. 그러나 계속 성장하던 열차 산업은 석유와 자동차의 등장으로 급속히 대량 이동수단의 자리를 자동차에게 물려주게 되었다.

1차 산업혁명은 기존 이동수단인 말을 빠르게 증기기관차로 대체했고

출처 : Pixabay.com

기존 마차 관련 산업은 해체, 분해되었다. 마차는 기껏해야 6명이 탈 수 있었으나 증기기관차는 열차의 개수에 따라 수십 배를 더 태울 수 있었다. 산업적 측면에서도 선로를 깔고 토목공사를 할 수 있어 일자리 창출이 컸다. 물류 운송량을 획기적으로 늘릴 수 있어 열차 산업이야말로 큰 돈을 벌 수 있는 기회였다.

석유와 자동차, 전기, 통신으로 시작된 2차 산업혁명은 다른 산업혁명에 비해 크게 주목받지는 못했지만 현대 문명에 크게 기여한 산업혁명이며 현재의 기반이 된 산업혁명이었다. 전기를 사용하는 전화, 형광등, 에어컨, 냉장고, 라디오, TV까지 이때를 기점으로 우리의 편의를 위한 다양한 가전제품들이 나온 것이다.

개인용 컴퓨터와 인터넷의 등장은 정보화 사회를 만들면서 3차 산업혁명 시대를 더욱 가속화시켰으며 4차 산업혁명의 초석을 놓아주는 역할을 했다. 클라우스 슈밥은 2016년 스위스 다보스에 열린 세계경제포럼(WEF)에서 '4차산업의 이해'를 주요 의제로 설정해서 저성장, 불평등, 지속가능성 등 경제 위기를 다루던 그간의 의제에서 최초로 기술 분야

과제를 선정했다.

4차 산업혁명은 기존 ICT(Information and Communications Technologies, 정보통신기술)혁명에 인공지능, 사물인터넷, 자율주행, 드론, 블록체인, 빅데이터, 메타버스 등 첨단 정보통신기술이 경제와 사회 전반에 융합되어 혁신적인 변화를 이끌도록 하는 차세대 산업혁명으로 초연결(hyperconnectivity)과 초지능(superintelligence)을 특징으로 한다.

이 모든 것을 가능하게 하는 것은 인공지능의 발전이다. 인공지능 말이 나왔으니 하는 말인데 인공지능이야말로 4차 산업혁명에 핵심 단어라고 생각된다. 일본 소프트뱅크그룹 손정의 회장은 문재인 대통령에게 왜 "첫째도 AI, 둘째도 AI, 셋째도 AI"라고 했을까?

손회장의 소프트뱅크는 비전펀드를 통해 인공지능과 자율주행 등 미래 먹거리 회사에 100조 원이라는 엄청난 돈을 투자하고 있다. 참고로 손회장은 알리바바와 쿠팡의 미국 시장 상장 등에서 굵직하게 투자금을 회수했으며 다양한 AI 회사에도 투자하고 있다.

2016년 구글 딥마인드의 인공지능 프로그램 알파고와 이세돌 9단과 펼친 세기의 바둑대전에서 인간의 완패는 한국을 넘어 전 세계에 커다란 충격을 주었다. 그러나 인공지능은 오래전부터 소설이나 영화에 자주 등장했다.

최초의 인공지능 로봇이 나온 영화는 독일의 흑백 무성영화 〈메트로폴리스(Metropolis)〉로 프리츠 랑(Fritz Lang)이 감독했고, 1927년 1월 10일 독일에서 개봉했다. 이후 많은 영화나 소설에서 인공지능과 연관된 많은 캐릭터가 나왔다.

1999년에 개봉한 영화 〈매트릭스〉에서 AI는 인간을 사육했고 지구를 황폐화시키고 사이버 공간에서 인간을 살게 하면서 에너지원으로 사용했다.

[자료 5-2] 영화 <매트릭스>

출처 : 네이버

　앞으로 인간이 더욱 인간다운 모습으로 유토피아를 향해갈지 아니면 진보의 화살이 인류를 관통하면서 디스토피아로 갈지는 알 수 없다. 하지만 영생을 갈망해서 우주로 떠나 인류의 창조주를 우연히 찾게 되는 영화 프로메테우스의 인공지능 휴머노이드 데이빗의 사악함보다는 인류를 구원할 외계인과의 조우를 그린 휴머니티 가득한 영화 〈컨텍트(원제 : Arrival)〉를 필자는 꿈꾸며 평화롭고 지혜롭게 인류를 위한 인간이 통제할 수 있는 인공지능 시대가 오리라고 믿는다.

　필자도 인공지능에 관심이 많아 개인 투자 조합과 비상장주식을 통해 인공지능을 기반으로 한 소프트웨어회사에 투자하고 있다. 최근에는 인공지능 의료 소프트웨어 장외주식에 투자해서 코스닥에 상장하면서 투자 회수(Exit)를 한 경우도 있다.

　물론 인공지능이 만능은 아닐 것이다. 그러나 부인할 수 없는 사실은 대체라는 것이다. 초등학교 교과 과정에 프로그래밍을 하는 코딩 과정이 생겼으며 외국에서 코딩은 몇 년 전부터 필수 과목이었다.

국내 인공지능 프로그래머가 부족해 인재육성을 위해 국가 차원에서 나서고 있으며 판교테크노밸리의 인공지능 프로그래머는 억대 연봉으로 모셔가기도 하는 추세다.

4차 산업혁명은 우리에게는 빠르게 다가오는 듯 하다. 하지만 우리가 모르게 스펀지에 물이 스미듯이 침투할 것이다. 스마트폰이 나온 지 얼마나 되었는가?

아이폰이 발표된 때는 2007년이다. 이후 광속의 속도로 우리는 스마트폰에 의해 살아가게 되었다. 노예라는 표현이 가능할 정도다. 전화번호를 기억하지 못하고 스케줄 관리나 영화, 음악, SNS, 게임 등을 하고자 우리는 쉴새 없이 스마트폰을 터치하고 있다. 예전에 이런 광경을 생각이나 했을까? 변화는 우리가 생각하는 것보다 더 빠른 속도로 우리 실생활에 다가올 것이다. 다소 진부한 이야기일 수 있지만 4차 산업혁명은 짚고 넘어가야할 듯해서 간단하게 언급했다.

그럼 우린 무엇을 할 것인가? 이것은 각자의 위치와 생각에 따라 포지션을 정해야 할 것이다. 그래서 필자는 스타트업에 투자하기로 결정한 것이다. 4차 산업혁명의 파도를 타고자 스타트업 투자를 시작했다. TV 드라마에도 다루어질 만큼 다가왔으니 여러분들도 관심을 가져 스타트업와 가까워지길 바란다.

스타트! 스타트업 투자

기술기반의 신생 창업기업이나 설립한 지 얼마되지 않은 창업기업을 보통 스타트업이라고 한다. 미국 실리콘밸리에서 이 단어가 처음 사용되었고 혁신적인 기술과 아이디어를 보유하고 있으나 창업자금이나 마케팅, 제품생산 등이 부족해서 투자를 받는다. 특히 ICT(Information and Communications Technologies) 기술기반의 기업이 대다수를 이루기도 한다.

이 용어가 낯선가? 그럼 20세기 말, 21세기 초 그러니까 1990년 후반과 2000년대 초반에 광풍이 불었던 벤처기업은 들어봤을 것이다.

당시 뉴스에선 벤처 신화, 벤처기업 CEO 등 벤처란 말만 붙이면 선망의 대상이 되던 시절이었다. 1993년 설립해서 닷컴버블 시기에 벤처기업으로 출발해서 2000년 전후로 코스닥의 상단에 자리하면서 주가 500배 폭등의 거품을 제대로 알게 해준 새롬기술은 당시 언론에선 연일 오르내렸다. 이들이 핵심으로 가지고 나온 기술인 인터넷 무료 전화 '다이얼패드' 는 필자 본인도 이걸 써보면서 당시 획기적인 아이디어라 생각을 할 정도였다. 초기 'VoIP(Voice over Internet Protocol)'라는 첨단 기술을 실용화한 제품으로 꽤 성공적인 행보를 보였다.

[자료 5-3] 닷컴 열풍의 중심인 새롬기술 관련 기사

<확대경> 새롬기술, 90만원 넘어서며 증시전체 2위 등극

기사입력 1999.12.02. 오후 4:16   스크랩   🔊 본문듣기·설정

🖤 공감   ♡ 댓글   요약봇   가   🔖   ᐸᐤ

(서울=연합뉴스) 김종수기자 = PC통신용 에뮬레이터 새롬데이타맨프로로 유명한 새롬기술의 주가가 2일 마침내 90만원을 넘어서 얼마나 더 오를지에 대해 증시의 관심이 쏠리고 있다.

지난 8월 코스닥시장에 신규등록한 새롬기술은 추세에 다소 뒤진 느낌을 주는 PC통신용 소프트웨어가 주력상품이라는 약점에도 불구, 연일 강세를 지속해 마침내 2일 종가로 91만3천원(액면 5천원 기준)을 기록했다.

이는 증시 전체에서 황제주 SK텔레콤 다음가는 것이며 코스닥시장에서는 지난 7월21일 한국정보통신이 기록한 92만원 다음으로 높은 것으로 이 기세라면 조만간 100만원에 육박, 코스닥 사상최고가를 기록할 가능성이 높다.

출처 : 네이버 연합뉴스 1999년 12월 2일

벤처기업들의 거품은 주가가 말해주었다. 닷컴열풍의 중심에는 새롬기술, 다음 등이 있었고 새롬기술은 1999년 8월 상장 후 6개월 만에 130배가 올랐다. 그 이후로도 2배가 더 올랐다. 새롬기술 주가 차트를 보면 1,890원에서 282,000원까지 150배가 올랐다.

[자료 5-4] 코스닥상장사였던 새롬기술의 주가변동 그래프

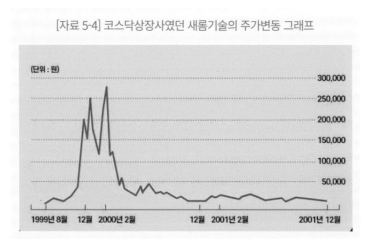

출처 : 뉴시스 2021년 1월 25일

새롬기술은 당시 닷컴버블의 최선봉에 서있던 기업으로 코스닥 시장에서 선풍적인 인기를 얻으며 지수를 이끌었고 주가 또한 100만 원을 돌파(액면분할로 인해 10만 원)해서 2000년 1월 4일에는 257만 원까지 치솟았다.

1999년 4분기에서 2000년 1분기까지 폭등한 주식을 보면 사이버텍 40.6배, 다음 36.6배, 정미디어 34.6배로 가히 폭등의 시대였다. 2000년 초 닷컴버블이 시기의 벤처기업들이 스타트업의 진신으로 현새의 스타트업들은 더욱 개선되고 월등히 높아진 기술력과 인재를 기반으로 성장 가도를 달리고 있다.

그러나 수많은 스타트업들이 자금이 없다거나 시장 진입도 못한 상태에서 사그라지고 만다. 사업 초기 자금이 말라 죽음의 계곡을 건너지 못

1999년 4분기~2000년 1분기 중에 폭등한 종목들

종목명(현재명)	최저가	최고가	상승	현황
싸이버텍(평안물산)	5,710원	232,000원	40.6배	상폐(2012.6)
다음(다음카카오)	11,200원	406,500원	36.3배	
장미디어(네오아레나)	4,480원	155,000원	34.6배	
버추얼텍	7,500원	206,000원	27.2배	
한글과컴퓨터	3,130원	58,900원	18.8배	
마크로젠	10,050원	185,000원	18.4배	
미디어솔루션(레드캡투어)	12,300원	225,000원	18.3배	
인디시스템	3,000원	49,900원	16.6배	
대현테크(IHD)	1,145원	9,960원	8.7배	상폐(2009.4)
대양이엔씨	16,600원	92,50원	5.6배	상폐(2010.9)
로커스(글로웍스)	36,950원	264,000원	7.1배	상폐(2011.6)

자료: 대한민국 주식투자 100년사 발췌

출처 : 뉴스웨이 2020년 12월 22일자

하는 회사들을 위해 법인, 개인 투자자들이 있어 이들을 엔젤이라고 말하고는 한다.

필자도 그런 엔젤이 되기 위해서 개인 투자 조합에 선뜻 나서게 된 것이다. 여러 가지 스타트업 투자 중 하나인 개인 투자 조합을 이어서 자세히 설명하겠다.

스타트업 투자의 단계와 개인 투자 조합

스타트업의 투자의 경우 몇 개로 나눠지는데 크게 보면 시드(Seed)단계, 시리즈 A, 시리즈 B, 시리즈 C 이렇게 크게 구분할 수 있으며 시리즈 C에서는 다시 C부터 E까지도 세분화할 수 있으나 이번에 크게만 구분하도록 하겠다.

1단계 시드 투자는 극초기 투자로 종잣돈을 의미하며 많은 스타트업들이 여기에 머무는 경우가 많다. 성장을 해야 하는데 시장이 안 받쳐주

거나 시장성이 없다거나 회사 내부 문제 등 여러 가지 이유로 멈추거나
회사의 방향성을 잃어버리는 등 존립 자체가 어렵게 되는 경우도 있다.
시드 투자를 여러 번 받는 경우 회사가 커갈 가능성이 더 높은 것은 당연
하다고 볼 수 있다.

[자료 5-6] 스타트업 투자

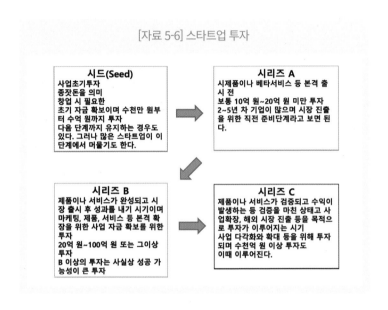

시리즈 A단계까지가 보통의 개인 투자 조합에서 많이 하는 편이나 시
리즈 B, C단계에도 간혹 시도한다. 필자는 주로 시드 전문 개인 투자 조합
으로 간접 투자를 하는 편이다. 투자 결정에는 관여하지만 투자할 회사는
주로 업무집행 조합원과 엑셀러레이터에 의해서 결정된다.

보통 창업 5년 내 생존율이 29%로 생존율이 낮아 이 기간을 버텨내는
것이 어렵다. 이렇게 해서 커가는 스타트업들은 생존의 시간을 지나 성
장을 해나가면 간혹 대박을 터뜨리는 경우도 있다.

2020년 2월, 하이퍼커넥트란 회사가 데이트앱 틴터를 서비스하는 미

국 나스닥 상장사 매치그룹에 약 2조 원(17억 2,500만 달러)에 매각되었다.

토종기업 하이퍼커넥트에서는 영상 데이트 앱 〈아자르〉를 개발해 서비스하며 99%의 이용자를 중동 등 해외에서 끌어모았으며 230개국에서 5.4억 건이 넘는 다운로드를 기록했다.

하이퍼커넥트는 2014년 시드 투자로 알토스벤처스에서 투자를 받았고 2015년 시리즈 A를 다시 투자받았으며 2020년 엑시트(Exit)를 했다. 이처럼 단계별로 투자를 받을 수 있었던 것은 그들의 서비스가 국내가 아닌 해외에서 더 인기를 모으며 인프라 확장에 대한 보상으로 매각된 것이었다.

2021년 3월 11일은 스타트업 기업들에 있어서 대단한 날이었다. 쿠팡이 미국 뉴욕증권거래소에 상장을 한 날이기 때문이다. 미국은 차등 의결권이 있어 창업자가 지분 2%만 있어도 58%의 의결권을 행사할 수 있어 그동안 투자를 많이 받은 벤처회사 입장에서는 당연한 선택이었을 것이다.

배달의 민족으로 독일에 지분을 넘기면서 더욱 유명해진 우아한 형제들, 토스로 유명한 비바리퍼블리카, 숙박을 놀이문화로 만들어가는 야놀자 등이 중간중간 투자를 받고 유능한 인재들을 끌어모아 재투자 등을 할 수 있었던 것이다.

필자도 개인 투자 조합에서 투자한 회사가 다른 벤처캐피탈 등에서 재투자받으면서 우리의 지분을 그쪽 벤처캐피탈에 넘기면서 엑시트한 사례가 있다.

이렇듯 스타트업은 아이템과 소프트웨어, 마케팅, 재투자, 매출상승 등 여러 가지 단계와 투자를 거쳐서 유니콘이 되기도 하고 걸음마를 걷는 시기를 지나 일어서는 단계에서 쓰러져 폐업의 길로 갈 수도 있는 것이다.

이제 필자가 많이 하는 시드 투자에서의 개인 투자 조합에 대해서 이야기해보겠다. 스타트업 투자 단계상 개인 투자 조합은 주로 초기(Seed) 기업에 투자를 많이 한다. 초기 스타트업의 경우 빌리거나 본인 자금이 거나 투자를 받거나 해서 시작해도 제품개발비, 인건비, 비품구입, 임대료 등 다양한 사용처에 필요한 자금이 부족한 경우가 대부분이다. 이 부분을 개인 투자 조합이나 엔젤 투자, 엑셀러레이터(창업기획사), 벤처캐피탈(창업기업 전문), 전략적 파트너 등이 투자하는 것이다.

[자료 5-7] 엔젤의 유형과 엔젤자금 유치 벤처기업의 성향 분석

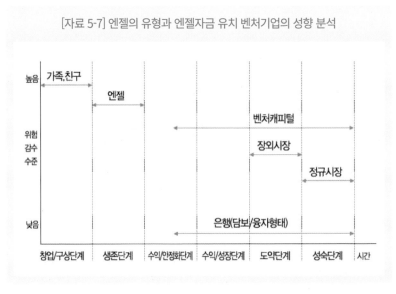

출처 : 정보통신정책연구원

투자에서 엔젤이라는 말은 20세기 초에 투자 위험도가 높았던 브로드웨이 연극 제작을 위한 자금 조달을 부유한 신사들이 투자하면서 이들을 부르는 용어가 된 것이다. 연극 히트에 따른 경제적 이득뿐만 아니라 일종의 파트너십을 가지면서 연극에 초청되고 젊은이들과 호흡할 수 있는 기회이기도 했다. 금전적 이득 외에 비금전적 혜택이 추가되어 투자의

기쁨이 배가되었던 것이다. 아래 그래프는 엔젤 투자가 어느 단계에 많이 되는지 보여 준다.

이 엔젤 역할을 하는 것 중 하나인 개인 투자 조합에 필자는 투자하고 있으며 별도의 프로젝트 펀딩을 통해 개별 스타트업에 대한 투자도 하고 있다.

이러한 투자는 투자자들과 스타트업 임직원들과의 친분을 쌓는 호프 미팅 등을 통한 인맥에 의해 연결되고 이것이 발전되어 다시 다른 연결점이 만들어지는 것이다.

개인 투자 조합의 경우 친교하고 그들과 호흡하고 그들의 목소리에 귀를 기울이다 보면 투자 기회뿐 아니라 현재 발전 상황을 파악하거나 새로운 것에 대한 최신 정보와 미래 기술에 같이 참여할 수 있다는 부가적인 즐거움도 있다. 하지만 본연의 목표인 투자와 회수를 잊지 말아야 하며 무엇인가를 내세우려는 공명심보다는 투자의 즐거움과 친교의 즐거움을 같이 한다는 것에 만족해야 할 것이다.

그럼 개인 투자 조합이란 무엇일까? 개인들은 스타트업이나 상장되지 않은 벤처기업에 투자할 수는 없는 것인가? 저자 또한 그러한 기회가 오질 않았고 단어조차도 몰랐었다.

비상장(장외)기업 투자를 하는 와중에 우연하지 않은 인연에 의해 개인 투자 조합을 소개받았고 과감히 진입했다.

법으로 정해져 있는 개인 투자 조합은 다음과 같다.

첫째, 개인 투자 조합의 정의다. 개인 투자 조합은 개인 등이 벤처 투자와 그 성과의 배분을 주된 목적으로 결성하는 조합으로 벤처 투자 촉진에 관한 법률 제12조에 의해 설립된 조합이다.

둘째, 등록여건이다.

○ 조합 요건

– 출자금 총액 : 1억 원 이상일 것

– 출자 1좌의 금액 : 100만 원 이상일 것

– 조합원 수 : 49인 이하일 것(업무집행조합원과 유한책임조합원으로 구성)

  * 업무집행조합원 : 조합 채무에 대해서 무한책임을 지고 조합 재산의 관리·운용 업무
    를 집행하는 1인 이상의 자

  ** 유한책임조합원 : 조합에 출자가액을 한도로 해서 유한책임을 지는 자

– 존속기간 : 5년 이상일 것

○ 업무집행조합원 요건

– 출자지분 : 출자금 총액의 5% 이상일 것

– 신용도 : 금융거래 등 상거래에서 정당한 사유 없이 약정일이 3개월
  이상 지난 채무가 1천만 원을 초과하지 않을 것

– 사업내용 : 창업자나 벤처기업에 대한 투자 또는 이에 투자하는 조합
  에 대한 출자를 포함하고 있을 것(법인에 한함)

다음 통계 자료는 스타트업의 투자 시장의 단편을 보여주는 신규 투
자로 2020년의 경우 역대 최고치를 보여주고 있다.

긍정적인 단면을 보여주는 것은 투자를 받은 많은 스타트업들이 인수
합병이나 상장등으로 성장동력을 다시 얻기도 하며 투자자로서는 투자
의 출구 전략을 다양하게 가져갈 수 있어 투자처로서의 매력이 더욱 올
라가고 있다는 것이다.

또한, 개인 투자 조합 결성 투자액이 1조 원을 넘었다는 최근 기사는
시사점이 크다고 볼 수 있다. 왜냐 무엇인가의 장점이 더 있으니 개인투
자 조합을 하는 것이 아닐까?

[자료 5-8] 벤처캐피털의 신규 투자

단위 : 개사, 억 원

■ 금액 ━■━ 업체수

	2016	2017	2018	2019	2020
금액	21,503	23,803	34,249	42,777	43,045
업체수	1,191	1,266	1,399	1,608	2,130

출처 : 한국벤처캐피털협회

[자료 5-9] 개인 투자 조합 결성 추이

단위 : 개, 억 원

구분		'17년	'18년	'19년	'20년		'21년 1Q
						1Q	
결성 조합 수	신규	174	302	336	485	76	156
	운용	379	664	980	1,439	1,439	1,591
결성액 (약정)	신규	911	2,034	2,828	3,244	455	969
	운용	2,011	3,952	6,566	9,661	6,943	10,623

*운용 중인 조합수는 결성 후 해산·청산된 조합을 제외한 숫자

출처 : 중소벤처기업부

2017년 이후 법인 조합 결성 허용과 2018년 개인 투자액 소득공제 확대, 최근 시장의 풍부한 유동성과 투자 요건 완화에 기인해서 계속 증가

추세인 것이다. 스타트업 투자의 전성시대가 온 것이다. 결성요건과 투자 증가 추세인 것을 확인했으니 개인 투자 조합(스타트업 전문 투자)의 여러가지 장점 중 하나인 소득공제를 알아보겠다. 소득공제 금액 확대는 다음과 같이 변화되었다.

* 소득공제 확대(조특법 2018.1.1. 시행)
❶ (100% 공제액) 1.5천만 원 → 3천만 원 이하
❷ (공제율) 1.5~5천만 원 이하 50% → 3~5천만 원 이하 70%까지
** 조합 관련 제도 개편(벤처 투자법 '20.8.12. 시행)
❶ (일반조합 투자) 창업·벤처기업에 전액 투자 → 50% 이상
❷ (창업기획자 결성조합 투자) 초기 창업자에 자본금+조합 출자액 50% 이상 → 자본금, 조합 출자액 각각 계산(자본금 40% 이상, 출자 조합 50% 이상)

3,000만 원 이하 투자의 경우 100%의 공제율, 3,000만 원 초과 5,000만 원 이하 투자의 경우 70% 공제율, 5,000만 원 초과분의 경우 30%의 공제율을 적용하되 당해 과세연도 종합소득 금액의 50%를 한도로 공제를 적용해서 상당히 세제 혜택도 있다. 이러한 과감한 세제 혜택이 도입되어 개인 투자 조합에 대한 관심이 늘어난 것이다.

호기심이 발동한 독자라면 저자에게 연락을 하던가 아니면 (사)한국엔젤투자협회등에 문의하면 투자의 길을 안내할 것이다.
이런 개인 투자 조합뿐만 아니라 중소벤처기업부에서 초기 창업비용을 투자하는 TIPS 프로그램, 엔젤 투자 매칭펀드, 각종 지자체와 신보, 기보 등에서 하는 저금리의 창업 대출을 이용하면 창업비용 및 보육센터, 멘토링, R&D자금 등을 매칭해서 일괄 지원하는 프로그램이 많으니

예전보다는 투자처와 생존력이 올라갔다.

아무것도 하지 않으면 아무 일도 일어나지 않는 것처럼 공부하고 도전하는 사람에게 길은 열려 있다. 내가 투자한 기업이 어느 날 코스닥에 상장이 될 수도 있고 중견기업에 지분을 팔 수도 있고 상장회사에서 흡수합병을 하면서 내게 큰 수익을 가져다줄 수도 있다. 투자의 시대, 인플레의 시대에 나름 멋진 투자처가 될 수 있으니 개인 투자 조합에 관심을 가져볼 만한 것이다.

어떤 스타트업에 투자할 것인가

스타트업 초기에 투자하는 시드 투자 단계에서 많이 만나는 것이 엔젤 투자자다. 말 그대로 자금에 목마른 스타트업 CEO에겐 천사인 투자자다. 그렇다고 그들이 무턱대고 스타트업에게 투자하는 것은 아니다.

우리에겐 잘 안 알려져 있는 실리콘밸리 엔젤 투자자 론 콘웨이(Ron Conway)는 연간 11~12건을 투자하는 슈퍼 엔젤로서 미국에서 가장 성공한 엔젤 중 한 명이다. 그의 투자 기업을 보노라면 그의 투자 안목을 알 수 있을 것이다. 페이스북, 트위터, 구글, 에어비앤비, 드롭박스, 스냅챗 등 우리가 한번은 들어봤을 법한 IT업계의 잘나가는 회사들이다.

콘웨이의 투자 원칙을 먼저 알아보자.

첫째, 무모한 투자는 금물이다.

콘웨이는 1,000만 달러 이상의 큰 투자를 하지 않는 것으로 알려져 있다. 그동안 대박을 낸 기업들을 보면 무리를 할 만도 한데 그는 절대 그렇게 하지 않는다. 보통 엔젤들은 자신이 투자한 기업이 성과를 내면 자만심에 빠지고는 하는데 그는 결코 그러지 않는다. 엔젤 업계에서 마이다스의 손으로 불리울 만한 안목이다. 그는 5만~20만달러 이상의 엔젤 투자를 고수한다. 그만의 소액투자 원칙을 실천하고 다른 사람들의 돈을 모아 펀드 형태로는 절대 투자하지 않는다. 오직 자신의 책임하에 자신의 돈만 투자한다.

5만~20만 달러도 큰 돈이다. 한화로 5,500만 원에서 2억 2천만 원의 돈이니 말이다. 미국이라 스케일이 크다고 생각할 수 있는데 필자는 아직 저 정도는 아니다. 그러나 나중에는 어느 정도 규모를 늘릴 생각이다.

무모한 투자란 사실 자신이 감당할수 있는 투자의 한계라고 표현하고 싶다. 필자도 감내할 수 있는 정도의 소액 투자부터 시작했으며 지금도 소액 정도로 스타트업 투자를 하고 있다. 1개 회사에 전부 투자를 하는 것이 아니라 개인 투자 조합에서 여러 명이 모은 투자액을 3~5개 내지 많으는 6개 정도의 회사에 투자한다. 그러면 1개 회사에 적게는 몇천만 원부터 억 원대까지 투자하니 나의 조합당 투자한 총액이 1천만 원이고 거기서 5개 회사를 투자했다 하면 회사당 2백만 원 정도이므로 그리 큰 편은 아니라는 말이다.

둘째, 가능하면 많은 벤처기업에 투자하라.

엔젤 투자 방법에는 무차별 전략(Spray And Pray)이 있다. 직역하자면 '씨를 뿌린 후에 기도하라'인데 이보다는 많은 씨를 뿌려놓고 기다린다는 의미가 더 맞을 것이다. 그것은 수량적인 면을 우선하는 전략이다. 즉, 많은 벤처기업에 투자해놓으면 그 중에 제대로 된 것 한두 개가 기대 이상의 성과를 거두는 것이다.

그는 한 달에 4~5개 기업을 발굴하며 투자 건수에 비해 30%의 성공률을 보이고 있다. 하지만 페이스북, 구글 등과 같이 대박난 기업으로 인해 투자했던 금액 이상의 수익을 남겼고 그는 이 전략을 끝까지 지켜나

가고 있다.

이것은 필자 생각에도 맞는 말이다. 중소기업의 5년 차 생존확률이 20%밖에 안 되니 옥석을 가려 투자를 한다고는 해도 그 기업조차 살아남아 내게 투자의 과실을 줄 수 있을지는 모르는 일이다. 그래서 투자 기업이 많을수록 그 중에서 크게 수익을 가져다주는 기업이 나머지 실패한 기업의 손실을 보전해준다고 보면 맞을 것이다.

어느덧 결성된 개인 투자 조합이 3개째다. 거기서 1개 조합은 오롯이 1개 회사에 전액 투자하는 조합이며 나머지 1개 조합은 성장성 좋은 스타트업 4~5개 회사에 투자될 예정이다. 이렇듯 될성싶은 스타트업에 많이 투자하는 편이다. 미국의 전문 엔젤처럼은 못하지만 나름 적절히 분배해서 하는 편이다.

셋째, 관심 분야 이외에 투자는 금물이다.

엔젤 입장에서 자신이 경험하지 못한 분야에 투자하는 것은 결코 쉬운 일이 아니다. 자신이 알지 못하는 분야에 투자를 결정하는 것도 어렵고, 설사 투자한다 해도 자금 투자 이외에 경영지원이나 자문이 여의치 않은 것이 현실이다.

그만큼 투자 실패확률이 높다는 것이다. 업체를 알고 시장을 알고 투자하는 것이 성공 투자의 지름길이다.

사실 이 의견은 콘웨이의 의견과는 좀 달리해야 한다고 생각된다. 미국 실정과 한국 실정이 다르고 엔젤 투자자와 개인 투자 조합의 투자가 다르기 때문이다. 개인 투자 조합의 경우 GP와 엑셀러레이터 등이 먼저 좋은 스타트업을 추천하는 경우가 많으며 또한 LP중 동종업계에서 유망한 스타트업을 추천하는 경우도 있어 조합 LP 중 그 분야를 몰라도 개략적으로 투자를 할 것인지 말 것인지에 대한 변별력이 어느 정도는 기

업설명 자료나 감으로 알수도 있다고 생각된다. 또한 꾸준히 기업설명
자료나 추천한 업종의 사업전망등을 검색해보면 알 수도 있다.

넷째, 평판 조회(Reference Check)를 철저히 한다.

콘웨이는 잘못된 기업에 투자해 생길수 있는 손실을 최소화하기 위해
노력하는 엔젤로 유명하다. 그래서 그는 잘 아는 지인으로부터 투자기업
을 추천받는다. 그렇다고 바로 투자하는 것도 아니다.

벤처기업은 평판이 좋지 않을 경우 지속성장이 불가능할 뿐 아니라
사업 성공을 기대하기 어렵다. 그는 기업의 평판 장점 관련 분야의 명성
과 비중을 평가하고 체크한다. 기업들은 투자를 받기 위해 과대포장을
하는데 이것을 꼼꼼히 체크하는 것이다.

한국에서의 평판은 사실 지인들을 몇 명 거쳐 물어보면 어느 정도는
알 수 있다. 특히 개인 투자 조합 같은 경우 엑셀러레이터나 GP의 친화
력과 인맥으로 충분히 알 수 있다. 그러니 꼭 확인해야 하는 부분이다.

다섯째, 창업팀을 살펴본다.

콘웨이가 투자 대상기업을 결정할 때 중요하게 여기는 것은 아이디어
가 아니다. 바로 창업팀의 자질과 능력을 우선으로 본다. 사업 아이템은
전문가의 도움으로 업그레이드 시킬 수 있지만 창업팀의 능력은 그렇지
않기 때문에 이를 실천하고 열정을 가지고 능력을 발휘하는 창업팀의 능
력을 우선으로 한다. 이 부분이 정말 중요하다. 회사의 창업팀과 특히 회
사대표를 유심히 봐야 한다. 회사의 아이템이 일순간 방향을 잃어도 대
표나 기술 총책임자 등이 뛰어나 다른 방향을 설정할 수도 있기 때문이
다. 내가 투자한 회사의 대표가 미래의 빌 게이츠(Bill gates)가 되지 말라
는 법은 없다.

이제 막 창업한 스타트업에 투자할 경우 지분구조도 확인해야 할 사항이다. 그럼 극초기 신생기업인 스타트업들은 어떻게 창업자금을 마련하며 지분구조는 어떤 것이 최상일까?

투자자의 지분 또한 중요하다. 창업 후 차후 초기 투자를 받으려면 주식을 팔거나 유상증자를 할텐데 초기에는 기존 주식(구주)를 팔면서 지분을 넘기는 방식이 많기 때문이다.

초기 투자자는 가족과 친구들의 지인과 크라우드 펀딩, 엔젤 투자자(전문 엔젤과 투자 조합), 엑셀러레이터(창업기획사), 벤처캐피탈(초기 기업 전문), 전략적 파트너 등으로 크게 나눌 수 있으며 중복 투자도 가능하다.

1. 초기 투자자

초기 창업 시 자신의 종잣돈만으로는 창업자금이 모자라 지인·친인척 등에 빌릴 수 있을 것이다. 아래 이상적 지분구조를 보면 대표이사가 70%, 초기 창업을 위한 스톡옵션으로 임직원 10%, 지인·친인척 15%, 거래처 또는 투자자 5%로 나온다.

2. 크라우드 펀딩

기업 활동의 개발과정에서 불특정 일반 대중으로부터 아이디어나 피드백 등 참여를 받고 이익을 공유하는 크라우드 소싱(Crowdsourcing)의 한 형태로 일반 대중으로부터 사업자금을 유치하는 것이 골자이며, 크라우드 펀딩을 가능하게 하는 매체는 인터넷으로, 사업자는 은행이나 증권회사 등의 중개 기관의 개입 없이 직접 일반 대중으로부터 자금을 유치하는 것이다. 일반 대중으로부터 자금을 유치한 대가로 무엇을 어떻게 지급하느냐에 따라 여러 형태로 나눌 수 있으며 분류는 다음과 같다.

① 자금유치의 대가를 지급할 것을 예정하지 않는 형태의 기부(Donation) 방식
② 자금 투자자에게 일정한 리워드(Reward)를 교부하는 방식
③ 자금 투자자에게 사업에 따른 결과물을 교부하는 형태의 선주문(Pre-purchase or Pre-order) 방식
④ 자금 유치 후 원금 또는 원리금을 상환하는 형태의 대출(Lending)방식
⑤ 사업의 이윤에 지분형식으로 참여하도록 하는 형태의 지분참여(Equity)방식으로 분류

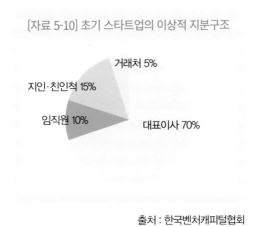

[자료 5-10] 초기 스타트업의 이상적 지분구조

거래처 5%
지인·친인척 15%
임직원 10%
대표이사 70%

출처 : 한국벤처캐피털협회

한국에는 크라우디, 와디즈 등 크라우드 펀딩을 하는 제법 큰 회사들이 이제는 어느 정도 자리를 잡아가는 중이며 말 그대로 대중들이 작은 돈으로 투자할 수 있는 투자처로 성장하였다. 물론 좋은 점만 있는 것은 아니어서 모 회사의 경우 리워드나 선주문 형식으로 받은 제품이나 상품이 신개발, 특허 등이 아닌 중국산 기성제품을 속이거나 카피 제품에 대해 투자를 받는 경우가 있어 이를 비판하는 유튜버에 의해 문제가 된 점은 크라우딩 펀딩에 대해 환기를 해주게 하기도 한다.

해외의 경우 최대 크라우드 펀드 사이트로는 2009년에 개설한 킥스타

터(kickstarter.com)로 주로 문화, 예술 분야 크라우딩 펀딩에 주력하고 있으며 모집현황과 성공 프로젝트 숫자는 아래와 같다.

[자료 5-11] 영역별 자금모집현황

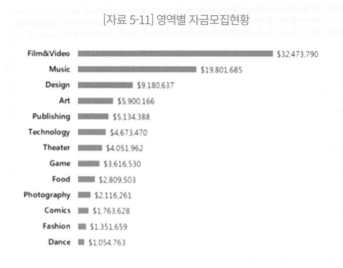

[자료 5-12] 분야별 성공 프로젝트 개수

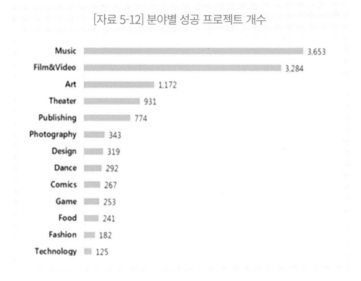

3. 엔젤 투자자 : 전문 엔젤

4. 엑셀러레이터 : 창업기획사

5. 벤처캐피털 : 초기 투자 전문

6. 전략적 파트너

다양한 투자자로 구분할 수 있으며 어느 파트는 업무나 투자가 혼재된 경우도 많다.

엔젤 투자자인 데이비드 로즈((David S. Rose)가 설립했고 명예회장인 뉴욕엔젤스의 투자 기준을 살펴보자(출처 : 해시넷 http://wiki.hash.kr/index.php/뉴욕엔젤스).

뉴욕엔젤스 투자 기준

① 관리팀

뉴욕엔젤스는 회사의 특정 산업과 이전 기업가적 벤처에서 리더십과 성과를 기록한 우수한 기업가들로 구성된 팀을 물색한다. 또한, 새로운 비즈니스 아이디어에 대한 팀의 열정과 헌신, 직원, 잠재 고객, 투자자를 포함한 미래의 이해 관계자들 사이의 능력에 대해서도 살펴본다.

② 시장 기회

뉴욕엔젤스는 상당히 큰 규모의 어드레스 가능한 목표 시장을 위해 주요 문제에 초점을 맞춘 솔루션에 투자한다. 식별할 수 있는 시장 부문, 고객의 회사 솔루션에 대한 입증 가능 및 중요한 요구사항, 고객의 회사에 제품 법주에 포함된 예상 지출이 크고 증가하고있는 지를 평가한다.

③ 경쟁과 경쟁우위

잠재적 경쟁자, 고객의 회사에 차별화 포인트, 진입장벽의 경쟁우위 유지 등 고객은 회사를 잠재적 경쟁업체와 구별하거나 다른 회사가 유사한 제품으로 회사가 고객을 사로잡지 못하도록 진입장벽을 제공하는 일부 독점적 기능을 보유해야 한다. 경쟁우위를 전달하는 속성으로는 지적 재산권 보호, 독점 라이선스, 독점적 마케팅 및 유통관계, 강력한 브랜드, 부족한 인재, 부족한 원자재에 대한 접근 등이 있다.

④ 시장 전략으로 이동

뉴욕엔젤스는 내부 및 외부에서 자원의 효율적인 사용으로 시장 침투율을 극대화하기 위해 사려 깊고 잘 설계된 프레임워크를 도출한 팀을 찾고 있다.

⑤ 금융

뉴욕엔젤스는 비용구조의 세분화된 분석, 구조물의 부피에 대한 민감도의 변곡점, 마진, 현금흐름 손익분기점 분석 등을 통해 합리적이고 논리적이며 합리적인 수익 예측을 찾고 있다. 뉴욕엔젤스는 일반적으로 손익계산서, 대차대조표, 현금흐름 분석뿐만 아니라 라운드에서 조달할 기금의 예상 용도와 손익분기점을 달성하는데 필요한 총 자본의 명확한 식별을 한다.

⑥ 수익금 사용

자금은 회사의 가치를 높이는 중요한 이정표 달성을 가속화하기 위해 사용되어야 한다. 뉴욕엔젤스는 종종 연구 및 제품 개발, 판매 및 마케팅 인프라 구축, 주요 임원 채용 등의 활동을 후원한다.

⑦ 성장잠재력

뉴욕엔젤스는 빠르게 성장하고 성공에 필요한 규모를 관리할 수 있는 기업을 찾고있다. 고객의 회사는 초기 제품 아이디어 이상으로 상당한 이익을 창출할 계획 및 여러 수익원을 달성하기 위한 전략을 제시해야 한다.

⑧ 핏

뉴욕엔젤스의 그룹 구성원은 모두 다양한 분야에서 상당한 임원 경험을 가진 공인된 개인 투자자들이다. 엔젤 투자자들과 함께 일함으로써 얻을 수 있는 이점 중 하나는 투자자들이 제공할 수 있는 적극적인 코칭과 연락망이다. 따라서, 뉴욕엔젤스 그룹의 구성원들과 고객의 아이디어 및 팀 사이에도 적합해야 한다.

⑨ 출구전략

뉴욕엔젤스 회원들은 일반적으로 계획의 위험성에 따라 초기 투자액의 10배에서 20배의 수익을 추구한다. 초기 단계 벤처 중 실패율이 높기 때문에 이러한 위험 조정된 투자 수익률은 필수적이다. 엔젤 투자자들이 그러한 수익을 어떻게 실현할 것인가에 대해 명확하게 기술된 출구전략이 필수적이다. 엔젤 투자자들은 출구 전략을 위해 취할 구체적인 조치들을 개략적으로 설명하는 운영 전략에 더 관심을 가진다

이렇듯 철저한 확인을 한후 투자하고 이후에도 끊임없이 노움과 멘토링등을 통해 회사를 성장한 시킨 후 투자 회수를 한다.

필자도 앞서 살펴본 엔젤 구루들과 투자 원칙이 비슷하다.

1. 투자 금액은 항상 일정하다.

스타트업 투자는 자칫 날릴 가능성이 아주 높은 투자로 처음부터 없는 돈이라고 생각하고 투자하는 것이 투자자 입장에서는 속이 편하다. 그리고 기부한다고 생각하는 것도 편할 것이다. 하지만 먼저 선별하는 법부터 알면 내가 투자한 돈이 잘 쓰일지, 않을지는 대략으로도 알 수 있을 것이다. 본인이 감내할 수 있을 정도의 투자금은 투자 후에도 마음이 편한 법이다.

2. 아이템과 시장의 성장성

거의 모든 창업회사의 고민거리일 것이다. 아무리 대단한 아이템이라도 시장이 적으면 성장의 한계점에 도달할 것이고 이익률이 적을 경우도 마찬가지다. 인터넷 비즈니스가 이런 측면에서는 유리할 수 있다. 예를 들어 드론은 중국의 DJI가 전 세계를 아우르고 야심차게 개발한 드론이 벌써 시장에 나와있다면 상대 회사 제품보다 무언가가 뛰어나지 않으면 시장은 차갑게 외면을 할 것이다. 이렇게 무엇인가 유형의 제품을 만들 경우 시제품, 테스트 등 진입장벽이 높다. 인터넷 비즈니스의 경우 어떠한 특정 유형의 제품을 유통을 한다거나 인플루언서(온라인상 영향력 있는 사람)가 활동하는 특정채널을 통해(예를 들어 인스타그램, 유튜브 등) 마케팅을 한다거나 하는 것이 몇 년 전의 롤모델이라면 최근엔 인플루언서 자체 굿즈에 집중되고 있는 상황이다.

이렇듯 아이템만 좋아도 안 되고 시장과 경쟁성을 통해 회사를 골라야 할 것이다.

3. 창업팀을 유심히 본다.

창업팀 중 단연 최고경영자, 대표를 본다. 그리고 소통의 시간이 허락

되면 기꺼이 그들과 대화를 한다. 그 중에 어느 누군가는 구글의 창업자들, 네이버의 창업자, 카카오의 창업자처럼 충분히 될 수 있다고 생각하고 만난다.

4. 좋은 전문 투자 그룹

필자는 전문 엔젤도 아니며 엑셀러레이터도 아니다. 그냥 일개 엔젤일 뿐이다. 그럼 누군가 같이 할 수 있는 간접투자 방식의 그룹이 있어야 한다. 찾고 연결하고 만나고 하면 투자의 길은 열려있다. 안 찾아서 못할 뿐이다.

필자는 크라우딩 펀드, 장외 시장 등 기존 전통적인 투자 방법인 주식 시장을 넘어서 다른 것을 찾으려고 하는 열망이 컸다. 개인 투자 조합이란 기회를 만나 우연히 첫발을 내딛었지만 비상장(장외 시장)기업을 몇 개 투자하면서 스타트업 투자의 기회를 마음 속으로는 바랐는 지도 모른다. 또한 향후 벤처캐피탈, 사모펀드 등을 통해 더 큰 투자를 하려고 한다.

많은 투자자들이 투자 원칙을 세워놓고 본인 스스로 깨는 경우가 많다. 투자의 세계는 그리 만만한 데가 아니다. 자신의 돈은 스스로 지켜야 한다. 누가 지켜주는 것이 아니다. 주식이든 부동산이든. 제로 금리의 시대에서 시장 금리 이상의 투자처로는 풍요로운 노후생활이나 부자가 될 수 없다. 그리고 물가는 계속 올라 내 돈의 가치는 점점 내려가 돈의 값어치가 당신이 은퇴할 시기에는 반토막 이하로 내려갈 수도 있다. 그러니 부디 투자를 하시라.

대한민국의 현재이자 미래인 스타트업 및 창업 투자

2022년 우리는 코로나19 팬데믹 세상에서 살고 있다. 2019년 말에도 이런 큰 시련은 전혀 예상하지 못했다. 코로나19는 전 세계에 대대적인 변화를 가져다주었다.

출근하면서 집에서 마스크를 쓰고 나와 지하철, 버스에 있는 손소독제로 소독을 하고 지하철 내에서는 통화도 잘 안하고 손잡이를 안 잡는 사람도 많아졌으며 출근해서는 근무하는 내내 마스크를 쓰고 일해야 하고 재택근무도 늘었다. 사회적 거리 두기를 하고 식당, 카페, 운동시설 등 사람이 많이 모이는 곳이면 인원 제한이나 영업시간 제한 등을 두어 사람들이 모이는 것을 금해서 바이러스가 확산되는 것을 방지하는 중이다.

그런데 코로나19가 창궐할 것을 WHO(World Health Organization, 세계보건기구)보다 먼저 알고 있던 캐나다의 스타트업이 있었다.

캐나다의 의료 스타트업 '블루 닷'은 2019년 12월 31일 인공지능 알고리즘에 의해 먼저 경종을 울려주었다. 전 세계 65개국의 뉴스, 가축과 동물 데이터, 모기 등 해충 현황, 국제 항공 이동 데이터, 실시간 기후 변화 데이터 등을 수집해 머신러닝 기술로 분석 후 고객들에게 발송해주었던 것이다. 이렇듯 스타트업들은 혁신이라는 기치 아래 여러 가지 다양한 사업 형태로 성장해 나가고 있다.

앞서 언급한 것처럼 우리는 자본의 시대에 살고 있고 자본주의라는 이 시스템에서는 투자를 안하는 것은 돈의 노예로 살게 되는 것과 같다.

최소한의 시간적 자유와 경제적 자유를 위해서는 어릴 때부터 투자의 개념과 돈의 개념에 대해서 알려주어야 하며 성장하면서 소소한 투자를 하게 해서 부자의 길로 안내해야 할 것이다.

여러 가지 투자 방법에서 스타트업 투자는 사람에 대한 투자기도 하며 기술에 대한 투자이기도 하다. 부동산, 주식, 채권, 가상화폐 여러 가

中 숨겨도 캐나다 AI는 알았다…한달 전

[중앙일보] 입력 2020.01.28 16:00 수정 2020.01.28 16:14

심서현 기자

신종 코로나 바이러스(우한 폐렴)의 전세계 확산을 가장 먼저 예측한 것은 캐나다 인공지능(AI)이었다. 17년 전 사스(SARS·중증급성호흡기증후군) 발생 때 사투를 벌인 캐나다 의사가 창업한 스타트업 기술이다.

캐나다 스타트업 '블루닷(BlueDot)'이 세계보건기구(WHO)나 미국 질병통제예방센터(CDC)보다 먼저 우한 폐렴의 확산을 경고했다고, 미국 언론 와이어드를 비롯한 외신들이 28일 보도했다. 지난해 12월 31일 블루닷은 AI로 전세계 뉴스와 항공 데이터, 동식물 질병 데이터 등을 수집·분석해 '바이러스가 확산될 것'이라는 보고서를 냈다. 이후 지난 1월 6일 CDC가, 1월 9일 WHO(1월9일)가 질병 확산을 공식 경고했다.

주로 중국 정부가 확인해준 정보를 기준으로 하는 국제 기구나 미 정부보다 AI 기업의 분석이 빨랐던 것이다. 블루닷 창업자 캄란 칸 박사는 "사스 때의 데자뷰"라며 "정부가 제 때에 필요한 정보를 줄 거라고 기대하지 않는다"고 말했다.

출처 : 중앙일보 2020월 01월 28일

지 투자 방법이 있지만 투자 바구니에 스타트업이라는 포트를 넣었다. 투자 성공확률이 낮은 편이지만 잘 성장만 하면 큰 소득을 가져다줄 수 있기 때문이기도 하다. 현재 기술 발전을 가까이에서 볼 수 있고 그들과 같이 호흡할 수 있다는 장점이 있다.

필자는 스타트업 기업설명회에 여태껏 빠져본 적이 거의 없다. 스타트업 옥석을 가리기엔 충분하진 않지만 기업 설명회만한 것이 없기 때문이다. 전시회나 세미나 등도 적극적으로 가본다. 인공지능, AR(Augmented Reality, 증강현실), VR(virtual reality, 가상현실)은 빠지질 않고 가고 있다. 박람

회나 전시회는 보통 이런저런 제품과 서비스가 이렇게 흘러가고 있구나 하는 정도로 파악하는 정도다.

투자한 스타트업들과 소통과 소식을 듣고 투자 원칙을 지키고 투자 이후 회수까지 짧은 기간이지만 벌써 투자 회수한 스타트업도 나왔으며 그 투자 이익금으로 다시 재투자를 했다.

대부분의 대졸 취업 준비생들이 대기업, 공기업, 중견기업, 공공기관 등을 선호하는 이 시대에 스타트업 창업이 최고라고 말할수는 없지만 도전해볼 만한 것이라고 생각된다.

지금도 많은 스타트업들이 생겨나고 없어지고 합병되고 상장되고 투자받고 있다. 인공지능 영상의학 기술을 가진 모회사가 스타트업부터 차근차근 성장해서 최근에 코스닥 상장까지 했다. 스타트업도 충분히 상장할 수 있고 상장 시에는 큰 수익이 기다리고 있다. 이런 상장뿐 아니라 중간 중간 기업인수 합병이나 지분 인수 등 충분한 수익구조가 있어 투자로써 매력이 있으니 스타트업 투자가 그렇게 너무 위험하다는 것은 것이 아닐수도 있다.

최근 개인 투자 조합 투자 결성금액이 1조 원을 넘었다는 것, 스타트업이라는 드라마도 나오고 이젠 대중들 귀에 점점 익숙한 단어가 되고 있다. 많은 대기업, 중견기업까지도 벤처캐피털과 엑셀러레이터를 갖추어 스타트업 투자를 공격적으로 하고 있다. 이는 투자처로써 충분히 매력이 있다는 것의 반증이다.

저성장의 시대, 인플레이션의 시대, 예측불가능의 시대다. 자본의 투자 없이는 개인의 미래는 불투명하다. 안빈낙도의 삶을 추구하는 인생이 아니라면 자본주의 시대에 사업소득, 시스템 소득(인세, 유튜버, 월세등), 자본 소득, 노동소득 등 소득이 있는 삶이어야 최소의 행복을 가져갈 수 있다.

그러므로 여러 가지 소득 중 당신에게 과감히 투자 소득으로 부를 누리라고 말하고 싶다.

Reference

1. 엔젤 투자 알아야 성공한다, (사)한국엔젤투자협회 (재)한국청년기업가정신재단, 제이출판사, 2017
2. 엔젤 투자자는 어떤 창업가에 투자하는가, 브라이언 코헨, 존 카도르 / 강정우 옮김, 한국경제신문, 2018
3. 엔젤 투자 새로운 부자들의 시대, David S. Rose / 이우진, 김영덕, 자원식, 짐종철 역, 비앤엠북스, 2021
4. 중소벤처기업부 블로그, 21년 1분기 개인 투자 조합 결성 추이

06

3D 스캐너를 활용한 터널시설물 안전전검

한경구

3D 스캐너를 활용한 터널시설물 안전전검

3D 스캐너란 무엇일까?

3D 스캐너(Scanner)란 대상물체의 크기, 형태, 깊이정보 및 색깔 등 3차원 형상정보를 획득하고 디지털화해서 사용 목적에 따라 분석·가공할 수 있도록 도와주는 기계장치를 말한다. 최근 3D 프린팅, 3D 모델링의 수요와 발전과 맞물려 3D 스캐너 산업도 급격한 성장세를 보이고 있다.

3D 스캐너 장치는 광원, 광수신부, 통신장비, 디스플레이 등으로 구성되어 있고, 전문 소프트웨어를 이용해서 측정된 데이터를 분석·가공한다.

3D 스캐너는 광원(레이저, 백색광, LED 등)을 발사해서 물체의 2차원 표면정보(x, y)와, 깊이정보(z)를 측정해서 대상 물체의 표면으로부터 3차원의 기하정보(x, y, z)가 샘플링 된 점군(Point Cloud)를 취득하며, 추가적으로 색상정보도 동시에 측정한다. 보다 정확한 3D 입체정보를 얻기 위해서는 대상 물체를 여러 각도에서 여러 번 측정해야 하며, 이렇게 측정된 스캔 이미지는 특정 부분의 데이터이기 때문에 하나의 좌표계로 취합하는 작업이 필요하다. 하나의 좌표계로 변환하는 작업을 정렬(Alignment) 또는 정합(Registration)이라고 하며, 정렬된 여러 데이터 집단을 하나의 데이터로 합치는 작업을 머징(Merging)이라고 부른다. 이러한 작업을 통해 최종 3D모델링 데이터를 얻게 되고 제조업, 항공기, 플랜트, 건축 및 토목시설물 등 다양한 산업에 활용이 가능하게 된다.

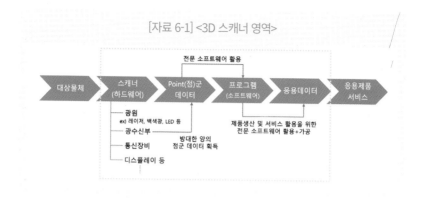

[자료 6-1] <3D 스캐너 영역>

1. 3D 스캐너의 종류

3D 스캐너의 종류는 측정방식에 따라 접촉식과 비접촉식으로 나눈다. 접촉식 3D 스캐너는 예전부터 제조업 공장에서 자주 쓰이던 방식으로 지정된 Probe(탐촉자)를 대상 물체에 직접 접촉해서 좌표를 읽어 치수를 측정하는 방식이다. CMM(Coordinate measuring machine)이 접촉식 스캐너의 대표적인 장비로 비접촉식 스캐너보다 정확도가 높아 정밀한 측정이 가능하다는 장점이 있다. 반면 대상 물체에 직접 접촉해서 측정하는 관계로 물체에 손상이 가해질 수 있고, 측정시간이 오래 걸린다는 단점이 있다. 또한, 장비 자체가 크기 때문에 공간과 물체의 크기 및 형상에 따라 장비 사용에 제한이 있을 수 있다.

비접촉식 3D 스캐너는 말 그대로 대상 물체에 직접 접촉하지 않고 스캔하는 방식이다. 사용하는 광원에 따라 레이저 스캐너와 백색광 스캐너로 분류할 수 있다. 요즘 대부분 방송 매체나 기술지에 언급되는 3D 스캐너는 이러한 비접촉식 스캐너라고 보면 된다. 비접촉식 3D 스캐너는 측정 물체와의 거리에 따라 단거리, 중거리, 장거리 측정기로 구분하며, 단거리는 약 1m 이내, 중거리는 30m, 장거리는 1km 정도까지 측정이 가능하다.

현재 사용되는 비접촉식 3D 스캐너의 종류와 개념에 대해서 간략히 설명하면 다음 표와 같다.

[자료 6-2]

구분	장거리 측정기		
종류	TOF 3D스캐너	Phase shift 3D스캐너	Waveform 3D스캐너
개념	• 스캐너에서 발사된 빛(레이저)이 대상물에 반사되어 돌아오는 시간을 계산하는 방식	• 스캐너에서 발사된 두 개의 파장이 대상체에 반사되어 돌아오는 파장의 거리차로 계산하는 방식	• 광삼각법의 원리에 기초를 두고 있는 측정법 점방식 및 TOF 방식과 같이 레이저를 이용함
제품			

[자료 6-3]

구분	단거리 측정기		
종류	광삼각법 3D레이저 스캐너	광학방식 3D스캐너	핸드헬드 3D스캐너
개념	• 광삼각법의 원리에 기초를 두고 있는 측정법으로 레이저를 이용하는 방식	• 백색광을 이용해 특정 패턴을 물체에 투영하고 그 패턴의 변형 형태를 파악	• Flash Bulb의 섬광구를 투영해서 이미지 및 패턴의 형태를 파악
제품			

장거리 및 단거리 측정기에서 공통적으로 활용하는 광삼각법의 원리는 CCD 카메라와 레이저 발신자 사이의 거리, 각도는 고정되어 이미 알고 있는 정보에 카메라 촬영 범위 내의 수신 광선이 CCD 소자의 상대적

인 위치에 따라 깊이(Depth) 차이를 알아내 삼각법을 이용해서 스캐닝하는 방법을 말한다. 이 기술은 캐나다 국립 연구재단(The National Research Council of Canada)이 1978년 최초 개발한 기술로서 레이저 방식의 3D스캐너는 TOF 또는 이 방식을 주로 이용하고 있다.

TOF(Time of Flight) 방식의 원리는 빛(주로 레이저)을 대상 물체 표면으로 발사해서 그 빛이 돌아오는 시간을 측정해 물체와 측정원점 사이의 거리를 구하는 것으로 현재의 기술로는 약 1mm 단위까지 측정할 수 있는 한계를 가지고 있어 정밀한 스캔보다는 터널 등 토목시설물 측정이나, 건축물 등 대형 물체 스캔에 주로 사용한다.

또한, TOF 3D 스캐너는 측정기가 바라보는 그 방향(Direction Of View)의 거리 밖에 못 구하는 특성에 따라 각 레이저의 방향을 변화시켜주면서 측정하게 해주는 장치가 필요하다. 이 장치에는 레이저가 발사되는 소스를 직접 모터를 이용해 움직이는 방식과 회전거울을 이용 하는 방식이 있는데, 거울을 이용하는 방식이 훨씬 더 가볍고 빠르며, 더 정확한 조정이 가능해서 대부분의 TOF 스캐너에서는 이 방식을 사용하고 있다.

[자료 6-4]

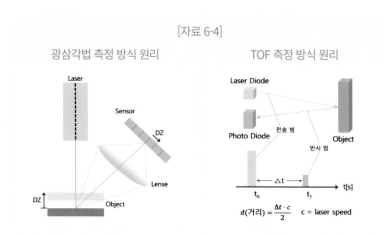

광삼각법 측정 방식 원리   TOF 측정 방식 원리

2. 3D 스캐너 적용 분야

3D 스캐너는 제품의 제조시간 단축 및 비용절감과 더불어 건설 등 위험한 장소가 많은 곳에서 현장투입 없이 정확한 데이터 생성과 보정이 가능해서 자동차, 의료, 항공우주, 건설, 에너지, 광업 및 유물보존 등 다양한 산업에서 활용이 증가하는 추세다.

영화, 게임 등 Entertainment 산업에서는 디지털 캐릭터 구성과정에서 3D 모델링 작업에 참조하기 위한 기본 형상을 얻는 데 사용되며, 특히, 배우의 얼굴 등과 같이 섬세한 디테일이 요구되는 캐릭터 등 콘텐츠 제작용도로도 많이 활용되고 있다.

또한, 건설업계에서도 4차 산업혁명 시대에 맞춰 3D 스캐너를 통한 정밀 설계, 시공단계 및 구조물 진단 등 신기술을 접목해서 성과 품질을 높이는 노력을 기울이고 있으며, 앞으로도 그 활용가치는 점점 높아질 것으로 판단된다.

[자료 6-5] 산업 분야별 3D 스캐너 적용 현황

분야	적용 현황
자동차	• 전자부품, 차량부품 제조 • 시제품의 도면(CAD)화 작업, 데이터 복원 • 품질검사 및 금형검사 분야
의료산업	• 3D 구강 스캐너를 활용해 환자의 구강을 스캔 → 실제 치아와 일치하는 치아모형 제작 • 맞춤형 임플란트, 보철물 제작 • 성형, 화상치료, 인공장기 제작을 위한 인체 표면측정
항공우주	• 장치, 골격, 배선 등 모델링을 용이하게 하도록 3D 스캔 • 반복적인 설계 저감해서 시간을 아끼고 비용을 낮춤
건설/건축	• 해양플랜트 구조물 검사에 3D 스캐너 도입 • 오차 측정시간 단축을 위해 조선해양 분야 활용 • 설비 레이아웃, 설계, As-Built 모델링, 안전, 공사공정 관리
터널/광업	• 3D 레이저 스캔을 통한 지하철 터널 비파괴 검사 • 균열, 콘크리트 붕괴 등 위험을 사전 예지하기 위한 모니터링 및 유지보수

에너지/전력	• 구조물의 열화수준 및 잔존수명 평가 • 임펠러 블레이드, 안내 날개, 케이싱 등 터빈 구성품 안정성 분석 • 역 엔지니어링, 검사, 유지보수
문화재/예술	• 문화재 원형복원 환경에 영향 받지 않고 적은비용, 단기간에 작업 가능 • 측량된 3D데이터를 3D도면과 3D영상 전시자료로 활용
Entertainment	• 영화, 게임 등 캐릭터 3D 모델 제작 • Entertainment산업 콘텐츠 생산, 가상시뮬레이션 제작

건설 등 유지관리 분야에서는 3D 스캐너를 통해 얻은 데이터를 역설계, 모델링 및 품질검사 용도로 활용하고 있다. 역설계(Reverse Engineering)란 도면이 없는 대상물체에 대해 3D 스캐너로 측정한 후 얻은 형상정보를 정밀한 3D모델링 작업을 통해 자료를 얻는 기술로 재Design(CAD 도면화) 작업 및 검사 용도로 활용한다. 토목, 건축, Plant 분야에서는 준공연도가 오래되어 노후화되거나 설계(준공)도면이 없는 시설물이 매우 많다. 그러한 시설물들은 사람이 직접 줄자, 측량을 통해 복원도면을 작성하는 경우가 많으나, 원 설계도와 비교해서 정확성이 떨어지게 마련이다.

[자료 6-6] 역설계 적용 산업 분야

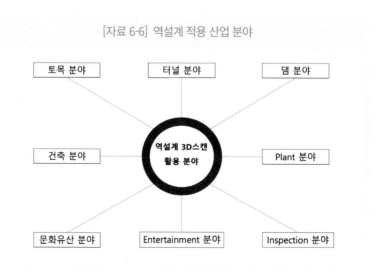

따라서, 기초자료가 빈약하면서 위험도가 높은 중요시설물에 대해서는 정밀 3D 스캐닝을 통해 도면을 생성해서 복원한다면 시설물의 유지보수 및 안전성 확보에 많은 기여할 것으로 보인다. 이러한 역설계 기술은 제조업, 자동차, 항공, 헬스케어 등의 여러 산업 분야에서도 다양하게 활용되고 있으며, 제품 개선, 디자인 복원 등에 이용되고 있다.

3. 3D 스캐너산업 발전 동향

2017년 8월 미국 회사 가트너가 발표한 3D 프린팅 하이프 사이클에 따르면 3D 스캐너는 본격적인 시장 형성이 시작된 지점에 위치하고 있고 기술적 수익모델을 보여주는 2~3세대 제품이 출시되는 단계다. 2017년 MarketsandMarkets에서 발간한 〈3D scanner Market〉에 따르면 전 세계 3D 스캐너 시장은 2017년 38억 달러에서 연평균 성장률 7.8%로 증가해서 2023년에는 59억 달러에 이를 것으로 전망하고 있다. 전 세계 3D스캐너 시장을 최종 이용 산업별로 자동차, 의료, 항공우주, 건축, 에너지, 광업, 유산보존 및 기타로 구분할 수 있으며, 건축&건설 분야에서 연평균 9.1%의 높은 성장률을 보이고 있다.

2016년 보고된 자료에 따르면 3D스캐너 시장 점유율이 가장 높은 지역은 34.1%로 미주지역이며 유럽(30.3%), 아시아(27.0%) 순으로 나타났으며, 아시아지역이 연평균 성장률 11.3%로 급격히 성장해서 2023년에는 최대 점유율인 34.0%을 나타낼 것으로 전망하고 있다.

현재 3D 스캐너 국내 시장도 꾸준히 성장하고는 있으나, 고해상도의 정밀한 장치는 대부분 해외 수입에 의존하고 있는 실정이다. 3D 스캐너의 국내 기술 수준은 선진국의 28.6%로 아직은 낮은 수준에 머물고 있는 상태로 이에 우리정부는 관계부처와 합동으로 3D 프린팅산업과 연계해서 3D 스캐너산업의 진흥 및 국내 경쟁력 확보를 위해 정책적으로 기술개발을 지원하고 있다.

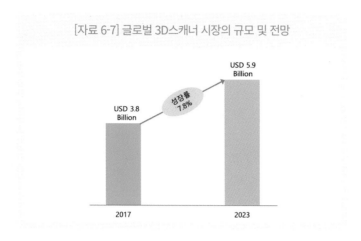

[자료 6-7] 글로벌 3D스캐너 시장의 규모 및 전망

터널 시설물 안전관리 체계

1. 터널 등 시설물 안전관리 법령 현황

우리나라는 시설물에 대한 안전관리(안전점검 및 유지보수)를 위해 입법 목적에 따라 사전 예방관리체계와 사후 수습·복구체계 개념으로 나뉘어 '시설물의 안전 및 유지관리에 관한 특별법(약칭 시설물안전법)', '재난 및 안전관리기본법', '급경사지 재해 예방에 관한 법률', '건축물관리법', '교육시설 등의 안전 및 유지관리 등에 관한 법률' 등이 제정되어 있으며, 이를 통해 시설물 안전을 확보하는 제도를 갖추고 있다.

터널 시설물은 '시설물안전법'에 의해 관리되고 있는 시설물을 말하며 이 법은 1994년 10월 21일 총 49명의 사상자를 발생시켜 국민들에게 충격을 안겨준 '성수대교 붕괴사고' 이후 시설물 준공 후 유지관리의 중요성이 대두되어 생겨난 법으로 사고 직후인 1995년 1월 5일 법이 제정되어 그 해 4월 6일 바로 시행되었다. 그러나, 안타깝게도 법이 시행된 같은 해 6월 29일 삼풍백화점 붕괴로 많은 사상자를 발생시켜 연이어 사회적으로 큰 충격을 주었다. 만약에 '시설물안전법'이 1년만 먼저 시행되어 안전점검을 받게 했다면 건물의 붕괴를 막을 수 있었을지도 모른다는 생각에 시설물 유지관리 분야에 종사하는 한 사람으로서 너무나 안타까운 마음이 크다.

[자료 6-8]

1994년 성수대교 붕괴사고   1995년 삼풍백화점 붕괴사고

성수대교 붕괴사고 → 시설물 유지관리 필요성 인지 → 시설물안전법 제정 및 시행

'시설물안전법' 시행과 더불어 건설교통부(현 국토교통부)에 최초로 시설물의 안전관리를 전담하는 부서가 신설되었고, 산하기관으로 한국시설안전기술공단(현 국토안전관리원)이 설립되어 국내 중요시설물(댐, 특수교량 등)에 대한 안전점검을 실시하도록 해서 시설물의 붕괴 등 인적·물적피해를 방지하는 시스템이 만들어졌다. 또한, 기반시설 확충 및 주택건설 등 신

규 건설에만 치중되어 있던 건설산업에서도 시설물 유지관리 분야로써 안전진단이라는 새로운 건설업종이 생겨나 국내 시설물의 안전 확보 및 유지관리에 기여하고 있다.

'시설물안전법'은 터널포함 교량, 항만, 댐, 건축물, 상하수도, 옹벽 및 절토사면 등 시설물 종류별로 중요도 및 규모에 따라 제1종 및 2종, 3종 시설물로 분류해서 정기적으로 안전점검을 실시하도록 규정하고 있으며, 이를 통해 국내에 본격적인 시설물의 유지관리 체계가 구축되는 계기가 되었다.

여기서 제1종 시설물이란 공중의 안전과 이용편의를 도모하기 위해서 특별히 관리가 필요한 중요 시설물을 의미한다. 2종 시설물은 1종 시설물보다 규모가 작은 시설물로 일반적인 유지관리 및 안전점검이 필요한 시설물로 정의할 수 있다. 또한, 제3종 시설물은 2018년 법 개정을 통해 신규 확대된 시설물로서 그동안 소외되어 있던 경과년수가 오래된(토목시설 : 10년, 건축시설 : 15년) 소규모 취약시설이 이에 해당된다.

[자료 6-9] 터널 시설물의 제1종 시설물 및 제2종 시설물의 종류

구분	제1종 시설물	제2종 시설물
도로터널	1) 연장 1천미터 이상의 터널 2) 3차로 이상의 터널 3) 터널구간의 연장이 500미터 이상인 지하차도	1) 제1종 시설물에 해당하지 않는 터널로서 고속국도, 일반국도, 특별시도 및 광역시도의 터널 2) 제1종 시설물에 해당하지 않는 터널로서 연장 300미터 이상의 지방도, 시도, 군도 및 구도의 터널 3) 제1종 시설물에 해당하지 않는 지하차도로서 터널구간의 연장이 100미터 이상인 지하차도
철도터널	1) 고속철도 터널 2) 도시철도 터널 3) 연장 1천미터 이상의 터널	1) 제1종 시설물에 해당하지 않는 터널로서 특별시 또는 광역시에 있는 터널

출처 : 시설물의 안전 및 유지관리에 관한 특별법 시행령[별표 1]

2. 터널 등 시설물 안전점검의 종류

터널 등 '시설물안전법'에 따른 안전점검 종류는 점검의 주기, 정밀도 및 난이도에 따라 정기안전점검, 정밀안전점검, 정밀안전진단으로 총 3 가지로 구분되며, 열거한 순서대로 점검 수준이 높아진다.

정기안전점검은 반기에 1회 실시하는 안전점검으로서 가장 하위 점검으로 일상적인 점검이다. 정기안전점검은 경험과 기술을 갖춘 사람에 의한 세심한 외관조사 수준의 점검으로, 시설물의 기능적 상태를 판단하고 시설물이 현재의 사용요건을 계속 만족시키고 있는지 확인하기 위한 육안조사로 진행된다.

정밀안전점검은 시설물의 현 상태를 정확히 판단하고 최초 또는 이전

[자료 6-10] 정기안전점검 흐름도

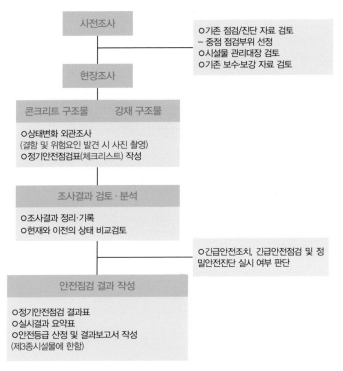

에 기록된 상태로부터의 변화를 확인하며 구조물이 현재의 사용요건을 계속 만족시키고 있는지 확인하기 위한 점검이다. 정기안전점검과의 차이점은 면밀한 외관조사를 실시함과 더불어 구조물의 내구성 평가를 위해 간단한 측정·시험을 병행하는 점이다. 그리고 정밀안전점검 시 현장조사 결과를 토대로 국토교통부 세부지침 평가 기준에 따라 시설물의 상태를 평가해서 안전등급을 지정하게 된다.

여기서, 안전등급이란 시설물의 안전 척도를 구분하는 등급으로 안전등급에 따라 차후 정밀안전점검 및 정밀안전진단의 실시주기가 정해지며, 시설물의 사용여부를 결정하는 중요한 지표이다. 만약, 점검결과 D, E등급을 부여 받았을 경우 사용제한 및 사용금지 조치가 이루어져야 한다.

안전등급은 A~E 총 5단계로 구분되어 있으며, 그 기준은 아래와 같다.

마지막으로 정밀안전진단은 쉽게 발견할 수 없는 결함 부위를 발견하기 위해서 정밀한 외관조사와 각종 장비에 의한 측정·시험을 실시하고

[자료 6-11] 시설물의 안전등급 기준

안전등급	시설물의 상태
A (우수)	• 문제점이 없는 최상의 상태
B (양호)	• 보조부재에 경미한 결함이 발생했으나 기능 발휘에는 지장이 없으며, 내구성 증진을 위해 일부의 보수가 필요한 상태
C (보통)	• 주요부재에 경미한 결함 또는 보조부재에 광범위한 결함이 발생했으나 전체적인 시설물의 안전에는 지장이 없으며, 주요부재에 내구성, 기능성 저하 방지를 위한 보수가 필요하거나 보조부재에 간단한 보강이 필요한 상태
D (미흡)	• 주요부재에 결함이 발생해서 긴급한 보수·보강이 필요하며 사용제한 여부를 결정해야 하는 상태
E (불량)	• 주요부재에 발생한 심각한 결함으로 인해서 시설물의 안전에 위험이 있어 즉각 사용을 금지하고 보강 또는 개축을 해야 하는 상태

출처 : 시설물의 안전 및 유지관리에 관한 특별법 시행령[별표 8]

시설물의 상태평가 및 안전성평가에 필요한 데이터를 확보하는 안전점검 중 가장 최상위 점검이다. 진단 시 필요한 경우에는 교통통제 및 안전조치를 취해야 하며, 시설물 근접조사를 위한 접근장비와 필요시 특수장비 및 특수기술자도 투입해야 한다.

정밀안전진단에서는 시설물의 결함 정도에 따라 필요한 조사·측정·시험, 구조계산, 수치해석 등을 실시하고 이를 분석·검토한 후 안전성평가 결과를 결정한다. 또한, 필요한 경우에는 구조물의 사용성과 내진성능 등도 평가해야 하며, 진단 결과 보수·보강이 필요한 경우에는 보수·보강 방법을 제시해야 한다.

3. 터널 등 시설물 안전점검 실시시기

'시설물안전법'에 따른 법적 시설물은 동법 제11조, 제12조에 따라 정기적으로 안전점검이 실시되고 있으며, 점검 종류별 실시 시기는 다음과 같다.

[자료 6-12] 안전점검 실시시기

안전등급	정기안전점검	정밀안전점검		정밀안전진단
		건축물	토목시설물	
A등급	반기에 1회 이상	4년에 1회 이상	3년에 1회 이상	6년에 1회 이상
B·C등급		3년에 1회 이상	2년에 1회 이상	5년에 1회 이상
D·E등급	1년에 3회 이상	2년에 1회 이상	1년에 1회 이상	4년에 1회 이상

출처 : 시설물의 안전 및 유지관리에 관한 특별법 시행령[별표 3]

다만, 동법 시행령 제8조 제2항에 따른 안전점검의 경우에는 다음 어느 하나에 해당하면서 시설물을 사용하지 않는 경우에는 국토교통부장관과 협의하고 점검을 생략하거나 시기를 조정 할 수 있는 예외조항이 있다.

▶ 시설물의 증축 및 개축, 리모델링 등의 공사 중인 경우

▶ 시설물의 철거예정인 경우

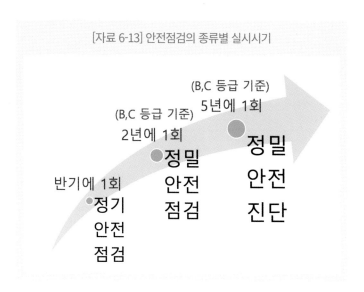

[자료 6-13] 안전점검의 종류별 실시시기

4. 국내 안전관리 대상 터널 시설물 현황

① 터널 시설물 현황

'시설물안전법'에 따라 현재 안전점검이 실시되고 있는 터널은 제1, 2종시설물 기준으로 2020년도 말 총 3,920개소로 집계되었으며, 그 중 도로터널이 2,453개소, 철도터널 977개소, 지하차도가 490개소로 분포되어 있다.

도로터널 중 제1종시설물은 820개소로 도로터널의 33.43%를 차지하고 있으며, 제2종시설물은 1,633개소로 도로터널의 66.57%를 차지하고 있다.

철도터널은 제1종시설물이 938개소로 철도터널의 96.01%를 차지하였

으며, 제2종시설물은 39개소로 철도터널의 3.99%를 차지하고 있다.

마지막으로 지하차도는 제1종시설물이 57개소로 지하차도의 11.63% 정도이며, 제2종시설물은 433개소로 전체의 88.37%를 차지하고 있다.

시설물 현황 분석결과 도로터널과 지하차도는 제2종시설물이 가장 많이 분포하고 있으며, 철도터널은 제1종시설물이 가장 많은 것으로 분석되었다.

[자료 6-14] 국내 터널 시설물 현황

구분	총 합계	도로터널	철도터널	지하차도
1종	1,815	820	938	57
2종	2,105	1,633	39	433
총 합계	3,920	2,453	977	490

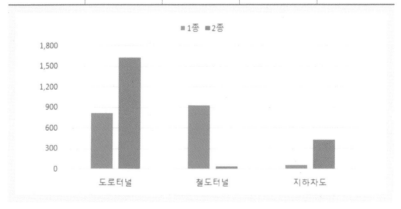

② 터널 시설물 안전등급 현황

2020년도 말 기준으로 도로터널 중 안전등급이 최우수에 해당하는 A 등급 시설물은 1,181개소로 도로 터널의 46.28%를 차지하고 있으며, B 등급 시설물은 1,287개소로 50.43%, C등급 시설물은 26개소로 1.02%를 차지하는 것으로 나타났다.

철도터널은 A등급인 시설물이 380개소로 철도터널의 28.59%를 차지하였으며, B등급인 시설물이 784개소로 철도터널의 58.99%를 차지하였고, C등급인 시설물이 153개소로 철도터널의 11.51%를 차지하는 것으로 나타났다.

지하차도는 A등급인 시설물이 206개소로 지하차도의 23.82%를 차지하며, B등급인 시설물이 609개소로 지하차도의 70.40%를 차지하였고, C등급인 시설물이 36개소로 지하차도의 4.16%를 차지하는 것으로 나타났다.

현재 국내 터널 시설물은 안전상 큰 문제점을 가지고 있는 D, E등급 시설물은 없는 것으로 나타났고, B등급이 가장 큰 비중을 차지하고 있는 것으로 분석되었다. 향후 시간이 지나갈수록 노후화된 시설물이 늘어나는 추세이므로 기존 시설물의 안전등급은 현재보다 점차 저하될 것으로 예상되고 있다.

[자료 6-15] 국내 터널 시설물 안전등급 현황

구분		총 합계	도로터널	철도터널	지하차도
1종	A등급	706	345	345	16
	B등급	1,053	457	555	41
	C등급	31	4	27	–
	D등급	–	–	–	–
	E등급	–	–	–	–
	미지정	25	14	11	–
	소계	1,815	820	938	57
2종	A등급	949	820	12	117
	B등급	1,098	768	19	311
	C등급	23	12	8	3
	D등급	–	–	–	–

구분		총 합계	도로터널	철도터널	지하차도
2종	E등급	–	–	–	–
	미지정	35	33	–	2
	소계	2,105	1,633	39	433
총 합계		3,920	2,453	977	490

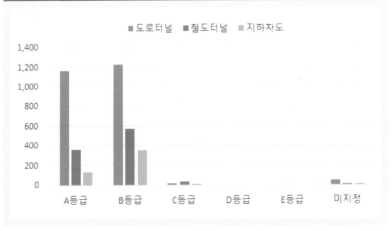

③ 터널 시설물 사용연수 현황

2020년도 말 기준으로 도로터널 중 사용연수가 10년 미만인 시설물은 1,123개소로 도로터널의 44.00%를 차지했으며, 10년 이상 20년 미만인 시설물은 1,014개소로 도로터널의 39.73%를 차지했다.

그 외 20년 이상 30년 미만인 시설물은 324개소로 도로터널의 12.70%를 차지했으며, 30년 이상인 시설물은 91개소로 도로터널의 3.57%를 차지하는 것으로 분석되었다.

철도터널 중 10년 미만인 시설물은 277개소로 철도터널의 20.84%이며, 10년 이상 20년 미만인 시설물은 356개소로 철도터널의 26.79%를 차지했다.

20년 이상 30년 미만인 시설물은 281개소로 철도터널의 21.14%이며,

30년 이상인 시설물은 415개소로 철도터널의 31.23%를 차지하는 것으로 분석되었다.

지하차도 중 10년 미만인 시설물은 224개소로 지하차도의 23.21%이며, 10년 이상 20년 미만인 시설물은 257개소로 지하차도의 29.71%를 차지했다.

20년 이상 30년 미만인 시설물은 248개소로 지하차도의 28.67%를 차지했으며, 30년 이상인 시설물은 136개소로 지하차도의 15.72%를 차지하는 것으로 분석되었다.

현재 국내 터널 시설물은 10년 이상 20년 미만인 시설물이 가장 큰 비중을 차지하고 있는 것으로 분석되었으나, 향후 시간이 지나갈수록 노후화된 시설물이 증대될 것으로 예상되는 바 앞으로 터널시설물의 안전 및 유지관리의 중요성이 더욱더 커질 것으로 판단된다.

[자료 6-16] 국내 터널 시설물 사용연수 현황

구분		총 합계	도로터널	철도터널	지하차도
1종	10년 미만	714	413	267	34
	10년 이상 20년 미만	635	319	298	18
	20년 이상 30년 미만	318	79	235	4
	30년 이상	148	9	138	1
	소계	1,815	820	938	57
2종	10년 미만	605	409	10	186
	10년 이상 20년 미만	771	635	4	132
	20년 이상 30년 미만	311	220	5	86
	30년 이상	118	69	20	29
	소계	1,805	1,333	39	433
총 합계		3,620	2,153	977	490

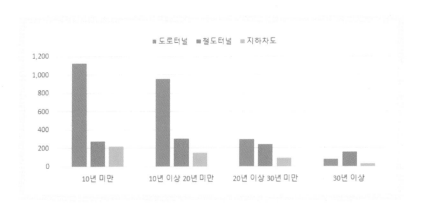

5. 터널 시설물에 발생하는 주요 손상

터널 시설물에서 발생하는 손상으로는 균열, 누수, 박락, 파손, 백태, 배면공동, 고드름/측빙, 압좌 등이 있으며, 해당 손상이 발생했다 하더라도 매번 터널의 안전성에 심각한 문제를 초래하는 것은 아니며, 손상의 규모와 정도에 따라 안전에 미치는 위험성이 달라진다. 다음은 터널 시설물 안전점검 시 조사하는 손상종류에 대해서 알아보자.

① 균열

균열은 터널 라이닝 내측에 나타나는 콘크리트 부재의 대표적인 손상으로 균열의 위치, 형태, 규모 및 패턴을 조사함으로써, 하중의 작용방향, 변상의 진행, 발생원인 등을 어느 정도 추정이 가능하다. 균열은 외부하중 및 설계 오류에 의한 구조적인 균열과 비구조적인 균열로 구분할수 있으며, 구조적인 균열은 안전성에 문제가 되는 위험한 균열로서 보강을 통해 터널의 안전성을 확보해야 하는 손상이다. 비구조적인 균열은터널의 안전성에 문제가 되진 않지만 터널의 사용성을 확보를 위해 보수가 필요한 손상이다.

[자료 6-17] 구조적인 균열과 비구조적인 균열

구분	원인 및 종류
구조적인 균열	1) 측벽부 배수공 불량으로 과다한 수압에 의한 수직균열 2) 어깨부 배면공동으로 인한 천장부 수평균열 3) 설계시 고려 안 된 부분의 추가적 외력에 의한 종방향 균열 4) 지진 등 전단력에 의해 어긋남을 동반한 전단균열 5) 압좌에 의해 생기는 파괴면이 불명료한 균열
비구조적인 균열	1) 철근 따라 발생한 균열 : 철근이 치우쳐져 있고, 피복두께가 부족한 경우 2) 망상균열 : 몰탈 고유의 균열, 알칼리골재반응에 의한 균열, 시공 후 급격한 건조수축, 동결융해, 화재노출 등 3) 표면에서의 미세한 균열 및 사용재료 특성에 기인된 균열 4) Cold Joint : 콘크리트 이어치기 부분 시공불량으로 발생

사용재료에 의한 균열

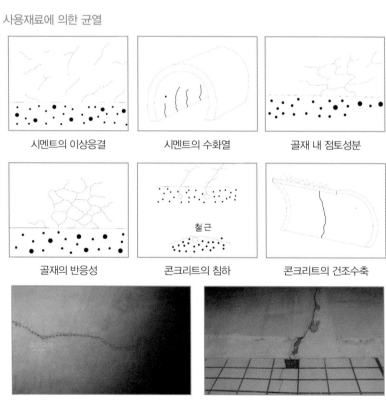

시멘트의 이상응결　　　시멘트의 수화열　　　골재 내 점토성분

골재의 반응성　　　콘크리트의 침하　　　콘크리트의 건조수축

터널 천장부 균열　　　　　터널 측벽부 균열

시공조건에 의한 균열

혼화제의 불균일 분산

콘크리트 장시간 비비기

급속한 콘크리트 타설

사용 및 환경조건에 의한 균열

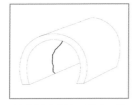

부재 양면의 온도 및 습도차

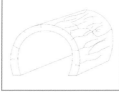

동결융해의 반복

화재 또는 표면가열

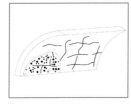

산, 황산염에 의한 화학작용

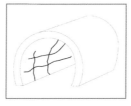

탄산화에 의한 내부철근 부식

염화물에 의한 내부철근 부식

② 누수

누수는 터널(특히 라이닝부)에서 여러 가지 요인에 의해 지하수가 터널내부로 유입되어 나타나는 현상으로써, 건설 시에 나타난 용수(누수)는 라이닝 배면으로 유도해서 수발공 또는 집수구로 유도한 후 배수 처리하는 것이 원칙이나 일부 구간에서 집중적으로 용출되거나 불규칙하게 라이닝 표면을 적시는 경우가 있다. 따라서, 지금까지 누수가 없었던 위치에서 누수가 발생한다든지, 누수위치가 변동된 경우에는 환경변화나 지반

활동 발생과 관련이 있는 경우가 있으므로 점검 시 특히 주의를 기울일 필요가 있다.

발생현황
- 라이닝 내부로의 토사유출로 인해 공동발생 유발
- 라이닝 재료의 열화촉진으로 내구성저하 및 낙반현상 발생
- 동절기 도로상의 결빙으로 인한 차량사고 우려
- 라이닝의 동해유발
- 누전의 원인이 되어 전기시설의 기능저하와 화재 등 위험수반

[자료 6-18]

터널 천장부 누수

터널 측벽부 조인트 누수

③ 박락

박락은 콘크리트가 균열을 따라서 원형으로 떨어져 나가는 박리 현상의 진전된 현상으로 하부로 낙하 우려가 있는 손상의 경우에는 차량 주행 안전성 확보를 위해 안전점검 시 제거해주는 것이 바람직하다.

[자료 6-19]

철근부식에 의한 박락 | 터널 측벽부 조인트 박락

④ 파손(붕락)

터널의 라이닝 등이 변형이나 변위로 인해 구조물의 기능을 상실한 상태로서 박락보다는 그 규모가 큰 상태를 가리키며, 추가적으로 터널의 기능상 및 구조적인 안전성에 영향을 미칠 수 있는 손상이므로 즉시 적절한 보수·보강을 실시해야 한다.

발생현상

- 천장부 등에서 탈락된 콘크리트로 인한 기능상실 및 사고 가능
- 급작스런 붕락은 통행 중인 차량의 안전을 위협, 급작스런 제동 등으로 가능
- 장기적으로 해당 단면의 구조적 불안정으로 인한 단면붕괴 가능

[자료 6-20]

터널의 천장부 파손(붕락) | 갱문 부착물 파손

⑤ 백태

백태는 콘크리트나 Mortar의 시멘트 중 수산화칼슘 성분이 침투한 물에 의해 용해되어 구조물 내부공극을 통해 표면으로 흘러나와 물이 증발된 알칼리 황산염 형태로 석출되거나 공기 중의 이산화탄소와 반응해서 탄산화 진행에 따른 탄산칼슘 형태로 고형화된 현상을 말한다. 백태는 보통 백색 색상을 띠며, 일반적으로 콘크리트 노후화의 증상으로 보면 된다.

[자료 6-21]

터널의 천장부 백태   비상주차대 연결부 백태

⑥ 배면공동

일반적으로 재래식공법(ASSM)에 의해 시공된 터널의 라이닝 배면이나 NATM공법에 의해 시공된 터널의 숏크리트와 라이닝 사이는 여굴로 인해 시공과정에서 공동이 빈번하게 발생하게 된다. 이러한 공동은 터널의 안전성에 취약한 요소로 작용하며, 터널 주변지반의 수동토압을 기대할 수 없기 때문에 외력에 의한 라이닝의 구조적인 손상이 발생하기 쉽다.

⑦ 고드름, 측빙

고드름과 측빙은 누수가 발생한 터널에서 동절기에 주로 발생하며, 주로 산악지역에 위치한 터널에서 한랭한 기온 영향으로 쉽게 발생한다.

해당 손상이 심할 경우 건축한계를 넘어 차량 통행에 지장을 줄 수 있

으며, 측벽 타일의 탈락을 유발, 대형사고의 위험과 함께 점검원의 통행에 미치는 영향이 크므로 발견 즉시 적절한 조치를 필요로 한다.

발생현상

- 측빙 : 갱구부(터널 진·출입부) 부근에서 현저히 발생
- 특히 짧은 터널인 경우에는 전장에 걸쳐 동결 피해 가능

[자료 6-22]

터널의 천장부 배면공동   터널의 천장부 배면공동

터널 천장부 고드름   터널 측벽부 측빙

앞서 열거한 손상들은 대부분 '시설물안전법'에 따른 안전점검을 통해 조사되는 손상들이다. 일반 사용자들이 차량이나 철도를 타고 빠르게 이동하면서 손상을 직접 발견하기란 쉽지 않다. 혹여나 일반 사용자들이 균열, 누수, 파손(붕락) 등을 발견하고 불안감을 느낄지 모르나 대부분 터

널 안전에 문제를 느낄 정도의 손상은 아닌 경우가 대부분이다. 이는 법적으로 정기적인 안전점검을 실시하고, 중대결함사항에 대한 지속적인 관리와 유지보수를 실시해서 사전에 터널 안전성을 확보하고 있기 때문이다.

따라서, 일반 시민들은 지진, 산사태 등 자연재해를 제외하고는 사실상 터널붕괴 발생 가능성에 대한 큰 불안감을 느끼지 않아도 된다.

다만, 터널 내 누수로 인한 노면 미끄럼, 고드름, 포장불량 및 콘크리트 탈락 등은 터널 안전성에 미치는 영향은 적으나 터널 사용 시 차량 운행에 지장을 주는 사항들로 터널 사용자들의 주의가 필요하다.

만약, 차량 운행 시 해당 손상들로 인해 운전에 불편함을 느낄 경우 점검자 및 일반 사용자를 막론하고 발견 즉시 도로 관리주체에 신고해서 후속 차량들의 사고를 미연에 방지하고 공공의 안전을 확보하는 것이 필요하다.

3D 스캐너를 활용한 터널 안전점검

1. 기존 터널 안전점검 방법

현재 터널 안전점검 진행방식은 현장답사를 사전에 실시한 후 조사방법 및 점검 동선, 안전조치사항 등 점검계획을 수립해서 현장조사 전 안전교육 및 점검교육을 실시하고 본 조사(외관조사+장비조사)를 수행하고 있다.

터널 안전점검 시 현장조사는 교통통제를 통해 차량 충돌 등 점검자들의 안전을 우선 확보한 후 고소작업차를 이용해 구조물에 최대한 접근한 상태에서 사람이 직접 손상현황 등을 조사한다. 현재 조사방식은 안전점검 동선 상에서 차량과의 충돌, 고소작업차 전도 등 점검자의 안전사고 위험이 항상 노출되어 있고, 외관조사 시 사람 시야에 보이지 않는 곳은 구조물 상태를 확인할 수 없는 한계가 존재한다. 또한, 점검자별로 주관적인 판단에 의해 손상 규모와 상태가 결정되는 관계로 각기 현장조사 결과에 편차가 생길 수 있다. 이에 따라 시설물의 안전등급과 유지관리 시 보수물량 및 비용 산정에서 점검자의 역량에 따라 영향을 받고 있는 실정이다.

[자료 6-23] 현재 터널 안전점검 시 현장조사 흐름도

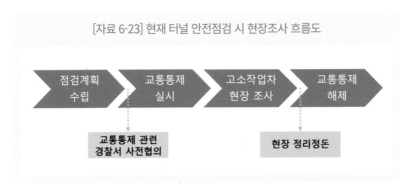

[자료 6-24]

터널점검을 위한 교통통제 전경 · 고소작업차를 이용한 터널점검 전경

2. 3D 스캐너를 활용한 터널 안전점검 방법 및 사례

3D 스캐너를 활용한 터널 안전점검은 인력으로 행해지던 기존 안전점검 방식과는 달리 터널 시설물에 대해 3D 스캐너 장비로 고화질의 3차원 데이터를 측정하며, 이렇게 측정된 3D 데이터를 분석해서 현재 시설물의 형태와 변형발생 유·무, 균열, 백태, 누수, 파손 등 시설물의 손상상태를 점검하고 평가한다. 이렇게 얻어진 데이터는 점검자의 주관적인 조사보다 더 객관적이고 정량적으로 손상 확인을 가능케 하며, 기존보다 신뢰성 있는 구조물 평가를 할 수 있는 장점이 있다. 또한, 시설물 유지관리 시에도 기존 손상에 대한 비교·검토가 지속적으로 이루어질 수 있고, DB 구축에도 용이하고 장기적으로 시설물 유지관리에 크게 기여할 것으로 판단된다.

국내 3D 스캔 사례를 살펴보면 한국도로공사의 경우 관할 고속도로 구조물에 대해 3D 스캐닝과 영상 맵핑을 이용한 터널(파형강판) 구조물 안정성평가를 실시하고 있으며, 3D 스캐너를 통해 외관상태 조사, 내공변

[자료 6-25] 한국도로공사 3D 스캔을 활용한 터널 안정성평가 사례

출처 : 3D스캐너 산업 국내외 시장 기술동향 및 전망보고서, 2018.7

위 측정, 3차원 데이터 획득 및 형상화, 상태평가, 통계처리 과정을 거쳐 공용 중인 구조물의 손상 분석에 효율성을 더해 예산절감 효과와 유지관리 업무의 체계화에 큰 효과를 본 것으로 나타났다.

현재 시설물 유지관리 분야에서는 터널 점검 시 3D 스캐너 및 자동점검 장비를 도입해서 점검을 시도하는 사례가 늘고 있다. 교통통제 후 인력점검 방식으로 시행되고 있는 종래 터널 점검방식은 교통통제에 의한 도로정체 유발과 이로 인한 민원발생 등 사회적 비용이 발생하게 되며, 점검 시 교통사고 및 안전사고 위험이 항상 상존해 현장점검을 수행하는 데 여러 제약이 많다. 이러한 문제점을 해결하기 위해 시설물 유지관리 분야에서는 자동점검 장비 및 3D 영상분석을 통한 터널의 콘크리트 라이닝 점검방법과 기술개발 연구가 지속적으로 진행되고 있는 상태다.

다음은 국내에 도입된 터널 3D영상 장비와 자동점검진단 장비를 이용한 점검사례로 기존 점검 시 현장접근이 곤란하고 누락된 균열, 파손 등 구조물 결함에 대해 보다 객관적이고 정확하게 조사할 수 있는 장점을 가지고 있다.

[자료 6-26] 3D 스캐너 및 자동점검 장비 사용시 장점

3D 스캐너 및 자동점검 장비 사용시 장점	
■ 터널 교통 통제 불필요	■ 현장조사 결과물 차이
☐ 터널 사용자 및 안전 점검자 사고예방	☐ 현장 접근 곤란한 부위 외관조사 가능
☐ 교통통제 필요 없어 터널 이용자 불편 해소	☐ 터널 형상 이미지 및 균열 손상 자동추출
☐ 현장조사 시간 단축 : 고속주행 터널 단면촬영	☐ 데이터 분석을 통해 개인 조사차 및 오류 감소

도로터널 3D영상&자동점검 장비전경   철도터널 3D영상&자동점검 장비전경

자동점검 장비를 통해 측정된 화상은 렌즈 수차 보정과 방향별 보정 작업을 실시한 후 연속된 화상 데이터를 접합시킨 후 조정·분석 단계를 거쳐 균열 물량 등 자동화 데이터와 CAD 도면을 생성시켜 안전점검 보고서 작성에 활용하게 된다.

[자료 6-28] 화상처리 및 해석 흐름도

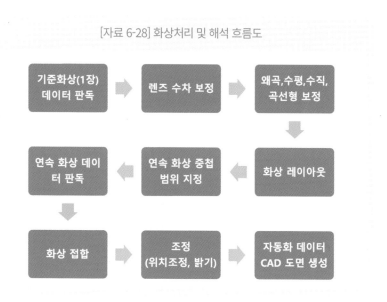

일반적으로 터널 단면은 대부분 원형 및 아치형 타입으로 곡선형 보정을 통해 평면으로 보정하는 것이 필요하며, 평면 보정을 통해 손상과 설비의 정확한 위치와 규모를 산정할 수 있게 된다.

아래는 곡선형 형상으로 왜곡된 화상을 평면으로 보정한 이미지 데이터로서 자동점검 장비를 활용한 사례다.

[자료 6-29] 원형 터널단면 곡선형→평면 보정 예시

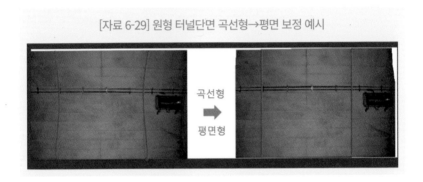

[자료 6-30] 터널 형상 이미지 및 균열 추출 예시

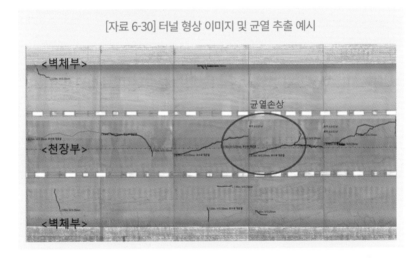

이 터널 자동점검 장비는 일반적으로 3D 스캐너로 알고 있는데, 엄밀히 따지면 본 측정방식이 균열 깊이까지는 측정하지 못하므로 완전한

3D 스캔 방식은 아니다.

콘크리트 구조물과 마찬가지로 터널에서도 시설물의 안전성과 문제점을 알 수 있는 바로미터가 균열이므로 안전점검에서 균열을 자동으로 점검할 수 있다는 것은 비록 3D 스캔이 아니더라도 유지관리 분야에서는 큰 의미가 있는 기술발전으로 생각된다. 향후 자동화 점검장비 기술발전을 통해 균열 깊이와 박락, 파손까지 측정이 가능하다면, 진정한 3D 스캔을 안전점검의 외관조사에 활용하는 계기가 될 것이라고 믿어 의심치 않는다.

다음은 3D 스캐너를 활용해 안전점검 시 공용 중인 터널의 단면변형과 도로 노면상태를 평가하는 사례와 시공 중인 터널의 시공검측, 암반절리(불연속면)를 측정한 사례다.

공용 중인 터널에 있어 안전성에 심각한 문제가 발생되었을 경우에는 붕괴 전 터널 단면의 변형이 발생하게 되며, 이를 사전에 파악하기 위해 '시설물안전법'에 따른 정밀안전진단 실시 주기에는 터널 단면측량을 실시하도록 지침에 규정하고 있다. 이를 통해 터널 단면이 설계단면 형상을 적정하게 유지하고 있는지 분석하고 실시해서 정기적으로 터널 안전성 확보 여부를 확인한다.

종래의 단면측량은 좌표측량을 통해 터널 단면규격을 평가했으나, 측정하는 측점도 한정되어 있고, 동일위치에서 측량하지 못하는 관계로 동일 단면에 대한 지속적인 추적관찰이 곤란하다. 또한, 인력에 의해 측량을 하다보니 개인별로 측정오차가 발생하는 문제점을 안고 있다.

이를 보완하기 위해 3D 스캔을 활용해서 단면측량을 실시하면 기존보다 현장 작업 공정을 단축할 수 있으며, 전단면을 스캐닝한 자료를 활용해 터널단면에 대한 분석은 물론, DB화가 용이하고 지속적으로 연속적인 추적관찰이 가능하므로 종래 방법보다 더 신뢰성 있는 결과를 얻을 수 있다.

[자료 6-31] 단면측량 시 3D 스캐너 활용 사례

종래의 단면측량 결과

3D스캔 단면측량 결과

Analysis result of tunnel shape

다만, 아직까지 유지관리 업계에서는 3D 스캐너 장비가 고가라서 보급률이 낮은 편이며, 외부 전문업체 의뢰 시 측정비용이 비싼 편이므로 한정된 점검비용에서 더 큰 이윤을 남기기 위한 경제적 논리로 인해 안전점검 시 3D 스캔 사용에 적극적이지 않은 실정이다. 향후 3D 스캔 활성화를 위해서는 신기술 사용에 따른 발주처의 예산 반영과 제도적 지원이 함께 이루어져야 할 것으로 판단된다.

다음은 3D 스캔을 이용해 도로 노면 상태를 조사하는 사례다. 국내 도로는 일부 고속도로를 제외하고 대부분 아스팔트포장으로 시공되어 있는 상태로 아스팔트포장의 가장 큰 장점은 차량 주행성이 우수하다는 점과 유지보수가 용이하다는 점이다. 아스팔트 포장의 주요손상은 포장부 균열, Rutting(바퀴자국), 포트홀, 평탄성 불량 등이 있으며, 이러한 손상들로 인해 차량 주행안전성에 문제가 발생 시 교통사고의 위험이 있으므로 안전한 도로 환경을 유지하기 위해서는 지속적인 도로상태 점검과 보수가 필요하다.

도로는 길이가 매우 긴 시설물 특성상 인력에 의한 점검은 비효율적이고, 전수 조사가 사실상 불가능하다고 볼 수 있다. 따라서, 차량탑재형

3D 스캐너를 사용해 도로노면 상태를 점검하면 차량 주행성에 문제가 있는 손상에 대해 신속하고 효율적으로 파악할 수 가 있어 포장부 유지보수 계획을 수립하는데 있어 더 안정적이고 체계적인 도로관리가 가능하다.

[자료 6-32] 3D 스캐너를 통한 도로노면 조사

| 포장 균열 | Rutting(바퀴자국) | 도로 평탄성 |

최근 3D 스캐너는 건설 중인 터널현장에서도 정확한 여굴량 산정과 낙반 예측 등 안전 확보를 위해 그 활용도가 점차적으로 증가하는 추세다.

보통 터널 굴착공사는 폭약을 이용한 발파작업을 통해 땅속을 굴진해 들어가는데 발파로 인해 터널 굴착면에 여굴(굴착 계획선보다 과하게 굴착된 부분)이 필연적으로 발생하게 된다.

여굴은 추가적인 쇼크리트 시공이 필요해서 터널 공사비 증대에 큰 영향을 차지한다. 낙반의 위험이 있으므로 건설사에서는 공사원가 절감과 더불어 터널 내 작업자의 안전 확보를 도모하고자 3D 스캐너를 활용하면 더욱 정확하게 굴착면을 관리할 수 있다.

[자료 6-33] 터널 공사현장 3D 스캐너 활용 사례

3. 결언

터널 시설물은 '시설물의 안전 및 유지관리에 관한 특별법'에 의해 안전관리 되는 시설물이다. 이 법은 1994년 성수대교 붕괴 이후 시설물 유지관리 중요성이 부각되어 제정되었으며, 시행된 지 어느덧 26년이라는 시간이 흘렀다. 이 법에 따라 비로소 국내에 본격적인 시설물 유지관리 체계가 구축되는 기틀이 마련되었고, 초창기 시설물 안전에 관심 없던 사회 분위기가 시설물 안전이라는 중요도와 인식이 많이 개선된 현재 기조를 보면 시설물 안전 및 유지관리 분야에 종사하는 한 사람으로서 뿌듯함을 느낀다.

3D 스캐너 산업은 최근 3D프린팅 및 3D모델링의 수요와 발전에 힘입어 전 세계적으로 급격한 성장세를 보이고 있다. 국내에서도 3차원 모델링 데이터를 얻기 위해 제조업, 항공기, 플랜트, 건설 및 유지관리 등 다

양한 산업에서 3D 스캐너 활용이 증가하는 추세다.

3D 스캐너는 유지관리 분야인 터널 안전점검에서도 활용되고 있으며, 3D 스캔을 통해 기존의 조사방법에 비해 안전사고 예방과 효율적인 점검·분석에 큰 강점을 보이고 있어 그 활용사례도 점차 늘어나고 있다.

또한, 3D 스캔 방식은 시설물 유지관리 시 기존 손상에 대한 비교·검토에 있어 신뢰성이 높고, 장기간 DB 구축에도 용이해서 공용 중인 시설물을 관리하는 데 있어 매우 유용하고 적합한 기술이라고 할 수 있다.

현재 유지관리 업계는 일부 회사를 제외하고 대체로 회사 규모가 작은 편으로 안전점검 시 비용 문제로 인해 3D 스캐너 장비 구매와 사용에 적극적이지 않은 것이 현실이다. 이를 해결하기 위해서는 안전점검 비용에 3D 스캐너 예산을 반영하는 등 제도적 지원을 통해 신기술을 적극적으로 도입할 수 있는 환경 조성이 필요할 것으로 판단된다.

이와 더불어 유지관리업계도 눈앞의 경제적 이익에만 치우치지 말고 3D 스캐너 등 신기술 도입에 적극적으로 임해서 신뢰도 높은 점검 환경을 구현하는 것이 필요하다. 더 나아가 기술자 개개인은 형식적인 점검에 그치지 않고 기술개발에 진정으로 힘써서 앞으로 우리나라 시설물의 안전 확보에 이바지해서 안전한 사회를 만드는 데 크게 일조하기를 바란다.

Reference

1. 3D 스캐너 산업 국내·외 시장/기술 동향 및 전망 보고서, 첨단정보통신융합산업기술원, 2018. 07
2. 2021년 시설물 통계연보, 국토안전관리원, 2021. 04
3. 시설물의 안전 및 유지관리 실시 세부지침(안전점검·진단편), 한국시설안전공단, 2019. 09
4. 터널 유지관리 매뉴얼, 한국시설안전기술공단, 2002. 09
5. 라인스캔 카메라를 이용한 콘크리트 라이닝 자동점검진단 장비 활용성 평가, 이규필 외, 2020. 12
6. 터널측량의 효율성 향상을 위한 스캐닝 토널스테이션의 활용, 박준규 외, 2017. 04
7. 3차원 레이저 스캐너 및 BIM을 활용한 터널 과대·과소 굴착 평가, 박정준 외, 2012. 07

한국형 산림기술 분야(K-포레스트) 대응 및 전망

이남일

한국형 산림기술 분야(K-포레스트) 대응 및 전망

산을 들어가면서

글을 쓴다는 것은 인간에게 무척 행복한 일이다. 물론 아니라고 생각하는 사람도 있을 수 있다. 하지만 필자는 생각을 활자로 나타내어 오랫동안 보존하고 많은 이들에게 전달할 수 있는 글쓰기가 즐겁다. 하지만 같은 내용의 글이라 할지라도 필자가 어느 위치에서 어떠한 종류의 글을 쓰고 어떻게 표현하느냐에 따라 독자가 받아들이는 정도와 크기는 다를 수 있고, 독자에게 큰 영향을 미칠 수도 있다. 그렇기에 글을 쓴다는 것은 무척 어렵고 고심해야 하는 일이기도 하다.

2019년은 필자에게 무척 뜻깊은 해였다. 유년 시절부터 산과 들을 벗삼아 돋보기와 자연관찰노트를 챙겨 다니며 우리나라 산과 숲 곳곳을 누비며 키워왔던 산림 분야 최고 전문가가 되겠다던 꿈이 기술사 자격취득으로 실현된 해이기 때문이다. 더구나 국내 최연소 산림기술사라는 타이틀까지 거머쥐어 더욱 영광스러운 해였다.

기술사(技術士)는 기술사법 제2조에 따라 해당 기술 분야에 관한 고도의 전문지식과 실무경험에 입각한 응용능력을 보유한 사람으로서 국가기술자격법에 따른 기술사 자격을 취득한 사람을 뜻하는 만큼 산림 분야에 있어 앞으로 필자가 기여해야 하는 책무는 기술사 자격 취득 전보다 많아졌고 그렇기에 마음가짐이 오히려 더 신중하고 조심스러워졌다.

이러하기에 산림학을 전공하는 대학생, 산림행정을 구현하는 행정가라는 신분으로 글을 쓸 때보다 산림기술사로서 글을 쓰는 것이 더욱 어렵고 고심해야 하는 부분이 되었다. 하지만 한국기술사회 청년위원회 위원으로서 필자의 전문 분야를 일반인에게 쉽게 알리고 위원 상호 간에 전문 분야를 공유하는 뜻깊은 일이기에 편안한 마음으로 써보려고 한다.

이번 글을 통해 필자는 우리나라 산림이 어떻게 구성되어 있고 관리되며, 문제점과 주어진 과제는 어떤 게 있으며, 최근 4차 산업혁명과 코로나19에 대응하기 위한 우리나라 산림기술에 대해서 기술할 것이다. 더불어, 후세대에게 도덕적인 의무를 다할 수 있는 산림을 가꾸기 위한 청년기술사로서 제언을 하고자 한다.

산에 들어갈 때 심리학적 인간의 마음가짐은 편안함이며, 목표는 치유라고 한다. 다소 전문성이 있는 글일 수 있지만 필자의 글을 읽는 동안은 독자에게 가장 기억에 남는 산행을 한다는 마음으로 읽어주시길 희망한다.

[자료 7-1]

경북 경주시 남산 늠비봉 석탑　　　　　강원도 평창군 중왕산 임도

우리나라 산림 현황

차를 타고 고속도로를 지나갈 때, 기차를 타고 여행갈 때 우리 국민들은 우리나라에 많은 산림이 분포한다는 것을 체감할 수 있다. 하지만 산림의 면적이 어느 정도인지는 모르는 이가 많을 거라고 생각한다.

2021년에 발표한 '2020 산림기본통계'에 따르면 2020년 기준 우리나라의 산림면적은 629만ha이며, 이는 전 국토의 약 62.6%에 해당한다. 면적에 관한 다양한 단위가 있지만 산림 분야에서는 ha(헥타르)가 자주 등장한다. 생소하다고 느끼시는 독자를 위해 첨언을 드리면, 1ha는 3,000평이며 10,000㎡이다. 제법 큰 학교 운동장 가로 100m, 세로 100m라고 생각하면 이해가 쉽다.

이처럼 우리나라 국토의 절반 이상을 차지하는 산림의 최근 5년간 (2015에서 2020년) 산림면적 변화추이를 살펴보면 인구의 증가와 도시화 등으로 매년 상당 부분이 개발 등 다른 용도로 전환되어 매년 산림면적이 감소하고 있으며, 감소면적이 48천ha나 된다. 그러나 국유림은 확대정책으로 매년 조금씩 꾸준히 증가하고 있는 추세다. 2015년 기준 1,618천ha에서 2020년 기준 1,653천ha로 0.8% 증가했다.

앞서 국유림이라는 용어가 쓰였는데, 우리나라 산림은 소유 주체에 따라서 세 가지로 구분한다. 국가가 소유할 경우 국유림, 지방자치단체 등이 소유할 경우 공유림, 개인이 소유할 경우 사유림이라 칭한다. 국유림 중 산림청이 소관하고 있는 국유림을 산림청 소관 국유림이라 별도 행정상 칭하기도 한다.

'2020 산림기본통계'에 따르면 국유림, 공유림, 사유림 중 가장 많은 면적을 차지하는 산림은 사유림으로 면적은 4,152천ha 전체 산림면적의 66.0%에 해당하며, 그 다음은 국유림으로 면적은 1,653천ha 전체 산림면적의 26.3%에 해당하며, 마지막은 공유림으로 면적은 481천ha 전체 산림면적의 7.7%에 해당한다.

이렇게 광활한 산림면적에 분포하는 나무들의 나이는 이해의 편의상 31세 이상과 미만으로 구분해 설명하겠다. 31세 이상인 나무가 4,857천 ha로 81%를 차지하며, 31살 미만인 나무는 1,128천ha로 19%를 차지한다.

일제강점기 등 지난 역사로 인해 우리나라 산림은 헐벗은 상태로 오랜 시간을 보내왔고 1970~1990년대 적극적으로 행해진 치산녹화 및 산림자원화 정책 등이 지금의 울창한 산림을 형성했으며, 당시 심어진 나무가 이제는 31세가 넘는 중·장령목이 되어 우리나라의 숲 대부분을 차지하고 있다.

앞서 언급했듯이 산림은 인간의 이용 측면에 의해 지속적으로 개발되어 면적이 감소하고 있고 오래전 심고 가꾼 나무의 대부분은 중·장령목이 되었기에 후세대를 위해 지속가능한 관리가 중요하게 되었다.

[자료 7-2]

제주도 삼나무림(국유림)

경북 경주시 은행나무림(사유림)

우리나라 산림자원은 어떻게 관리되고 있는가?

앞선 주제에서 언급한 바와 같이 이제 우리나라 산림은 심고 가꾸는 정책에서 지속가능하게 관리해야하는 정책으로 패러다임이 바뀌게 되었고 이는 인간과 산림생태계가 지속가능하게 손을 잡고 미래로 향하기 위한 범지구적인 노력으로 확대되었다. 패러다임의 효과적인 구현을 위해 산림 관련 법과 제도 그리고 국제적인 논의가 많지만 그 중에서도 산림자원 관리에 있어서 중요한 것은 산림자원법에 의해 산림청 훈령으로 제정한 '지속가능한 산림자원 관리지침'이다. 이 지침은 2004년 제정되어 2020년까지 12차례의 개정을 거쳐왔다. 다년간 산림여건의 변화, 국제적인 동향의 반영, 새로운 산림기술 공법 등의 반영을 위해 수차례 개정됐지만 앞으로도 보다 현장감 있는 디테일한 기술력을 산림자원 관리에 구현하기 위해서는 지속적인 개정이 필요할 것이라 생각하며, 이에 산림기술사의 역할은 더욱 중요할 것으로 전망한다.

'지속가능한 산림자원 관리지침'은 새로운 산림자원관리의 필요성에 대한 인식이 임업 분야는 물론 일반 사회로 확산됨에 따라 산림자원관리에 있어 과거와는 다른 다각적인 시각과 접근방식이 요구되고 있는 바, 산림자원관리의 국제적 패러다임으로 정착되고 있는 '지속가능한 산림경영(Sustainable Forest Management)' 원칙에 입각해서 산림이 갖는 경제·사회·환경적인 다양한 기능들이 조화롭게 발현되도록 하기 위한 산림경영 및 관리방안을 제시해서 바람직한 미래의 산림 모습을 만들어가도록 노력한 지침이라 할 수 있다. '지속가능한 산림자원 관리지침'의 주요 내용을 함께 살펴보겠다.

1. 지속가능한 산림자원 관리를 위한 기본 원칙

① 생태적으로 건전한 산림으로 유지 및 증진될 수 있도록 관리
② 경제적 편익이 증진될 수 있는 산림으로 관리
③ 공익적 기능이 유지 및 증진될 수 있도록 관리

④ 후세대에 대한 도덕적인 의무를 강화하는 방향으로 산림 관리

2. 지속가능한 산림자원 관리를 위한 기본 방향

① 산림의 생물다양성의 보전

② 산림의 생산력 유지 및 증진

③ 산림의 건강도와 활력도 유지 및 증진

④ 산림 내 토양 및 수자원의 보전 및 유지

⑤ 산림의 지구 탄소순환에 대한 기여도 증진

⑥ 산림의 사회 및 경제적 편익 증진

⑦ 지속가능한 산림관리를 위한 행정절차 등 체계 정비

3. 지속가능한 산림자원 관리를 위한 산림의 6대 기능 구분

① 목재생산림

② 수원함양림

③ 산지재해방지림

④ 자연환경보전림

⑤ 산림휴양림

⑥ 생활환경보전림

4. 목재생산림의 조성 및 관리

① 관리목표 : 생태적 안정을 기반으로 해서 국민경제 활동에 필요한
양질의 목재를 지속적이며 효율적으로 생산 및 공급하기 위한 산림

② 목표로 하는 산림

  • 대경재를 생산할 수 있는 산림

  − 목표 가슴높이 지름 : 40cm

- 용도 : 문화재, 고급건축재, 구조재, 악기재 등
- 중경재를 생산할 수 있는 산림
  - 목표 가슴높이 지름 : 40cm 미만 20cm 이상
  - 용도 : 건축재, 소형가구재, 일반제재 등
- 소경재(천연림의 경우 특용소경재) 생산하는 산림
  - 목표 가슴높이 지름 : 20cm 미만
  - 용도 : 가설재, 포장재, 일반제재, 펄프재, 버섯용원목 등
③ 관리대상 : 보전국유림, 경제림육성단지 등
④ 관리원칙 : 목표생산재를 정확하게 설정해 적정하고 경제적인 산림 사업 시행
⑤ 인공림의 경우 조성 및 관리
  - 경제성과 이용가치를 고려한 수종 집중 조림
  - 목표생산재의 생육단계에 맞는 숲가꾸기 작업 실시
  - 도태간벌은 목표생산재가 우량대경재일 경우 적용
⑥ 천연림의 경우 조성 및 관리
  - 갱신 수종은 주수종과 부수종으로 구분
  - 목표생산재의 생육단계에 맞는 숲가꾸기 작업 실시
  - 목표생산재가 우량대경재일 경우 천연림 보육 작업 실시

5. 수원함양림의 조성 및 관리
① 관리목표 : 수자원함양과 수질정화기능이 고도로 증진되는 산림
② 목표로 하는 산림 : 다층혼효림
③ 관리대상 : 수원함양보호구역, 상수원보호구역 내 산림, 한강 등 수계 내 산림
④ 조성 및 관리

- 나무의 뿌리가 다층구조를 이룰 수 있도록 참나무류, 소나무 등의 심근성 수종을 중심으로 천근성 수종이 혼합되도록 조림
- 덩굴 제거는 약해 발생하지 않도록 소면적 제거하나 가능한 인력 제거
- 수관울폐도는 50~80% 수준으로 유지하는 것이 원칙
- 건강한 숲으로 유도하기 위해 약도의 솎아베기를 5년 이상 간격 실시
- 수확의 경우 가급적 골라베기를 원칙으로 하되 불가피하게 모두 베기와 어미나무 작업을 하게될 경우 하나의 벌채면적은 5ha 미만으로 함.

6. 산지재해방지림의 조성 및 관리

① 관리목표 : 산사태, 토사유출, 산불, 산림병해충 등 각종 산림재해 강한 산림
② 목표로 하는 산림
  - 산사태, 토사유출에 강한 다층혼효림
  - 대형산불을 방지하기 위해 내화수림대가 포함된 혼효림
  - 산림병해충에 강하고 생태적으로 건강한 다층혼효림
③ 관리대상
  - 사방사업법에 의한 사방지
  - 산림보호법에 의한 산림보호구역 중 재해방지보호구역
  - 과밀 임분으로서 산사태가 우려되는 지역의 침엽수 단순림
  - 대형산불 발생이 우려되는 지역의 침엽수 단순림
  - 산림병해충의 피해 우려가 있는 단순림
④ 조성 및 관리

– 재해이력이나 현재의 산림상태 등을 면밀히 조사 및 검토

– 재해에 강한 수종을 선정하고 혼효림 조성

– 약도간벌 및 내화수림대 조성 등 각종 재해에 따른 분야별 관리

7. 자연환경보전림의 조성 및 관리

① 관리목표 : 보호할 가치가 있는 산림자원이 건강하게 보전될 수 있는 산림

② 유형구분

– 보전형 : 생태계, 유전자원 보호 등을 위해 보전할 산림

– 문화형 : 역사·문화적 가치 보호 등을 위해 보전할 산림

– 학술·교육형 : 학술 및 교육의 목적으로 보전할 산림

③ 목표로 하는 산림 : 다층혼효림

④ 관리대상

– 채종림, 채종원, 시험림

– 산림유전자원보호구역

– 백두대간보호지역

– 야생생물보호구역

– 특정 도서 안의 산림 등

⑤ 조성 및 관리

– 자생수종이나 지역특색수종인 향토수종을 선정해 조림

– 약도의 솎아베기를 5년 이상 간격으로 수회 실시

– 동질지역 천연발생 어린나무 및 종자를 묘목으로 생산해 조림

8. 산림휴양림의 조성 및 관리

① 관리목표

－ 다양한 휴양기능을 발휘할 수 있는 특색있는 산림

－ 종다양성이 풍부하고 경관이 다양한 산림

② 목표로 하는 산림 : 지역적 특성에 적합한 다층림 또는 다층혼효림

③ 관리대상 : 자연휴양림 또는 치유의 숲

④ 구분 : 공간이용지역과 자연유지지역으로 구분

⑤ 조성 및 관리

－ 공간이용지역은 경관수종 및 화관목류 등을 선정해 조림

－ 희귀식물과 노령목 등을 보존하고 제초제 등 사용금지

－ 열식간벌 등 기계적 솎아베기를 금지

－ 가급적 약도의 솎아베기를 실시

－ 자연유지지역의 경우 우량대경재에 준해서 관리

9. 생활환경보전림의 조성 및 관리

① 관리목표 : 도시와 생활권 주변의 경관유지 등 쾌적한 환경을 제공하는 산림

② 유형구분

－ 공원형 : 거주자의 자연체험 등 장소로 이용하는 산림

－ 경관형 : 심리적 안정감을 주고 시각적으로 풍요로운 산림

－ 방풍·방음형 : 소음 등 완화시켜 쾌적환경 제공하는 산림

－ 생산형 : 쾌적한 거주환경 훼손않는 범위 내 생산 산림

－ 미세먼지 저감형 : 미세먼지 저감해 쾌적 환경 제공 산림

③ 목표로 하는 산림

－ 공원형·경관형 : 생태 및 경관적으로 다양한 다층혼효림

－ 방풍형·방음형 : 다층림 또는 계단식 다층림

－ 생산형 : 생태적으로 건강한 목재생산림

- 미세먼지 저감형 : 미세먼지 저감기능 최대 발휘 다층 혼효림

④ 관리대상

- 도시림, 도시공원 안의 산림
- 개발제한구역 내 산림
- 생활권 주변 등에 있어 미세먼지 저감 기능 발휘 산림

⑤ 조성 및 관리

- 줄기, 가지, 잎 등 접촉면 최대화될 수 있도록 관리
- 다층혼효림 조성하되 지역적 특성수종 반영 산림
- 제초제, 살충제, 화학비료는 대량 사용금지
- 산물을 전량 수거해서 산불을 예방
- 생산형의 경우 우량대경재에 준해서 관리

지금까지 우리나라 산림의 관리 중 산림자원 분야에 있어 '지속가능한 산림자원 관리지침'을 개략적으로 살펴봤다. 이 밖에 인공림과 천연림의 조성 및 관리, 친환경벌채, 수확 등에 대한 많은 내용이 있지만 생략했다. 더불어 이 지침뿐만 아니라 우리나라 산림관리에 있어 산림 관련 법령상 사방사업, 산림병해충사업, 산사태방지사업 등 각 세부 분야의 디테일한 기술 및 정책적인 부분이 있으나 언급하지 않은 점을 이해해주길 바란다.

이렇듯 우리나라 산림은 6가지 기능으로 구분해서 각각 그 목적성에 맞게 조성 및 관리를 하게 되고 그 바탕에는 생태적, 경제적, 도덕적, 공익적인 부분이 고려된다는 것을 알 수 있다.

하지만 우리나라 산림의 특성상 산악지형이고 지역에 따라 기후대의 차이를 보이며, 국지적인 요소 또한 다각도로 작용하기에 단순히 6가지 기능만으로 구분해서 관리하는 것은 한계가 있다. 이를 위해 각 기능별

로 유형을 세분화한 사항이 있긴 하지만 필자가 봤을 때는 획일적으로 적용하기에는 턱없이 부족한 접근이라 생각한다.

그렇기에 6가지 기능에 산악권역별, 기후대별 요소 등을 추가해 보다 세분화된 지침이 필요하고 이에 더해서 사방 및 임도에 관한 사항을 구체적으로 포함시켜 수확에 대해서도 구체화시킬 필요가 있다고 생각하며 체계적인 개정이 점차적으로 이루어지는 것에 일조하겠다.

[자료 7-3]

| 경기도 안양시 관악산(자연환경보전림) | 강원도 평창군 가리왕산(목재생산림) |

산림기본계획과 산림경영기술 패러다임의 변천

모든 일은 구상과 계획을 통해 실행된다. 정부의 정책도, 기술력이 투입되는 사업추진에도, 계획은 필수적인 요소라 할 수 있다. 이렇듯 산림의 지속가능한 보전을 위한 가치 실현을 위해 산림기본법에 의거해서 산림청장은 산림자원 및 임산물의 수요와 공급에 관한 장기전망을 공표하고 장기전망을 기초로 해서 지속가능한 산림경영이 이루어지도록 전국의 산림을 대상으로 10년 단위로 공표하거나 수립하지만 산림자원 및 임산물의 수급상황 또는 경제사정의 현저한 변동이 있는 경우에는 장기전망을 수정해서 공표할 수 있고 산림의 상황 또는 경제사정이 현저하게 변경될 경우에는 산림기본계획을 변경할 수 있다.

최근 제6차 산림기본계획(2018~2037)부터는 국제적 동향 및 국내 산림 분야를 둘러싼 모든 정책적인 부분들의 상황 중 국토계획 및 환경계획 등 관련 국가계획과의 연계 강화를 위해 10년 아닌 20년 단위의 계획을 수립하게 되었다.

산림기본계획은 지역산림계획 및 산림경영계획을 수립하는 기준이 되며, 기본원칙과 방향을 제시하는 산림 분야 최상위 계획으로 산림자원, 산림산업, 산림복지, 산림보호, 산림생태계, 산지 및 산촌, 국제산림협력, 산림행정 등에 관한 종합계획으로 산림 분야 전반에 걸쳐 비전과 전략, 전략별 추진계획을 제시하는 최상위 계획이라 말할 수 있다.

앞서 언급했듯이 현재(2022년 기준) 제6차 산림기본계획(2018~2037)기간이며, 앞선 1차에서 5차까지 5차에 걸친 기본계획의 비전과 목표 및 추진성과에 대해 알아보고 6차 기본계획을 소개하겠다.

1. 제1차 산림기본계획(치산녹화 10개년 계획, 1973~1978)

① 비전과 목표 : 국토의 속성녹화 기반 구축

② 성과

- 당초계획보다 4년 앞당겨 108만ha에 대한 녹화 완료
- 화전정리사업의 완료와 농촌임산연료 공급원 확보
- '육림의 날' 제정과 산주대회 개최로 애림사상 고취

2. 제2차 산림기본계획(치산녹화 10개년 계획, 1979~1987)

① 비전 및 목표 : 장기수 위주의 경제림 조성과 국토녹화 완성

② 성과

- 106만ha의 조림과 황폐산지 복구완료

- 대단위 경제림 단지 지정, 집중조림 실시
- 산지이용실태조사, 보전 및 준보전임지 구분체계 도입

3. 제3차 산림기본계획(산지자원화 계획, 1988~1997)

① 비전 및 목표 : 녹화 성공 후 산지자원화 기반 조성
② 성과

- 32만ha의 경제림 조성과 303만ha의 육림사업 실행
- 산촌개발의 추진과 산림휴양 및 문화시설 확충
- 산지이용체계 재편, 기능과 목적에 의한 이용질서 확립

4. 제4차 산림기본계획(1998~2007)

① 비전 및 목표 : 지속가능한 산림경영기반 구축

→ 사람과 숲이 어우러진 풍요로운 녹색국가 실현(2003 변경)
② 성과

- SFM이행을 위한 기준과 지표 설정
- 산림법에서 산림기본법 중심의 12개 기능별 법체제 개편
- 심는정책에서 가꾸는 정책으로 전환해 산림가치 증진
- 산림의 공익기능 증진과 산촌개발사업 본격 추진
- 백두대간 등 한반도 산림생태계의 보전 관리체계 구축
- 산지관리법 제정으로 자연친화적 산지관리기반 마련
- 산불진화 역량 확충과 해외조림사업 확대
- 국립수목원, 국립자연휴양림관리소 신설

5. 제5차 산림기본계획(2008~2017, 2013년 변경)

① 비전 및 목표 : 온 국민이 숲에서 행복을 누리는 녹색복지국가

→ 숲을 활력있는 일터, 쉼터, 삶터로 재창조하기 위해 다양한 산림 혜택의 선순환 구조 확립

② 성과
- 한국형 산림인증제도 도입해 지속가능한 산림경영 기반 마련
- 목재산업 육성을 위한 제도적 기반 마련
- 산지관리 계획제도 도입으로 체계적 산지관리기반 구축
- 산림복지서비스 분야 개척 및 산림복지서비스 일자리 창출
- 핵심생태축 훼손지 복원으로 산림생태계 건강성 증진 등
- 산불골든타임제 강화 및 IT기술 활용한 신속한 진화 대응
- 산사태 취약지역 정보체계 구축 등 법과 제도 정비

6. 제6차 산림기본계획(2018~2037)

① 비전
- 일자리가 나오는 경제산림, 모두가 누리는 복지산림
- 사람과 자연의 생태산림

② 목표
- 건강하고 가치있는 산림
- 양질의 일자리와 소득 창출
- 국민행복과 안심국토 구현
- 국제기여 및 통일 대비

③ 전략과제
- 산림자원 및 산지관리체계 고도화
- 산림산업 육성 및 일자리 창출
- 임업인 소득 안정 및 산촌 활성화
- 일상 속 산림복지체계 정착 등

앞서 1차에서 6차까지 산림기본계획을 연도순으로 알아봤다. 1973년 부터 시작된 산림기본계획은 50여 년의 시간이 흘렀다. 그 기간동안 우리나라 산림정책은 심는 정책에서 가꾸는 정책으로 변모했고 가꾸는 정책에서 합리적인 이용과 관리 고도화 및 지속가능한 보전적 측면이 강화하는 방향으로 다각화되었다. 국제적인 계획이 수립됨에 따라 산림기술 또는 산림과 인간이 공존할 수 있는 방식으로 패러다임이 변화해갔다.

이러한 시대적인 그리고 국제적인 요구에 부응하는 계획과 산림기술 패러다임의 변화는 최근 4차 산업혁명과 코로나19를 맞이해서, 이제는 1차 산업인 임업을 넘어 1, 2, 3차가 결합된 6차산업을 겪어내고 정보통신기술(ICT)의 융합으로 이뤄지는 차세대 산업혁명으로 인공지능(AI), 사물인터넷(IoT), 로봇기술, 드론, 자율주행차, 가상현실(VR)과 접목한 산림기술산업 변화의 시기가 도래했다.

[자료 7-4]

산림자원정책사업(목재 수확)　　　산림휴양사업(휴양공간 조성)

우리나라 산림이 가진 숙제

우리나라 산림이 가진 문제점이라는 주제를 정해놓고 글머리를 시작하는 순간에 문제점보다는 숙제라는 용어가 더 잘 어울릴 것 같아 상기와 같이 주제명을 써봤다. 문제점이라고 한다면 누군가 해결해야 하는 부분이지만, 숙제라고 한다면 우리 모두의 과제로 받아들여지는 경향이 있기에 보다 긍정적인 느낌을 담고 있다고 필자 스스로 판단했다.

전문가마다 바라보는 관점이 저마다 다를 수 있지만, 필자가 주관적으로 생각하는 숙제는 다음과 같다.

첫 번째, 벌기에 도달한 산림에 대한 수확이다. 최근 2021년 언론에서 논란이 된 벌채정책과도 연관되는 부분이기도 하다. 앞선 주제에서 언급한 것과 같이 우리나라 산림면적의 약 80%는 31년생 이상인 나무로 산림의 소유 구분과 경영목적 등에 따라 벌채 시기가 도래한 나무가 그 중 상당 부분 존재한다. 이에 대해서 산림청은 우리나라 숲의 흡수량이 20~25년까지 증가하다 이후에 감소하는 것 등을 토대로 2008년 이후 지속적으로 감소하고 있고 기후변화에 따른 탄소중립실현을 위해 탄소흡수원의 기능을 발휘하는 수목의 역할로 볼 때 벌채 후 조림하는 것이 합리적이라 설명했다.

산림의 선순환구조는 조림-육림-수확 이렇게 세 가지가 반복되는 것이 선순환구조라 칭한다. 그렇기에 수확을 위한 벌채는 정상적인 산림경영행위이자 미래의 산림을 위한 합리적인 활동, 다년간 산림에 자본을 투하한 임업인들의 성과이며 미래세대를 위한 준비단계의 산림사업이라 말할 수 있다.

산림기본법 제3조 지속가능한 산림자원의 정의에서도 알 수 있듯이 산림은 단순히 환경적이고 생태적인 부분만 고려해서 경영할 수 있는 대상이 아니다. 사회적·경제적·생태적·문화적 등 국가전반의 다양한 부분을 살펴 관리하는 대상이기에 환경론적 입장에서만 수확을 바라보며 비판하는 것은 올바른 시각이 아니다. 하지만 일제수탈로 헐벗은 우리나라의 산림이 우리 선조들의 노력으로 울창하게 되었고 대국민적 인식이 산은 항상 울창하고 푸르게 존재하는 것이라는 생각과 모습에 익숙하기에 벌채가 나무심기와 같은 정상적인 산림경영활동이라 할지라도 이에 대한 부분이 쉽게 받아들여지는 것이 어려울 것이다.

더불어 산림청에서도 나무의 나이와 벌채시기, 탄소흡수원의 기능 등 과학적인 근거를 제시하였음에도 불구하고 논란이 이어지고 있는 것은 너무도 당연히 국민 곁을 지키는 산림에 나무가 베어 없어지는 것에 대한 대국민적인 공감대를 충분히 얻지 못했기 때문이라고 필자는 주관적으로 생각한다.

이에 대응하기 위해 2021년 5월 논란이 발생한 후 9월 벌채(목재 수확) 제도개선 방안으로 산림청에서는 현행 벌채(목재 수확) 모두베기 가능 면적 축소(50ha⇒30ha), 벌채신고절차 개선(수시⇒최소 3개월 전 신청) 등을 발표함으로써 문제를 해결해나가고 국민적 공감대를 얻기 위한 노력을 보이고 있다.

앞으로도 보다 나은 산림을 위해 수확은 정상적인 산림경영활동의 일부이기에 우리 국민도 일정부분 충분한 시간을 갖고 받아들여야 하며 이런 부분에 있어서 대국민적인 홍보와 설득의 과정이 충분하게 필요하며, 이러한 역할에 있어 산림행정가의 포지션이 중요하겠지만 고도의 기술력을 겸비한 우리나라 최고의 전문가로서 기술사들의 역할이 무엇보다 중요하다고 조심스럽게 생각한다.

더불어 수확을 위해 임도의 확충, 임업기계의 선진화, 우리나라 지형에 맞는 맞춤형 수확 기술의 개발 등 해결해야 할 부가적인 숙제는 아주 많다.

또한 기존 기준 벌기령에 대해서 다시 한번 점검해야 하며, 국유림·공유림·사유림 등 소유주체에 따라 구분할 것이 아니라 산림기능구분에 따라 지역에 따라 구분하는 등 보다 현실적으로 감각있는 기준마련 또한 시급하다.

무엇보다 이번 벌채논쟁을 통해서 변화하는 산림정책과 행정에 대해서 대국민과 사전에 소통하는 '대국민 사전소통제(가칭)' 신설은 반드시 필요하다고 생각한다. 이러한 노력이 산림을 통해 후세대에 도덕적인 의무를 다하는 일이기 때문이다.

두 번째, 기후변화에 대한 취약성 해결이다. 뒷부분에 기후변화에 대해 이야기하겠지만 기후변화로 우리나라 산림이 겪고 있는 숙제가 가장 많다고 생각한다. 산불, 산사태, 산림병해충 등 산림재해가 빈번하게 일어나기 때문이다.

대표적으로 두 가지를 적어봤지만 세부적으로 들여다보면 나무의 나이는 들어가고 관리에 대한 기술적이며 정책적인 숙제는 늘어나고, 기후변화로 산림재해는 다양한 분야에서 일어나는 것이기에 이에 파생되는 상당히 많은 숙제를 우리나라 산림은 갖고 있다.

한국판 산림뉴딜, K-포레스트

전 세계는 코로나19 감염병으로 인한 경제위기로 경제 및 사회구조의 변화가 발생했다. 이에 따라 국내외 경기침체로 고용악화 장기화 및 신산업에 대한 투자 저하가 발생했으며, 사회적 거리두기로 비대면의 일상화, 디지털 사회로의 전환이 가속화되었다.

이에 따라 대면 중심의 산림정책의 변화와 위기에 취약한 임업인 보호정책의 필요성 인식과 환경파괴로 인한 인수공통 감염병 발생으로 환경보전에 대한 인식개선을 위한 산림 분야 특단의 대책이 바로 한국판 산림뉴딜인 K-포레스트다.

한국판 산림뉴딜, K-포레스트의 비전 목표, 4대 뉴노멀 전략 및 16대 중점과제를 요약해 살펴보겠다.

1. 비전
① 숲에서 찾는 새로운 일상
② 숲으로 나아지는 살림살이! 숲과 함께 쓰는 새로운 미래!

2. 목표
① 연평균 2만8천명 고용효과
② 4차 산업혁명 + 임업R&D 및 산림생명산업 R&D 예타
③ 생활권 산림교육 및 치유 참여

3. 4대 뉴노멀 전략 및 16대 중점과제
① 디지털·비대면 기술의 산림 분야 도입
  - 산림데이터 활용을 위한 디지털 산림경영 기반 구축
  - 첨단기술을 접목한 산림복지서비스 접근성 향상
  - 지능형 산림재해 관리로 촘촘한 안전망 구축
  - 비대면 산림행정 및 산림서비스 확대
② 저성장 시대, 산림산업 활력 추진
  - 친환경 시장 개척으로 임산업 활성화
  - 도심권 숲을 활용한 생활 속 면역력 증진
  - 숲을 활용한 바이오 생명산업 · 관광 등 신산업 지원
  - 소외계층을 품는 공공일자리 및 산림형 사회적경제 일자리 확대
③ 임업인의 소득안전망 구축
  - 경제림육성단지 재편으로 경영구조 선진화

- 산림소득정책 발굴로 임업인 소득 보전
- 산림·임업 분야 세제개편으로 산림경영 활성화
- 임업경영 임지의 적정 규모화 등 경영구조 개선

④ 기후위기 시대의 지속가능한 산림관리
- 산림의 탄소 흡수 기능 증진으로 기후변화 대응
- 국제사회와 그린연대로 K-포레스트 확산
- 신(New)산림재해 대책으로 기후재난 피해 최소화
- 자연과 공존을 위한 산림생태 및 평화체계 구축

한국판 산림뉴딜인 K-포레스트는 4차 산업혁명, 코로나19, 기후변화 속에 우리나라 산림의 효율적인 관리와 산림산업성장을 통한 일자리 창출 등을 통해 숲으로 우리 국민들이 더욱 행복할 수 있는 시대의 과제를 설정했다. 이것을 체계적으로 운영해나갈 과제를 마련한 정부정책이라고 하겠다.

기후변화와 산림

기후변화란 일정 지역에서 오랜 기간에 걸쳐 진행되는 기상의 변화를 말한다. 최근 지구온난화로 인해 폭염과 가뭄, 홍수 등 극한 기상현상의 발생이 증가하고 있는데 이러한 현상이 기후변화에 해당된다. 2020년 길었던 장마와 우리나라를 비롯한 전 세계 대형산불의 원인이 동일하다는 언론매체의 설명에서 기후변화라는 용어를 흔히 접할 수 있다.

1968년 이탈리아 로마에 유럽의 과학자 등 각계 분야 전문가들이 한 자리에 모여 산업화로 인한 산림 황폐화, 환경오염 등의 심각성에 공감하며 1972년 〈성장의 한계〉라는 보고서를 내고 인류의 위기를 경고했는

데 이것이 바로 '로마클럽'이다. 로마클럽 보고서에는 지구환경 문제의 심각성을 '하루에 두 배씩 성장하는 우물 안 꽃'에 관한 예시를 통해 나타내고 있다. 아직 우물 안에 절반이 남아 있지만 내일이면 우물은 모두 꽃으로 덮이게 되어 우물의 물을 이용할 수 없다는 것이다. 여기서 우물은 지구, 꽃은 온실가스를 뜻한다. 지금 지구는 온실가스로 반이 차 있고 아직 반이 남아 있지만 당장 내일이면 지구 전체가 온실가스로 뒤덮이게 된다는 것을 경고한 것이다.

로마클럽 〈성장의 한계〉 보고서를 시작으로 전 세계 지구환경 문제에 대한 위험을 미리 경계해서 주의를 환기시키게 되었다. 이후 IPCC(기후변화에 관한 정부간 패널) 과학자들은 금세기 말 지구의 평균온도가 5도 상승해 지구의 동식물 생태계가 60% 이상 멸종할 것이라는 연구보고서를 발간한 후 전 세계 197개 국가는 다같이 온실가스를 줄이자는 기후변화협약을 체결한다.

온실가스란 대기권에서 지구 밖으로 빠져나가는 열을 흡수해서 빠져나가지 못하게 하는 가스를 말한다. 그러므로 대기권에 온실가스가 많을수록 대기권 밖으로 빠져나가지 못하는 열이 증가하면서 지구는 뜨거워지게 된다. 이렇게 지구를 온실처럼 뜨겁게 만드는 가스라고 해서 온실가스라 불리게 되었으며, 온실가스에는 석탄 등 화석연료가 연소할 때 많이 나오는 가스 이외에도 음식물 쓰레기가 부패할 때 나오는 메탄, 질소질 비료에서 나오는 일산화이질소, 냉장고 및 냉동기에 냉매로 사용하는 프레온가스, 반도체 공장에서 사용되는 과불화탄소, 변압기 등에서 절연가스로 사용되는 육불화황 등이 대표적인 온실가스다.

지난 130년간 지구 온도는 0.85도 상승했으며, 지구 평균 해수면은 19cm 상승했다. 하지만 우리나라는 지구 평균의 2배인 1.7도가 상승했다. 서울특별시의 경우 100년간의 평균이 아닌 최근 40년간의 평균만으로도 지구 평균의 3배인 2.4도 상승했다. 이와 같은 온난화로 폭염 일수와 열대야 일수가 크게 늘었고, 가뭄과 화재 등이 급증하고 기상이변이 잦아지고 있다. 온난화가 진행될수록 폭염으로 인해 전 세계에서 수십만 명이 목숨을 잃고 지구상 동식물 생태계의 10%가 멸종하게 된다고 한다.

많은 과학자는 2100년 정도에 5도가 상승할 것이라고 전망하고 있다. 현재의 상태로 온실가스를 배출한다면 2030년 1.5도가 상승하고 2050년 2도가 상승하는 등 온도상승은 가속화할 것이라고 한다. 많은 환경 과학자는 지구의 남은 시간을 2030년으로 보고 있다. 우리가 그때까지 현재 배출하는 온실가스의 45%를 줄이지 못한다면 예측은 사실이 될 것이며 되돌릴 수 없다고 한다.

기후변화에 대응하기 위한 방법은 온실가스 감축과 기후변화에 대한 적응으로 크게 구분할 수 있다. 적응은 기후변화로 인한 위험을 최소화하고 기회를 최대화하는 대응방안이고 감축은 온실가스의 배출량을 줄이거나 흡수하는 대응방안이다. 적응은 폭염 시 야외활동 자제, 방역, 사방시설물 설치 등이 있으며, 감축은 신재생에너지 사용, 나무심고 가꾸기 등이 있다. 이렇기에 국제적으로 기후변화에 대응하기 위해서는 산림 분야의 역할이 크다고 말하는 것이다.

기후변화에 따라 2020년에는 우리나라를 포함한 동아시아 일부는 기록적인 폭우로 극심한 피해를 입었다. 우리나라는 기상관측 이래 총 54일이라는 최장기간 장마로 산사태에 시달렸다. 1,500여 건의 산사태와 약 1,000억 원에 달하는 피해액을 초래했으며 전국 18여개 지방자치단체가 특별재난지역으로 선포되었다.

중국 남부에서는 두 달 동안 지속된 장마로 우리나라 인구보다 많은

5,400만 명에 달하는 수재민이 발생했고 일본 규슈 일대 역시 14개 현에서 하천 105개가 범람했고 72명의 사망자가 발생했다.

기후변화로 인한 산림피해는 이 뿐만이 아니다. 우리나라에만 분포하는 한국 고유종이자 대표적인 고산성 식물로 한라산 및 내륙 일부 산지의 고지대에 제한적으로 분포하는 구상나무의 죽음이 있다.

구상나무가 자라는 지역은 한라산, 지리산, 덕유산, 무등산, 백운산, 영축산, 금원산 등 고지대 산지다. 지역별 분포면적을 살펴보면 한라산이 전 세계적으로 가장 넓은 면적을 갖고 있으며, 구상나무 보존을 위한 핵심지역이라 할 수 있다.

구상나무는 2011년 세계자연보전연맹(IUCN)에서 멸종위기종으로 분류되었으며, 2019년 산림청 실태조사 결과 쇠퇴도가 높아 유전자원 보존과 자생지복원이 가장 시급한 수종으로 나타났다.

현재 기후변화로 인해 구상나무 대규모 분포지(500ha 이상)인 한라산, 지리산의 구상나무 분포면적이 크게 감소하고 있으며, 전국 구상나무 쇠퇴율은 약 30%로 나타났다.

기후변화에 따른 산림피해에 대해 산사태, 고산성 수목 쇠퇴를 앞서 언급하였다. 디테일하게 논하자면 더 많겠지만 산불에 대해서 마지막으로 기술하고자 한다.

2019년에는 9월부터 시작된 호주 산불은 엄청난 기세로 번지며 기후변화의 심각성을 보여줬다. 호주 산불의 배경에는 인간의 부주의, 자연 발화 등 여러 이유가 있겠지만 가장 큰 이유는 기후변화다. 산불이 일어나기 몇 개월 전부터 강수량이 급격하게 줄어들었고 지속적인 고온건조한 바람에 호주전역이 메말라 있었기 때문이다. 기후변화로 인해 산불 발생빈도가 증가했지만 그보다 더 큰 문제는 대형 산불이 지구온난화를 심화시키는 주요원인으로 다시 작용한다는 것이다. 불이 나면 나무 등이 타면서 이산화탄소가 배출되고 배출된 이산화탄소는 지구온난화를 불러와 기후변화를 초래하게 되는 것이다. 치명적인 악순환이 아닐 수 없다.

우리나라에서 발생한 강원도 고성, 경북 안동 등 대형산불도 그 주요 원인은 기후변화라고 할 수 있다. 기후변화가 가속화될수록 산불 발생 빈도와 크기는 커져만 갈 것이다.

앞서 기후변화로 인해 전 세계의 숲이 얼마나 힘든 시기를 보내고 있는지에 대해 살펴보았다. 기후변화와 숲에 대한 글을 쓰거나 토론을 할 때 필자는 이 시대를 살아가는 인간이자 산림기술사로서 무거운 마음을 감출 수가 없다.

우리는 기후변화에 적응해야한다. 산사태 예방을 위해서는 사방사업법에 산림유역관리사업을 추가하고, 친환경적인 새로운 사방기법을 개발해야 하며, 불필요한 산지개발, 불법 산림 훼손 등을 최소화해야 한다. 산불 예방을 위해서는 내화수림대를 조성하고 침엽수 단순림을 혼효림으로 바꿔야 하며, 산불에 강한 산림으로 육성해야 한다. 더불어 4차 산업혁명에 발맞추어 과학적이고 스마트한 맞춤형 초동진화 및 예찰시스

[자료 7-5]

기후변화에 따라 빈번해진 산불

산불 발생 시 헬기 진화

템을 드론 등을 활용해 구축함이 반드시 필요하다. 구상나무 보존과 복원을 위해 산림청에서 다양한 장기 연구를 추진하고 있는데 아직까지 연구결과를 볼 때는 희망적이지만 앞으로도 더욱 산림업계 종사자들의 불철주야 노력이 필요하다.

4차 산업 기술의 산림 분야 적용

임업은 험준하고 광활한 산지에 무거운 살아있는 나무를 다루는 일이면서 나무를 심는 조림에서부터 수확까지 오랜 시간이 소요되는 특이점을 갖고 있다. 앞으로 농산촌의 인구감소와 고령화 등 노동 인구는 극심하게 감소할 것으로 예상되는데, 이는 임업현장에서 산림의 효율적인 조성 및 관리를 더욱 어렵게 할 전망이다. 이러한 임업의 현장여건과 4차 산업혁명이라는 시대적 상황을 접목해서 임업에서도 정보통신기술(ICT)을 활용해 노동생산성을 향상시키고 임업주체를 육성하는 것은 아주 중요한 과제다.

4차 산업 기술의 산림 분야 적용은 스마트 임업이라 칭할 수 있으며, 정보통신기술(ICT)을 활용해 산림관리의 모든 것을 정보화하며 효율화하는 것이라 말할 수 있다. 4차 산업 기술의 산림 분야 적용하기 위한 정책적 방향과 임업 현장에서 적용되거나 적용될만한 주요 기술을 소개하고자 한다.

1. 정책적 방향
① 스마트 임업 플랫폼 구축으로 맞춤형 산림경영서비스 제공
   - 산림사업 빅데이터 플랫폼 구축으로 AI기반 미래 산림경영예측
   - AI기반의 신속한 산림재해 의사결정시스템 마련

② 산림활용 전용위성 개발 및 체계적인 운영체계 마련

    – 농촌진흥청과 공동으로 차세대 중형위성 개발사업 추진

    – 위성을 활용한 산림자원 및 재해 모니터링 활용체계 마련

③ 국민체감형 산림 분야 4차 산업기술 서비스 제공

    – 숲의 가상과 현실을 결합해 숲을 체험할 수 있는 서비스 마련

    – 스마트폰 기반 통합 산림복지포털서비스 구축

④ 인공지능 기반의 산림민원대응 체계 마련

    – AI를 활용한 대국민 민원대응 체계 구축

    – 개인역량 기반 민원대응을 경험과 기술 축적 AI 활용

2. 주요 기술

① 레이저 계측 기술

    – 물체에 레이저를 쏘아 반사하는 점의 3차원 공간좌표를 얻는 기술로 높은 정밀도의 산림자원 정보와 지형정보를 얻을 수 있다.

② 클라우드 지리정보시스템(GIS) 데이터 관리

    – 산림정보(산림주제도, 항공사진 등)를 클라우드 서버에서 관리하고 WebGIS를 통해 여러 사람이 동시에 이용하는 기술이다. 넓은 면적을 촬영한 항공 레이저 계측 결과와 임업 사업체가 촬영한 드론사진 등 정보를 공유한다.

③ 드론 측량

    – 소형 드론에서도 고품질 화상과 동영상 촬영이 가능하다. 사진화상을 이용해서 3차원 점군 데이터를 작성하고 3D모델과 GIS로 이용가능한 화상, 수치표면모델(DSM)을 작성할 수 있다.

④ 임도망 설계 및 지원 소프트

    – 수치표고모델을 이용해 임도의 배치를 설계할 수 있다. 종단 오

르막과 폭, 굴삭비용 등 파라미터를 조정해 조건에 맞춘 설계를 실시한 후 이를 GPS리시버와 태블릿에 담아 현장 확인이 가능하다.

⑤ 태블릿과 스마트폰을 이용한 계측과 노동관리

- 스마트폰과 태블릿을 활용해 작업의 진척상황과 작업자의 일일보고 등을 통합 관리하는 시스템이다.

⑥ IoT 하베스터 이용

- 임목을 수확해서 가공할 때 임목 초살도를 바탕으로 말구직경을 예측하고 시장 상황과 수요에 따라 최적 길이를 오퍼레이터에 전달하는 시스템이다.

⑦ 보조수트

- 몸에 장착해서 무거운 물건의 운반, 경사지 보행, 계단 오르내리기 등 노동부담을 줄이는 장치다. 땅 고르기, 식재 등 기계화가 어려운 작업에서 보조수트를 이용하면 체력 부담을 줄일 수 있다. 일본의 최신 임업용 시제품은 근육부담을 최대 17% 경감하고 조림작업의 노동을 20% 줄인다고 한다.

⑧ 드론을 이용한 가선집재 리드로프 운반

- 드론을 이용해 묘목과 자재를 운반할 수 있지만 드론의 일반적 적재량은 5kg 전후이고 대량 운반에는 아직 무리가 있다. 임목수확의 가선집재 시 리드로프를 운반할 때 드론을 이용함으로써 효율화를 실현하는 사례가 있다. 다만 안전한 이착륙 공간 확보를 위해 지형과 입목 상황에 주의해야 한다.

⑨ 정밀농업(스마트농업)의 센서 이용과 데이터 통신

- 정밀농업은 농지의 조건과 농작물 상태를 자세히 관리해서 생산성과 품질향상을 도모하는 방법이다. 하우스에 설치된 센서와 스마트

폰 화상 데이터를 해석해 수확량 예측, 드론 화상 및 멀티스펙트럴 카메라를 이용한 생육 분석, 그리고 딥러닝을 이용한 병해충 발견 등이 실용화되어 있다. 생산성 향상, 농약 사용의 감축, 이력 추적제 등 다양한 면에서 효과를 기대할 수 있다. 정밀계측에 기초한 재배환경 관리는 육묘, 특히 컨테이너묘 생산 및 표고버섯 재배 시에도 응용할 수 있다.

앞서 소개한 스마트 임업기술뿐만 아니라 스마트 양묘장, 드론을 활용한 산불진화 및 병해충 방제 등 다양하게 많지만 국내외적으로 연구되거나 실행단계에 있는 기술에 대해서 소개했다.

스마트 임업은 지리공간정보와 첨단 ICT를 활용해서 안전하게 일하기 쉬우며 효율적인 산림작업을 실현하고, 시장 수요에 대응해 목재의 안정적인 공급을 실현하는 것이며 이를 통해 임업의 수익성을 개선하려는 것이다. 앞으로 임업 현장과 각 지역 산림특성에 맞는 보다 다양하고 창조적인 스마트 임업기술의 보급과 정착을 위해서는 산림기술사와 컴퓨터 시스템 응용기술사 등 정보통신 분야 기술사들과의 협업이 국가적으로 무엇보다 강조된다.

STEEP 기법을 활용한 2030년 산림부문 핵심이슈

산림청에서는 제6차 산림기본계획과 더불어, 거시환경분석 방법의 하나인 STEEP기법을 활용해서 산림 및 임업부문 주요 메가트렌드를 전망했다. 이에 따라 산림 및 임업부문 10대 핵심이슈를 선정해봤다. 사회(Social), 기술(Technological), 경제(Economic), 환경(Environmantal), 정치(Political) 5개 주요 분야별로 중요도와 발생가능성이 높게 평가된 이슈를 중심으로 선정한 10대 핵심이슈를 살펴보겠다.

첫 번째, 사회 부분에서는 환경과 삶의 질을 중시하는 생활양식으로 다양한 산림휴양 수요증가, 도시 생활환경 개선을 위한 도시림의 중요성 증대, 저출산 및 고령화로 인한 농산촌지역의 인구 감소 및 지역사회의 침체, 삶의 불안정성 증대로 산림치유 수요 증가를 이슈로 꼽았다.

두 번째, 과학기술 부분에서는 정보통신기술 및 빅데이터를 활용한 산림재해 관리 시스템 강화를 이슈로 꼽았다.

세 번째, 경제 부분은 시장 개방 확대로 인한 국내 임업 경쟁력 약화를 꼽았다.

네 번째, 환경 부분은 물 부족 심화로 인한 산림수자원의 중요성 증대, 국가 온실가스 감축목표 달성에 산림의 기여 확대, 기후변화로 산림재해 대형화 및 산림병해충 피해 증대를 이슈로 꼽았다.

다섯 번째, 정치부분은 남북협력으로 인한 북한지역 산림황폐지 복구사업 추진을 이슈로 꼽았다.

이러한 이슈들을 살펴볼 때 산림산업과 정보통신산업의 결합을 통한 활성화로 경제 기여와 질 좋은 일자리 창출이 필요하고 국가 온실가스 감축목표 달성에 기여할 수 있는 산림정책을 확산시키고, 산림휴양 및 도시숲 기능의 확산이 필요하다.

우리나라 산림 분야 발전을 위해서

'산에 들어가면서'라고 시작된 필자의 글은 어느 덧 하산의 끝자락이다. 글을 쓰면서 필자의 마음이 더욱 무거워지는 것은 아마 산림 분야 기술사이며, 우리나라 기술 분야의 선봉장인 한국기술사회의 청년위원회 위원으로서 우리나라 산림이 가진 많은 숙제들을 해결해야 하는 역할을 가졌기 때문이라 생각한다.

앞서 설명한 우리나라의 산림이 해결해나가야 할 주요 숙제들과 더불어 기타 많은 것들이 있지만 숙제를 해결하기 위해 다져야 할 초석은 국민적 공감대 형성을 위한 적극적이고 차별화된 노력이라 생각한다. 이러한 공감대 형성을 위해 해야 할 일은 정치인이나 행정가, 교육연구자들의 역할도 중요하지만 체계적이고 전문적으로 이해와 설득을 시킬 수 있는 기술사의 역할이 가장 중요한 것 같다.

그 다음으로 중요한 것은, 융합과 통합의 기술력이다. 앞서 언급한 4차 산업혁명과 코로나19시대를 겪고 있는 우리에게 필요한 것은 한 분야의 기술력보다는 다양한 분야의 기술력이 모아져야 하며, 그러기 위해서는 기술사 간의 소통과 공유가 필요하다.

그러한 의미에서 한국기술사회 청년위원회에서 각 분야의 청년기술사가 각자의 분야를 설명한 글을 모아 책으로 펴내는 것은 서로의 분야를 공유해서 기술발전의 주춧돌이 되는 아름다운 시도이자 결과물이므로 이번 참여는 필자에게 무척이나 뜻깊다.

이번 서적발간에 참여하게 길을 열어준 문재현 청년위원회 위원장님, 한경구 기술사님, 김욱주 기술사님께 지면을 빌어 다시 한번 감사한 마음을 전하며, 함께 활동하는 청년위원회 모든 기술사님께 존경을 표한다.

후세대에게 아름답고 울창한 산을 물려주는 도덕적 의무를 다할 수 있게 우리나라 청년 산림기술사로서 산림기술발전을 위해 고군분투하겠음을 굳게 다짐해본다.

Reference

1. 산림청, 제6차 산림기본계획, 2018. 1.
2. 산림청, K-포레스트 추진계획, 2021. 7.
3. 산림청, 지속가능한 산림자원 관리지침, 2020. 6.
4. 산림청, 2021년도 주요 업무 추진계획, 2021. 1.
5. 산림청, 2019년도 산림과 임업 동향에 관한 연구보고서, 2020. 12.
6. 산림청, 제50호 임업통계연보(2020), 2020. 11.
7. 산림조합중앙회, 산림지(2021), 2021.
8. 안강문화연구회, 비화원, 2018.~2020.
9. 신고 산림경영학, 우종춘 등, 향문사, 2017.
10. 조림학, 이돈구 등, 향문사, 2010.
11. 숲의 생태적 관리, 이돈구, 서울대학교출판문화원, 2012.
12. 환경부, 환경백서 2020, 2020.
13. 유형별로 나눠본 자연환경 보전 복원관리, 김지연 등, 2012.

풍력발전기술과
미래 발전 방향

정현원

풍력발전기술과 미래 발전 방향

현재 정부는 신국가발전의 패러다임으로 저탄소녹색성장을 표명하고 이를 실현하기 위한 정책으로 '신재생에너지개발계획'을 발표했다. 이 계획에 따르면 2050년에는 신재생에너지의 비중을 전체 에너지 전력소요량의 20% 이상으로 하는 것이 목표다.

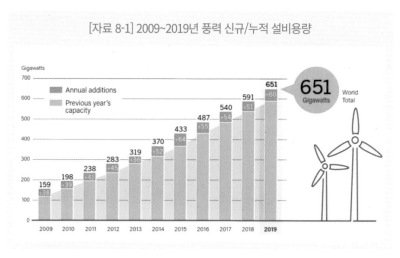

[자료 8-1] 2009~2019년 풍력 신규/누적 설비용량

출처 : Reference [1]

여러 가지 재생 가능한 대체에너지 자원 중에 풍력발전은 가장 빠르게 상업화되고 성장하고 있는 기술 분야다. 2019년 전 세계의 설비 용량은 651GW이고 성장 속도는 전년 대비 19%에 이른다[자료 8-1].

그러나 육상 풍력은 설치 적지 부족, 소음, 그림자, 경관 오염, 지자체의 반대와 정부의 각종 규제로 인해 매우 제한적이다. 이에 따라 유럽 선진국가를 중심으로 풍력에너지의 질이 월등히 좋은 해상에 설치하는 해상풍력발전 단지 개발이 활발하다.

2030년까지 유럽의 풍력발전 투자 금액을 예측한 그래프로 매년 그 금액이 꾸준히 증가하는 양상을 보인다. 2000년 초반의 풍력발전 투자 금액 중 해상풍력발전이 차지하는 비중은 미비했지만 갈수록 그 비율이 증가하고 있다. 2030년에는 50% 이상의 비중을 차지할 것으로 예상한다[자료 8-2].

[자료 8-2] 향후 유럽 풍력발전 투자 예측

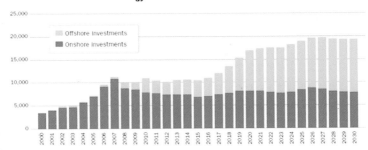

출처 : Reference [2]

해상풍력발전은 지난 10여 년간 많은 기술이 축적되어 수심 30m 이내를 대상으로 상업화가 활발히 진행되고 있다. 그러나 최근에 천수공간의 경관 문제, 해양생태계에 미치는 영향 문제, 선박항로 문제, 군사시설 문제 등 연안 이용에 따른 환경문제에 대한 문제점이 노출되면서 과도한 환경비용이 추가로 소요되고 있다.

이러한 문제들로 인해서 해상풍력발전단지로 경제적으로 활용할 수 있는 얕은 수심의 연안 해역 확보가 어려워지고 있다. 이에 따라 해안에서 10km 이상 떨어진 깊은 수심을 대상으로 획기적인 부유식 해상기초 구조물을 활용하는 방안이 유럽과 미국을 중심으로 검토되고 있다. 이는 기존의 부유식 석유·가스 해상플랜트에서 확보한 기술력과 고정식 해상풍력발전에서 얻은 기술력을 접목하는 아이디어로 그 가능성이 매우 현실적이며 경제성이 높을 것으로 예상된다. 이 장에서는 풍력발전설비의 기본 구성에서부터 작동원리, 시장 현황 및 선진국 및 국내 기술현황 등 풍력발전 전반에 대한 내용에 대해 소개하겠다.

풍력발전설비의 특징

풍력발전이란 공기의 유동이 가진 운동에너지의 공기역학적 특성을 이용해서 회전자(Rotor)를 회전시켜 기계적 에너지로 변환시키고 이 기계적 에너지로 발생되는 유도전기를 전력계통이나 수요자에게 공급하는 기술이다.

풍력터빈의 주요 구성요소로는 날개(Blade)와 허브(Hub)로 구성된 회전자와 회전을 중속해서 발전기를 구동시키는 증속장치(Gearbox), 전기를 생산하는 발전기(Generator), 각종 안전장치를 제어하는 제어 장치, 브레이크 장치와 전력 제어장치 및 철탑 등으로 구성된다[자료 8-3]. 각 구성요소는 독립적으로는 그 기능을 발휘하지 못하며 상호 연관되어 전체적인 시스템으로 기능을 수행한다.

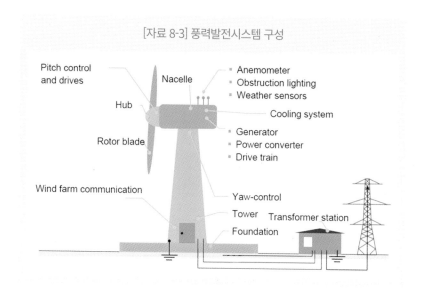

[자료 8-3] 풍력발전시스템 구성

• 회전자(Rotor) : 바람이 가진 에너지를 회전력으로 변환시켜주는 장치다. 풍력발전시스템의 성능에 큰 영향을 미친다. 효과적인 풍력발전을 위해서는 로터의 설계가 매우 중요하며, 특히 각각의 날개(Blade)의 설계가 아주 중요한 요소로 작용한다.

    – 출력은 swept area에 비례함 : swept area=πr^2(r: blade length)

    – 블레이드 길이 10% 증가 시, 효율은 21% 증가

• 날개(Blade) : 구조적 하중 특성, 재료성능, 블레이드 디자인 및 수명을 고려한 재료를 사용한다. GFRP(Glass Fiber Reinforced Plastics)를 많이 사용하는데 이는 가장 대표적인 내식성, 내약품성 재료로 높은 강도를 가지기 때문이다. 현재 대부분의 대형 풍력터빈에 사용되고 있다.

    – 1–blade는 소음과 외관상의 문제를 발생시키며 큰 요잉(Yawing) 모멘트가 작용하며 불규칙한 토크를 발생시키므로 잘 사용되지 않는다.

- 2-blade은 티터링(Tittering) 모션이 크며 소음과 외관상 문소를 다소 발생시킨다.
- 3-blade 날개는 대부분의 대형 풍력터빈에 채택되고 있으며 현재 가장 안정적이고 주도적인 모델이다.

• 공력블레이드 시스템 : 풍력터빈의 주된 브레이크 시스템이다. 스톨 제어 발전기에 사용되는 전형적인 브레이크 시스템이며, 발전기 및 기계 브레이크 시스템에 과부하 방지, 블레이드 주 코드 방향이 회전면과 수직이 되도록 피치각을 90도로 회전시켜 최대의 공력저항을 발생시켜 로터를 제동시키는 방법이다.

• 운전시스템 : 바람의 세기에 관계없이 일정한 전력의 생산이 효율에 큰 영향을 주므로 운전시스템은 매우 중요한 부분이다. 운전시스템은 날개 회전수와 그 패턴에 따라 구분된다.
- 정속회전 시스템은 바람속도가 변화더라도 회전속도가 변하지 않는 경우를 말하며 비정속회전(가변속 회전) 시스템은 바람의 세기에 따라 날개의 속도가 변하는 시스템을 말한다. 유도발전기와 증속장치를 사용하고 발전기의 회전수 제어가 불필요하며, 또 발전기가 견고하고 저렴하지만 설계풍속 이탈 시 에너지 변환효율이 감소한다는 단점이 있다.
- 가변속 회전 시스템은 풍속 증가에 맞춰 로터 회전수를 증가시킴으로서 정격 이상에서는 로터의 공력토크와 발진기의 출력이 일정하며, 설계풍속 이탈 시 출력제어로 일정 회전수를 유지할 수 있다.
- 운전시스템의 제어방식은 능동제어(Active Stall Control)방식과 수동

제어(Passive Stall Control)방식이 있는데, 능동제어방식은 가변피치를 사용해서 정확한 제어가 가능하나 구조적으로 복잡해지며 고장의 여지가 많아지는 문제점이 있다. 수동제어방식은 고정피치를 이용하며 구조가 간단하고 견고하다.

• 기계장치부 : 풍력으로 회전력을 생산하는 회전날개(Blade), 회전축(Shaft)를 포함한 회전자(Rotor)가 있다. 이를 적정 속도로 변환하는 증속장치(Gearbox)와 제동, 운용 효율성 향상을 위한 Brake, Pitching, Yawing 시스템 등의 제어장치부문으로 구성하며, Gearless형은 증속장치가 없다.

• 전기장치부 : 발전기 및 기타 안정된 전력을 공급토록 하는 전력안정화 장치로 구성한다.

• 제어장치부 : 풍력터빈이 무인운전이 가능토록 설정, 운전하는 제어 시스템 및 Yawing & Pitching 제어기와 원격 제어 및 지상에서 시스템 상태 판별을 가능하게 하는 모니터링시스템으로 구성한다.

  – Yaw 제어 : 바람 방향을 향하도록 블레이드의 방향을 조절한다.

    – 풍력발전 출력제어방식은 날개각(Pitch), 수동형실속(Passive stall), 능동형실속(Active pitch) 제어로 구분된다.

• 바람에너지를 날개를 이용해서 전기에너지로 바꾸는데 이때 날개는 이론상 바람 에너지 중 59.3%만이 전기에너지로 바뀔 수 있다. 이것도 날개의 형상에 따른 효율, 기계적인 마찰, 발전기의 효율 등을 고려하면 실제로는 20~40%만이 전기에너지로 이용이 가능하다.

풍력발전 시장과 산업 구조

풍력발전 시장의 성장에 대해 살펴보겠다. 2019년 국가별 도입량은 중국이 약 26.8GW로 가장 많은 풍력 신규설비를 보급했다. 다음으로는 미국(약 9.1GW), 영국(약 2.4GW), 인도(약 2.4GW), 스페인(약 2.3GW), 독일(약 2.1GW), 스웨덴(약 1.6GW), 프랑스(약 1.3GW), 아르헨티나(약 0.9GW) 순으로 많은 풍력을 설치했다[자료 8-4].

[자료 8-4] 국가별 풍력 신규/누적 설비용량

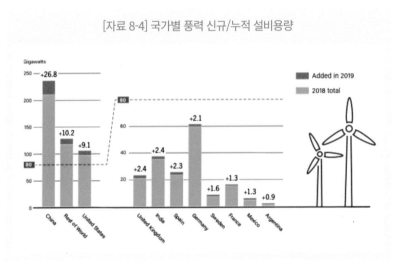

출처 : Reference [3]

BNEF는 2019년과 비교해서 2020년과 2021년 풍력의 신규 보급량이 크게 늘어날 것으로 전망하고 있다. 2020년 전망치는 65.6GW, 2021년 전망은 69.8GW로 중국과 북미, 유럽 중심으로 시장이 확대될 것이라는 예측이다[자료 8-5]. 2020년 이후 2025년까지 전망에서 중국과 북미의 시장이 다소 축소되고, 유럽은 현재의 수준을 유지할 것으로 전망된다.

풍력에서 해상풍력이 빠른 성장세를 보인다. REN21의 추정으로 2019년 신규 보급된 60GW 중 육상풍력발전설비는 54GW, 해상풍력발전설

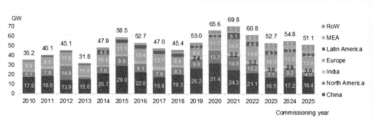

출처 : Reference [4]

비는 6GW로 신규 설비 중 해상풍력 비중이 10%에 이른다.

BNEF 추정 해상풍력 보급과 풍력 중 해상풍력 보급 비중을 나타내는데 연도마다 편차가 존재하지만, 풍력 중 해상풍력이 차지하는 비중이 증가하는 추세를 확인할 수 있다[자료 8-6].

향후, IEA의 Stated Polices Scenario에 따르면 해상풍력 비용은

[자료 8-6] 해상풍력 보급과 해상풍력 비중 추세

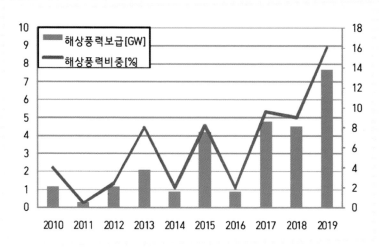

출처 : Reference [5]

2040년까지 60% 가까이 떨어지면서 보급이 2018년의 15배가량 증가할
것으로 전망하고 있다.

국가, 지역별로도 향후 해상풍력 보급 확대 계획을 제시하고 있는데
[자료 8-7]은 2030년까지 10GW 이상의 해상풍력 보급 계획을 제시한
국가, 지역을 정리한 것이다.

[자료 8-7] 국가/지역별 해상풍력 확대 계획

국가/지역	계획
EU	2030년까지 65~68GW
중국	2020년까지 5GW(10GW 생산 설비)
미국	2030년까지 22GW
인도	2022년까지 5GW, 2030년까지 30GW
대만	2025년까지 5.5GW, 2030년까지 10GW
한국	20230년까지 12GW

출처 : Reference [6]

우리나라도 향후 해상풍력 보급에 적극적으로 나설 예정이며 중국,
미국, 인도 같은 시장 규모가 큰 국가 이외에도 영국, 대만, 일본이 적극
적으로 해상풍력을 확대할 계획이다. 영국은 현재 10GW 수준인 해상풍
력을 2030년까지 40GW로 확대할 계획이고 이를 위해 올해부터 해상풍
력 경매를 단독으로 실시한다. 대만은 2025년까지 5.7GW, 2035년까지
15.7GW의 해상풍력 보급을 목표로 하고 있다[7].

우리나라도 추진하고 있는 부유식 해상풍력은 아직 초기 단계로 단지
조성을 모색 중이며, 이 중 울산시가 가장 적극적으로 부유식 해상풍력
프로젝트 사업화를 추진 중에 있다. 울산시는 석유공사와 2020년까지
5MW급 부유식 해상풍력 발전시스템개발 및 2030년까지 1GW 규모의
단지 조성을 추진할 계획이다[8]. [자료 8-8, 8-9]는 BNEF의 2030년까

지 부유식 풍력 보급 전망으로 우리나라와 프랑스가 가장 보급에 적극
적이며 보급은 2020년 후반부터 본격적으로 이루어지고 있다[9].

[자료 8-8] 2030년까지 부유식 해상 풍력(국가별 보급 전망)

[단위: MW]

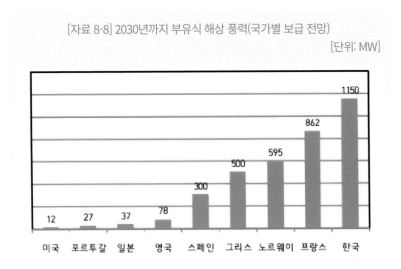

출처 : Reference [7]

[자료 8-9] 2030년까지 부유식 해상 풍력(연도별 신규 설비용량 전망)

[단위: MW]

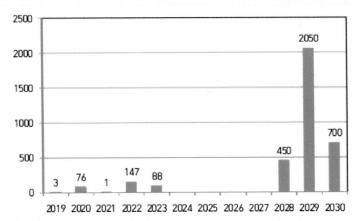

출처 : Reference [8]

• 풍력발전산업 구조 : 풍력산업은 '부품/기자재-발전기-설치/시공-
발전 서비스 등의 부문으로 이루어진다.

- 부품, 기자재는 발전기 제작에 필요한 구성품이나 부품의 생산, 발
  전소 건립에 필요한 기자재를 생산하는 분야다.

- 발전기 부문은 발전기의 구성품을 조립해 발전기를 제작하는 것으
  로 가장 핵심이 되는 분야다.

- 설치/시공은 발전소 건립을 위한 엔지니어링, 건설 등을 수행하는
  분야며, 발전 서비스는 발전소를 운영, 발전해 전력을 제공하는 부
  문이다.

• 선도기업은 부품, 발전기 제작부터 설치, 시공까지 발전 서비스를
제외한 모든 부분을 내재화하며 통합화를 추진하는 추세다[자료 8-10].

- 시장 선도기업은 발전기 제조업체로서 기본적으로 설치, 시공 역량
  을 보유하고 있다.

- 선도기업은 발전기 핵심 구성품에 대해 내부 제조역량을 확보하는
  등 수직계열화를 강화하고 있다.

[자료 8-10] 풍력발전시스템 제조업체의 부품 자체제작 역량보유 현황

국가/지역	Vestas(덴)	GEWind(미)	Gamesa(스페)	Suzlon(인도)
Nacelle 조립	○	○	○	○
Gearbox		○	○	○
Generator	○	○	○	○
Controler	○	○	○	○
Rotor Blade	○	○	○	○
Tower	○	○	○	○

풍력발전 분야 기술과 방향

1. 자원조사, 분석 및 예측 기술

풍력발전기의 출력은 지역의 바람의 속도에 매우 민감하기 때문에 풍력발전의 최종 결과물인 최적의 출력상태를 결정하는 가장 초기의 기술이 풍력자원의 조사, 분석 및 예측 기술이다.

국가 바람지도 구축을 위한 기반기술은 복잡지형에서의 풍력자원 상세예측이라는 기술개발 분야와 연동되며 궁극적으로 풍력발전이 전력시장에서 차지하는 비중이 높아질 경우 필연적으로 요구되는 풍력발전 예보시스템 기술 분야와 연계되는 것이다.

풍속, 바람의 수직 분포, 바람주기 분포 등의 데이터를 신뢰성 있게 측정할 수 있는 측정기의 제작기술, 측정기술, 데이터 해석 기술, 예측 기술 등이 필요하다.

측정기술 분야도 기기의 활용, 위치선정 등의 노하우를 필요로 하는 기술 분야다. 국내에서 상당 기간 연구를 수행했지만 아직 많이 부족한 실정이므로 앞으로 많은 연구가 필요하다.

데이터 해석 및 예측 기술 분야는 통계적 분석기술이 주요 분야가 되는데, 측정-상관-예측(MCP: Measure-Correlate-Predict) 개념이 중요한 접근 기술이다.

현재 WASP 같은 외국의 관련 S/W를 활용하고 있는 정도의 기술 수준을 지니고 있으며, 국내의 현실에 맞는 복잡지형에서의 풍황 상태를 예측할 수 있는 S/W의 개발이 필요한 실정이다.

국내에서는 국가연구기관인 한국에너지기술연구원에서 주도적으로 이 기술을 개발해왔고, 현재 10km 해상도를 가지는 한반도 육상 wind map을 작성 완료한 상태다.

선진국 수준의 1km 해상도 및 100m 해상도의 wind map을 개발 예정이다. 향후 해상 풍력자원 개발이 본격화할 것이므로, 해저 수심지도 및 해상풍 기상 시뮬레이션, 인공위성 원격탐사자료에 의한 검증 등의 과정을 통해서 고해상도 해상풍력자원지도를 구축할 필요가 있다.

2. 단지설계 및 시공기술

풍력발전 기술 분야는 풍력자원 평가기술, 단지최적 설계기술, 풍력발전예보기술 등으로 이루어져 있다. 풍력발전 단지 기술 분야는 소프트웨어적인 기술 분야로써, 지적 인프라 구축만으로도 단기간 내에 선진국 기술 대비 동등 또는 우월한 수준으로 급성장할 수 있는 기술 분야다. 구체적으로 선진국과의 기술 수준을 간단히 비교해보면 다음과 같다.

- 유럽 : 개발 소프트웨어의 사업적용을 통한 풍부한 경험을 보유하고 있다.
- 미국 : 1970년대 이후의 지속적인 연구개발 및 풍부한 해외 적용사례를 보유하고 있다.
- 일본 : 1990년대 이후 연구기관 및 사업체의 경쟁개발로 기술이 향상되고 있다.
- 중국 : 최근 국가연구기관 주도하에 해외기술 도입으로 개발을 착수하고 있다.
- 한국 : 유럽 소프트웨어에 전적으로 의존하는 기술종속 상태다.

단지시공기술의 경우 설계 부문은 자원조사 분석 및 예측기술의 결과를 활용해 토목 및 건축기술의 접속이 필요하다. 토목, 건축, 특히 해상 토목 및 구조물 분야에서도 국내의 기술은 세계적인 수준이다.

3. 블레이드 설계/해석/시험기술

블레이드 기술은 설계/해석 기술, 성형제조 기술, 시험평가 기술로 구성되며, 설계/해석 기술은 다시 공력 설계/해석 기술과 복합재 구조 설계/해석 기술로 나뉜다.

특히 블레이드 설계/해석 기술은 블레이드 개발에 필수적인 핵심 기술이나, 아직까지 국내 기술 수준은 독자적인 설계/해석이 어려운 실정이다. 국내의 블레이드 기술개발은 10MW급 개발이 진행 중이다. 그러나 2MW급까지의 시스템 개발에서 블레이드 기술은 해외 의존이 높은 실정으로, 설계/해석을 전적으로 해외 엔지니어링 업체에 위탁하거나, 또는 블레이드 부분은 자체적인 개발을 포기하고 해외 전문 업체의 제품을 도입하는 형태로 진행되어 왔다.

최근 들어 국내에서 블레이드 기술의 중요성에 대한 인식이 높아지고, 블레이드 관련 기술의 국내 경험이 축적되면서, 독자적인 블레이드 개발 기술을 확보하기 위해 노력하고 있다.

풍력터빈 블레이드 개발에 있어 시험평가 기술은 중요한 인증요구조건의 하나로 설계/해석 기술과 함께 필수적으로 동반되는 핵심기술이다.

블레이드에 대한 시험평가는 정하중 시험과 피로하중시험으로 구분된다.

최근 수 MW급으로 블레이드가 대형화되면서 시험평가 설비의 규모도 더욱 크게 요구되고 있으며, 기술적 난이도도 높아지고 있다.

국내의 블레이드 시험평가 기술 수준은 크레인과 같은 간이 시험 장치를 이용해서 정적 시험을 수행할 수 있는 수준으로, 최근 10MW급에 대한 정적 시험을 수행했으나, 피로시험에 대해서는 수행 실적이나 경험은 없다. 국내에 MW급 전용 시험 설비가 전무한 실정이므로 전용 시험

설비의 구축이 우선적으로 필요하다.

4. 블레이드 제조기술

풍력발전기는 크게 복합재 블레이드, 발전기 및 타워로 구분할 수 있는데, 이중에서 복합재 블레이드 분야의 요소 기술은 프리폼(Pre-Form) 제조기술, 수지충전 및 경화기술, 부분품 어셈블리(Assembly) 기술, 금형 제조기술 등으로 대략 분류할 수 있다.

발전 용량이 증가함에 따라 블레이드의 길이도 750KW가 약 25m 수준에서 3MW는 약 50m 수준으로 크게 증가해서 각 요소 기술의 심화가 요구되고 있다.

블레이드용 프리폼 제조기술은 생산성 향상과 밀접한 연관이 있는데, 선진국의 경우 대형 자동화 스티칭(Stitching) 장비를 이용해서 Near-net-shape 프리폼 제조기술을 확보하고 있는데, 우리나라는 통상적인 인력에 의한 수적층 방식을 사용하고 있어 기술 수준은 선진국 대비 50% 수준이다.

수지 충전 및 경화기술은 유로의 설계, Gate/vent 위치 설정, 수지 함침성 분석, 경화 사이클 결정 측면에서 선진국 대비 60% 수준으로 볼 수 있다.

부분품 어셈블리 기술은 대형 부품 결합을 위한 구조물 이동 방식, 결합부 접합 방식 등이 중요하며 기술 수준은 선진국 대비 80% 정도 수준이다.

블레이드 크기가 워낙 대형이라 부분품을 제조하기 위한 금형 또한 하중에 의한 변형 최소화 및 경량화, 균일 제품 제조를 위한 균일 수지 경화가 필수적으로 요구되고 있다.

수지에 따라서 경량화를 위한 복합재 금형 제조기술 및 수지 경화를 위한 가열 시스템이 중요하며 선진국 대비 기술 수준은 60% 수준이다.

5. 증속기 기술

최근의 개발 동향을 보면, Vestas를 비롯한 많은 업체들이 중/대형화
되어감에 따라 기어비를 늘리고 발전기의 크기를 작게 하는 형태로 진행
되고 있는 실정이다.

또한 블레이드를 통해서 들어오는 파워트레인은 변동하중에 의해 많
은 진동을 발생시켜 큰 문제가 되고 있다. 따라서 주축을 통해서 파워트
레인에 전달되는 진동을 최소화 하는 기술들이 여러 기관 및 기업에서
개발 중이다.

다른 하나의 특징으로 다수의 유성기어에 의한 하중 분배 시 각각의
유성기어로 일정하게 분배되지 않는 단점이 있다.

Maag사에서는 유성기어를 Flexible pin으로 캐리어에 조립해 하중
분배를 원활히 하는 기술이 개발되었다.

Renk사의 Multibird M5000은 증속기와 발전기가 한 부분으로 구성
되어 있으며 캐리어가 고정되어 있는 형태로 개발되고 있다. Renk사의
다른 모델인 Aerogear는 복합 유성기어열로 구성되며 마지막 단이 헬리
컬기어열이므로 입력축에 대해 출력축이 옵셋되는 형태다.

Herderson사의 증속기는 토크 제한형으로 마지막 단의 링기어 토크
를 유압펌프에 의해 제한한다. 설계에 적용된 하중은 링기어에 작용하는
최대 토크다. Woith WinDrive는 발전기에 전달되는 속도를 일정하게 유
지하기 위함이 기본 개념이다.

국외 증속기의 개발추세는 중대형에서 얻은 경험을 바탕으로 초대형
을 지향하며, 효율과 신뢰성 향상을 위해 기술 개발이 이루어지고 있다.
이에 대비해서 국내의 증속기 개발 기술은 실제 제품에 적용경험이 부족

한 시험모델의 개발이 완료된 상태로써 상용화를 위해서는 시험 및 운용을 통한 보완 등이 이루어져야 하는 상태다.

각 부품을 이루는 소재 및 가공 기술은 세계수준의 95% 이상 보유하고 있으나 경험과 노하우 면에서는 아직은 개발할 부분이 많다.

6. 발전기 기술

발전기의 개발 단계에서 보면 소용량 발전에 주력하던 시대에는, 변동하는 입력 풍속에 대해 회전속도가 일정한 정속회전 제어방식을 사용해 효율보다는 안정적인 전기에너지 생산에 발전의 주목적을 두었기 때문에 여기에 사용되는 발전기 또한 전기기기의 기본원리에 충실한 동기 발전기와 유도발전기가 주로 사용되고 있다.

하지만 현대에는 인버터 기술의 발전에 힘입어 발전기의 고효율화를 위한 가변속 제어와 대용량화가 가능해짐에 따라 저풍속, 고효율의 대용량 발전을 위해서 이중여자 유도발전기, 다극형 저속 동기발전기, 하이브리드 방식 동기발전기 등 크게 3종류의 발전기가 사용되고 있다.

이와 같은 세계적 기술 추이를 추종하기 위한 우리나라의 풍력발전 시스템 국가기술지도에 따르면, 현재는 기술자립 및 산업화 구축단계로서 풍력발전기를 구성하는 주요 구성품의 설계 및 해석기술을 확보해서 기반기술의 경쟁력을 높이는 시기다.

우리나라 발전기 기술의 수준은 중 대형급인 5MW 급 풍력발전기용 발전기까지 자체 제작이 가능한 수준이나 설계기술을 포함한다면 동일한 용량의 발전기의 경우도 선진국 대비 기술 수준은 상대적으로 낮은 수준이다.

또한 현재에는 종합적인 발전 장비의 시험설비 부족으로 정밀시험이 불가능해서 전체적인 선진국 대비 성능 및 수명의 정확한 수준 예측은 어려운 실정이다.

발전기의 설계 및 제작을 포함한 전체적 기술 수준 비교 시 1,000kW 급 발전기의 성능 및 수명 수준은 선진국의 80~90%, 1,500kW급 이상은 선진국 대비 70% 정도의 기술 수준이다. 향후 해상 풍력중심으로 풍력발전 시장이 확대될 것을 예상할 때 해상 환경에서의 발전기 부품에 대한 신뢰성 향상이 향후 주요한 보완사항으로 지적되고 있다.

7. 전력변환장치 기술

전력변환장치의 기술 수준 또한 제어대상인 풍력발전기의 발전 속도에 거의 정비례한다. 소용량 발전에 주력으로 사용되는 발전기 또한 전기기기의 기본원리에 충실한 일반 동기발전기와 유도발전기를 사용하던 풍력발전 초기에는 주로 VVVF(Variable Voltage Variable Frequency) 방식의 인버터가 전력변환장치로 주로 사용되고 있다.

발전기의 고효율화를 위한 가변속 제어와 대용량화를 위해 이중여자 유도발전기, 다극형 저속 동기발전기, (다극형)하이브리드 방식 동기발전기 등이 풍력발전기의 새로운 주류를 형성함에 따라, 전력변환장치 또한 정속운전 유도발전기용 인버터, 가변속운전 이중여자 유도발전기용 인버터, 가변속운전 동기발전기용 인버터 등이 개발되어 사용되고 있다.

우리나라의 국가기술지도에 따르면, 현재 전력변환장치 또한 기술자립 및 산업화 구축단계로서 주요 구성품의 설계 및 해석기술을 확보해서 기반기술의 경쟁력을 높이는 시기지만, 현실적 수준은 2MW급은 고사하고 1.5MW급 이하 특히 1MW 이하 급전력 변환장치만 어느 정도 자신있게 제작할 수 있는 수준이다.

전력변환 장치의 성능과 밀접한 관계를 가지고 있는 1,000kW급 발전기의 성능 및 수명 수준은 선진국의 90%, 1,500kW급 이상은 선진국 대비 70% 정도의 기술 수준을 갖고 있다고 평가되고 있으며, 제품에 대한 공신력 있는 신뢰성을 확보하는 것이 가장 큰 문제로 작용하고 있다.

8. 타워기술

풍력발전설비의 구성품들을 조합해서 하나의 발전원으로 설치하기 위해서는 블레이드, 발전기 등이 부착될 수 있는 나셀과 그 안에 조작되는 기타 구성품이 있으며, 풍력터빈의 나셀을 지면으로부터 세워 더 많은 에너지를 생산할 수 있는 높이로 띄워 주고 강한 바람 및 진동으로부터 발전기를 보호하는 타워가 있다.

풍력발전설비의 타워는 상부에 블레이드 및 나셀이 장착되고 블레이드의 회전에 의해 진동 및 회전 모멘트가 발생한다. 풍력발전설비의 타워는 풍하중 및 진동에 대한 내구성, 장대 구조물로써 좌굴 안전성을 갖춰야 한다.

타워 구조물의 구조강재 및 판 두께는 극한하중에 대한 충분한 내구성을 가지며, 고유진동수에 대한 안전성을 갖출 수 있도록 설계되어야 한다.

풍력발전설비 타워의 설계/제작의 경우 동국 S&C, 스페코, 효성 등의 메이커에서 활발하게 수출 시장을 확대하고 있으며, Vestas GE Wind, Enercon등 메이저 풍력발전업체의 협력파트너로써 세계 최고의 기술력을 보유하고 있다. 선진국 대비 기술 수준은 2006년 이후 계속 100%의 기술 수준을 갖는 것으로 평가된다.

9. 축 구동계 및 기타 구동장치 기술

축 구동계는 허브, 주축(저속축), 증속기, 커플링, 주축베어링, 고속축 등으로 구성되어 있다. 그 중에서 증속기는 별도로 언급되고 있으므로 본장에서는 증속기를 제외한 타 축 구동계 부품만을 언급하도록 하겠다.

허브는 중대형 시스템에서 주철로 구성되어 있으며 국내에서는 선박 및 대형 구조물의 제조를 통해 이미 상당한 기술력을 보유하고 있다.

주축 및 고속축 등은 크롬몰리강을 이용한 단조기술 및 가공기술 부문에서 세계적인 수준에 이르고 있다.

국내의 다수 기업에서는 이미 국외 메이저기업에 가공 납품의 실적이 우수하다. 단지 국내 풍력발전기 시스템의 독자 모델이 본격적으로 양산되기 이전의 시점이므로 현재 국내의 공급실적이 미미하다.

주축베어링은 로터 및 주축의 하중에서 오는 래디얼 로드(Radial Load)와 로터의 풍하중인 주축하중을 감당하는 역할을 한다. 주축베어링의 경우 대개 구형 롤러 베어링이 많이 사용된다. 터빈시스템의 모델에 따라서 1~2개 세트를 사용하고, 중요한 기술 분야는 윤활 및 실링(Sealing) 기술 분야다.

기타 구동 장치인 요 및 피치 장치는 전동기, 기어, 제어 분야의 기술이 종합된 부품이다.

이러한 요소 부품을 설계 및 조합해서 풍력시스템에 적절한 성능을 가질 수 있는 중간 부품개발 기술이 필요하나 이는 최종 시스템 산업과 연계되어 있다.

중장비에 사용되는 기술을 이미 확보하고 있는 관계로 이미 높은 기술수준을 보유하고 있다고 판단된다.

각 요소 기술은 국내의 중공업 수준으로 볼 때 상당한 수준에 있으나, 목표로 하는 모델의 부재로 인한 주축베어링의 개발 경험이 부족한 실정이다.

커플링 및 고속축의 경우에도 국내에서 개발 대상이 존재하면 항상 국산화가 가능한 품목으로 판단된다. 국산화하기 위해서는 전체 시스템의 설계와 부품 설계가 연계되어 각 부품에 가해지는 하중조건 결정이 부품개발에 가장 중요한 요건이다.

10. 시스템 설계 및 평가 기술

시스템 설계/해석 기술은 풍력발전설비의 근간이 되는 기술로서 다양한 구성품 간의 최적의 조합을 찾고 여기에 제어 알고리즘을 결합시켜 시스템의 성능 및 하중 해석을 통해 효율적이고 안전한 시스템을 설계하는 기술이다.

국내의 경우 풍력발전설비 개발의 역사가 짧고 자체적으로 개발된 시스템에 대한 운용 이력과 같은 기초 데이터와 경험이 부족하기 때문에 시스템 설계/해석/평가 기술은 매우 취약한 실정이다.

국내의 거의 모든 시스템 개발 사업에 있어 시스템 설계/해석/평가 기술은 해외의 전문 엔지니어링 업체에 의존하고 있으며, 아직까지는 독자적인 설계/해석이 어려운 수준이다.

11. 감시 진단 기술

풍력터빈이 대형화되고 해상풍력발전설비 개발에 대한 요구가 증대되면서, 기계 부품들에 대한 감시/진단 기술의 필요성이 대두되고 있다.

감시/진단 기술의 적용은 풍력터빈의 완제품에 대해 요구되며, 선진국의 경우에는 상용화 제품의 발전과 더불어 감시/진단 기술이 병행되어 개발되어져 왔고, 이에 대한 기술 및 인프라를 보유하고 있다.

국내의 경우에는 중대형 풍력터빈 시스템의 개발이 최근에야 이루어지는 사정이므로 감시/진단 분야는 아직 비교적 초기 단계에 머물고 있다.

기술개발 측면에서 살펴보면, 유럽에서는 주로 유럽위원회(European

Commission)의 지원으로 연구소, 학계 및 기업체가 공동으로 참여해서 감시/진단에 대한 기술개발을 수행하고 있다.

예를 들어 CONMOW(Condition Monitoring Offshore Wind turbines) 프로젝트는 유럽위원회의 지원으로 2002년부터 2006년까지 네덜란드의 ENC(Energy research Center of the Netherlands), 영국의 Lougborough 대학 및 네덜란드, 덴마크, 영국, 독일의 관련 기업들이 참여했다. 이 프로젝트에서 기존의 시스템 및 기술들을 해상풍력발전설비의 상태 모니터링에 적용하는 연구가 주로 수행되었다. CONMOW의 선행 프로젝트로 WT-OMEGA(Wind Turbine Operation & Maintenance based on Condition Monitoring) 프로젝트가 1999년부터 2003년까지 ENC, Lagerwey the WindMaster, Siemens, SKF 등이 참여했다.

이 프로젝트에서는 일반적인 상태 모니터링 기법들을 조사하고 이들 기법들의 풍력터빈 적용성을 분석했으며, 선정된 모니터링 기법들을 실증했다. 또한 첨단센서, 알고리즘 및 시스템 통합 등 향후 개발과제를 도출했다. 이외에도 유럽에서 수행된 감시/진단 기술개발 대형 프로젝트는 Offshore M&R, CleverFarm, SIMU-Wind 등이 있다.

국내에서는 유럽과 같이 범정부 차원에서 수행된 감시/진단 기술개발 프로젝트는 아직 없으며, 풍력핵심기술연구센터사업의 일부로 기술개발이 수행되고 있는 실정이다. 제주 행원 풍력단지 내의 풍력터빈 성능평가 시험연구가 수행된 바 있다. 유니슨과 효성중공업에서 개발된 풍력발전기에 대한 성능평가 연구가 실증연구의 일부로 진행된 바 있으나 감시/진단보다는 성능평가에 초점을 맞추어 진행되고 있다.

상용화 기술에 대해 살펴보면, 선진 부품제조사에서는 해당 부품에 대한 감시/진단 모듈을 개발해 부품과 함께 판매하고 있다.

예를 들어 LM Glasfiber에서는 광섬유 센서, 가속도계, 온도센서, 균열센서 및 번개센서 등이 장착된 블레이드 모니터링 시스템을 개발해서 선택사양으로 준비하고 있다. 또한 Moderates에서는 온도센서, 진동센서, Oil ageing 센서 및 Oil particle counter 등이 장착된 기어박스 감시/진단 모듈을 판매하기도 하는데 예를 들어 Nordex에서는 메인 베어링, 기어박스, 발전기에 대한 상태 모니터링 모듈을 판매하고 있다.

즉, 해외 선진국에서는 기계 부품의 거동에 대한 해석, trend의 통계적 분석 등에 대한 S/W를 개발해서 실용화시키고 있는 단계다.

국내의 경우 시스템 감시 및 진단과 관련된 확보된 기반기술을 바탕으로 풍력발전시스템에 대한 응용 및 적용기술 개발을 하고 있는 실정이다.

12. 운용 및 유지보수 기술

현재 풍력터빈 시장의 중요한 요구 중 하나는 대용량화며, 이에 따라 기계요소들의 대형화가 수반되어야 하는 상황으로, 관련 기기의 기술적 문제점과 함께 운용 및 유지보수의 문제가 심각하게 대두되고 있다. 또한 국내 풍력발전시스템의 본격적인 보급과 함께 기존 설치된 풍력터빈의 사후관리 기간이 만료됨에 따라 고장에 대한 무방비 상태로 유지보수 관련 기술이 절대적으로 필요한 시점이다. 그러나 국내 보급목표로 인해 발전단지 건설이 시작되었지만, 유지보수를 포함한 모든 기술이 해외에 의존하고 있는 상태로 문제 발생 시 대응이 늦고 비용이 많이 드는 어려움에 봉착해 있다.

해외 선진국에서는 유지보수 기술에 대해 오랜 경험과 기술개발을 통해 이미 성숙단계에 있으나, 국내 기술의 수준은 필터류, 계측기, 오일교체 등 단순 정비작업만 국내 기술자가 수행할 뿐이며, 제어계통, 블레이드 피치교정 등 핵심 분야에 대한 정비기술은 제작사에서 정책적으로 보호하는 기술로서 제작사의 전문기술자가 직접 점검하는 실정이다.

1998년 초 순수 국내 기술로 마라도에 풍력발전설비를 건설한 바 있으나, 중요 기기 결함과 운영 및 유지보수 기술이 미숙해서 실패로 끝난 사례가 있다. 따라서 국산 풍력발전기의 실용화를 위해서는 유지보수 기술의 개발 또한 필수적이다.

최근에는 풍력발전설비 상태 모니터링 기술의 발전으로 이를 통한 장기적인 부품 및 기기의 상태 이력을 모니터링 및 저장하고 유지보수에 필요한 데이터로 획득해서 운용 상태를 체크하고 부품의 적절한 교체 및 수리시기를 예상하는 등 유지보수의 기본 자료로 적극적으로 활용하고 있다.

유럽에서는 이미 대형 프로젝트를 통해 일반적인 상태 모니터링 기법들은 풍력발전설비들을 분석했으며 선정된 모니터링 기법들의 실증, 고회전기계류 진동의 차수분석, 스펙트럼 분석, Harmonic 해석, Trend의 통계적 분석 소프트웨어를 개발해 이를 실용화했다.

독일의 보험사에서는 인증된 상태 모니터링 시스템을 설치하지 않을 경우 매 5년 또는 4만 운용시간마다 풍력발전설비에 대한 정밀 분해검사를 요구하고 있다.

상태 모니터링 기술은 기존의 정기검사를 통한 유지보수에 비해 유지관리비 절감, 부품의 수명증가, 신뢰성과 안전성 확보 및 고장에 의한 정지시간 단축 등 다양한 장점을 지니고 있다.

국내의 상태 모니터링 기술 수준은 시스템 감시 및 진단에 관한 기반기술은 확보하고 있으나, 실제 풍력발전설비 상태 감시 및 진단기술의 개발은 아직 미미한 상황이다.

따라서 기술의 국사화를 위해 보유 기반기술과 선진국의 개발경험을 적극 활용해서 이에 대한 기술개발이 요구되고 있다.

13. 계통연계 기술

계통연계는 풍력발전 단지에서 생산된 전력을 기존의 전력계통에 연계시키는 기술적 문제를 다루고 있다. 여러 연구 결과에 따르면 이론적으로 풍력발전의 계통연계의 기술적 한계는 없으며 기존 계통에 큰 변화 없이도 수용 가능한 것으로 알려져 있다. 그러나 미래에는 풍력발전을 포함해서 기타 분산형 전원의 비율이 높아질 전망이고 이를 위해 근본적인 계통연계 기술이 필요하다.

계통연계의 핵심 요소 기술은 제어 알고리즘 설계, 연계 장치 H/W 설계기술, 고효율화 기술, 수명연장 기술, 고조파 제거기술, 성능 시험기술, 대용량화 기술, 연계 장치 IT 네트워크 제어기술 등이며 계통 통합, 계통 해석 및 제어기술에 기초한 동적 관리 기술에 바탕을 두고 있다.

풍력발전설비는 풍력터빈의 용량에 따라 병렬 및 분리가 반복적으로 이루어지기 때문에 어느 분산형 전원보다 기존의 전력계통과 연계 시에 선로에 미치는 영향이 큰 설비다. 특히 풍력발전 단지는 지리적으로 바람의 에너지를 얻기가 쉬운 산간 고지대나 해안가 등에 위치하고 있어서 계통연계 지점이 배전 선로의 최말단인 경우가 다수기 때문에 일반 배전 선로에 연계되면서 전압관리 및 전기 품질 관리 등 운영상 여러 가지 문제점을 야기하고 있다. 또한 풍력발전 설비는 비교적 큰 규모로 도입되는 분산형 전원이며, 기존에 부하만이 존재하는 배전 계통이 아니라 부하와 전원이 혼재되는 형태로 운영되기 때문에 풍력단지 도입 계획이나 운영 시에 발생하는 문제점을 미리 검토해야 하고 이것을 계통 연계 기술로 병행해서 대책을 세워야 한다.

국내에서도 국가 차원의 풍력 활성화 방안에 따라 지자체 등의 풍력발전 시설 계획이 늘어가고 실증 단지가 증가하는 추세다.

아직 우리나라는 풍력발전을 비롯한 분산형 전원에 대한 체계적인 기술 지침이 없어 계통 연계와 관련해서 발전 사업자와 전력 회사 간의 이해가 상충하는 문제점이 있다.

그리고 기술적으로도 풍력발전과 기존 계통과의 연계에 대한 해석방법과 운영관리 기술이 구체적으로 개발되지 않아서 풍력발전 설치자 측과 각 배전사에서 혼돈을 겪고 있다.

또한 설치자는 설비비용 절감을 이유로 일반 배전 선로에 직접 연계를 요구하고 발전 사업자는 계통 운용의 어려움으로 인해 변전소 모선에 연결하기를 원하기 때문에 관련된 기술 개발과 이에 따른 지침 제정이 시급하다.

계통연계의 국내 기술은 전화 사업을 통해서 전력계통의 계획 및 장기간 운용경험은 확보되어 있고 전력 수용성 부분에 대한 기반이 구축되어 있기 때문에 선진국 대비 낮지 않은 수준이다. 그러나 전술했듯이 계통연계 요건의 기준 정비가 필요하고 과도기 계통 해석 및 안정화, 계통 운영 기술, 전력저장 기술 등의 실증 설비 부족으로 기술개발이 지연되고 있는 상태다.

현재 대용량 영구자석형 동기발전기 연계 기술이 개발 중이며 일반 해저 전력선 연계 기술은 확보 단계다.

소규모 전력 연계 및 전력 품질 유지보호 협조 기술은 확보 활용 단계이나 대용량에 대한 표준 연계 설비 기준과 보호 협조 기술은 개발이 필요하다. 계통연계에서 발전기와 전력 변환기 기술이 매우 중요하다. 특히 전력변환장치는 기존 전력계통에서 요구하는 역률과 계통 전압, 계통 주파수가 일정 범위로 유지되도록 제어하는 기능을 하고 발전기에 따라

방식이 결정될 수 있다. 또한 발전기 유형과 관계없이 전력품질이 일정 한도를 벗어나면 기존 계통으로부터 풍력전원을 차단해서 자체 보호 기능을 구현해야 하고 기존 계통도 보호장치가 필요하다.

국내에서도 대용량급 전력변환장치를 연구개발 중에 있다. 그러나 개발 제품의 실증 경험이 부족하고, 매년 강화되는 계통연계 기술 규정에 부합되는 전력변환장치는 개발하지 못하였으며 불안정 조건에서 풍력 전원과 기존 전력계통을 모두 보호하는 장치를 구비한 전력변환장치는 100% 수입에 의존하고 있다.

14. 하이브리드 기술

풍력발전과 태양광, 연료전지 및 수소력 등과 같은 기타 소용량 분산형 전원과의 복합발전(하이브리드)은 각각의 발전 시스템의 효율을 향상시키고 경제성을 높이기 위해서 고려되고 있다. 풍력발전과 함께 소규모로 복합 운영이 가능해서 단위 마을, 학교, 병원 등에서 독립 전원으로 설치 또한 용이하다. 복합 발전의 핵심 요소 기술은 타 분산형 전원과의 연계 운전 알고리즘 설계 기술, 연계 장치 H/W 설계기술에 바탕을 두고 있다. 복합 발전의 선도국들은 디젤 발전기와 풍력시스템과 복합 발전 시 전체 전력량의 70%까지 가능할 것으로 예상하고 있으며 이를 위해서는 제어기기가 핵심적인 역할을 한다.

풍력발전과 타 전원과의 연계 방식은 교류와 직류 방식으로 나눌 수 있다. 교류 연계 방식의 경우 연계점을 다양화할 수 있으나 관련 장치 수의 증가로 비용이 증가하나 국내 기술로 자체 개발이 가능하다. 직류 연계 방식은 집중 제어가 가능하나 교류 출력을 직류에 전환해야 하는 단점이 있다. 이 기술은 일부 기술을 도입하면 국내 기술로 개발이 가능하다. 국내의 경우 전력 수요, 풍력발전량, 타 분산 전원 발전량을 조절하는 제어 시스템 기술이 미비하다.

장애를 넘어 가성비 좋은 풍력발전으로

풍력발전은 순수 국산 에너지의 값싼 재생 가능 에너지로서 태양광과 함께 앞으로도 도입 확대 가능성이 크다고 예상된다. 국내에서 풍력발전을 도입 추진하는 것은 매우 중요하다. 그렇지만, 현재 국내 풍력발전은 기술력의 부족으로 인해 해외로부터 많은 기술력을 도입하고 있어 해외와 비교해 발전 비용이 높고, 도입 장해가 되고 있다. O&M의 효율화, 해상풍력의 상용화 등의 기술개발은 발전 비용 저감, 풍력발전 도입의 촉진, 대규모의 시장 확대 및 대규모 보급을 지원하는 산업기반 강화에 매우 기여할 수 있다고 생각된다. 또 기술개발 뿐만 아니라 제도나 인프라의 정비를 병행해 실시해가는 것도 중요하다.

Reference

1. REN21 "Renewables 2020 Global Status Report"
2. EWEA Report
3. REN21 "Renewables 2020 Global Status Report"
4. BNEF "2020 Global Wind Market Outlook"
5. BNEF Homepage
6. IEA "World Energy Outlook 2019"
7. EIU "Industry Report Energy, Taiwan, 2nd Quarter 2020"
8. ENERGY FOCUS 2019 가을호 "부유식 해상풍력발전 현황과 보급확대의 선결요건"
9. BNEF "1H 2020 Offshore Wind Market Outlook"

09

인공지능을 활용한
자연어 처리

홍민표

인공지능을 활용한 자연어 처리

4차 산업혁명을 이끄는 인공지능 기술 현황

우리 인류는 역사적으로 3번의 산업혁명 시기를 겪었고 21세기인 현재는 4차 산업혁명 시기라고 흔히 이야기한다. 1차 산업혁명은 18세기에 일어난 가파른 사회의 변화를 말한다. 영국에서 증기기관이 발명되었고 이를 통해 기관차, 공정간 제품을 생산할 수 있는 기계 등을 활용해서 자동으로 제품을 만들 수 있는 공장이 만들어졌다. 이것은 인간의 노동력을 기계가 대체하려는 시도였고 이후 전 인류의 생산성은 획기적으로 높아졌다. 또한, 많은 제조품목들이 생산되게 되었고 소비자는 더 좋은 물건을 저렴한 가격에 구입할 수 있는 혜택을 누리게 되었다. 1차 산업혁명을 통해 농민들은 도시로 이동을 했고 인구밀도가 높아졌다. 그리고 강철의 본격적인 활용을 통해 증기선, 증기기관차 같은 다양한 증기기관 기계들을 사용하게 되었다.

19세기에서 20세기까지 2차 산업혁명이 일어났다. 이때는 전기에너지를 본격적으로 이용하기 시작했고 석탄뿐 아니라 석유 등 다양한 연료를 사용해서 다양한 제품을 제조하기 시작했다. 무엇보다 주목할 점은 생산방식의 획기적인 발전이다. 2차 산업혁명 시기에 컨베이어 벨트 방식의 제조공정이 도입되었고 생산의 주체가 사람에서 기계로 넘어갔다. 이 시기의 눈부신 기술의 발전은 1차, 2차 세계대전의 다양한 무기 개발에도 일조하게 되었다. 축음기, 영화 촬영 기계도 개발되는 등 현재 우리가 사용하는 기계의 대부분이 이 때 개발한 기계들이 시초다.

20세기 후반부터 전자기술 및 IT 기술이 본격적으로 발전을 하면서 3차 산업혁명의 시대로 진입했다. 컴퓨터와 컴퓨터 간의 통신을 위한 기술에서부터 시작된 네트워크 기술은 전 세계를 네트워크로 연결할 수 있는 인터넷으로 기술이 발전했다. 여기에 월드 와이드 웹(www)이라는 개념이 더해져 인터넷을 위한 문서, 통신 프로토콜 등 다양한 표준 등이 정립이 되고 계속해서 발전한다. 이 시기에 국내에도 천리안, 나우누리 등 컴퓨터 통신에서부터 야후 같은 대형 웹 포탈, 채팅서비스 등 다양한 인터넷 서비스들이 나타났다. 인터넷 기술 초창기에는 닷컴버블이라는 인터넷 기업의 주가가 폭등하는 현상이 발생했다. 닷컴버블의 붕괴 및 수많은 인터넷 기업의 부도가 발생하기는 하지만 살아남은 기업은 지금까지 꾸준히 발전을 거듭해서 시장을 주도하는 빅테크(Big Tech) 기업으로 성장했다. 미국의 아마존, 중국의 알리바바, 일본의 소프트뱅크가 대표적으로 인터넷 기업에서 성장한 사례다.

[자료 9-1] 산업 혁명의 발전 단계

그리고 지금 우리는 4차 산업혁명 시대에 와있다. 2000년대 후반 스마트폰의 등장으로 우리 시대의 패러다임의 변화는 시작되었다고 생각한다. 2007년 아이폰 등장 이후 스마트폰에 들어가는 앱들의 유형은 매우 다양화했다. 이는 스마트폰 성능의 향상뿐만 아니라 획기적으로 사용하기 편리해진 유저 인터페이스(User Interface)로 개선이 되었다. 자이로, 위치기반 센서 등 다양한 센서의 탑재로 인해 자동으로 데이터를 수집할 수 있는 기술의 발전에 기인한다.

이와 같은 모바일 혁명이라고 불리던 스마트폰의 등장은 결과적으로 엄청난 데이터를 생산해낸다. 이와 같은 기존과 다른 엄청나게 크고 빠르게 변하는 다양한 데이터인 빅데이터(Big Data)를 수집하고 처리하고 저장 및 분석하고 시각화하는 빅데이터 처리 기술의 발달은 기계학습과 인공지능 발전의 촉매제가 되었다. 이와 같은 수많은 데이터의 처리와 해석, 그리고 다양한 센서를 기반으로 한 해석 및 사물을 인공지능으로 판단하는 기술은 사회 곳곳에서 기존 것과 다른 새로운 형태의 서비스를 창출해 내기 시작했다. 대표적인 것이 자율주행 서비스, 스마트 팩토리, 바이오 인포메틱스 같은 진일보한 서비스들이다.

2016년 《4차 산업혁명》이라는 책에서는 빅데이터, 인공지능, IoT, 자율주행, 3D프린터, 로보틱스, 블록체인 등 다양한 신기술과 다가올 미래 환경의 변화에 대해서 다루었다. 2021년 지금 이미 많은 내용이 현실화가 되었고 더 진일보한 연구가 되고 있는 것도 많다.

4차 산업혁명의 핵심 기술은 인공지능, 기계학습, 딥러닝으로 이어지는 기술이다. 이를 기반으로 다양한 산업 영역에서 파생되는 서비스들이 매우 많고 산업을 뒤바꿀 수 있는 다양한 임팩트를 가지고 있다. 앞서 말한 4차 산업혁명의 모든 분야에서 인공지능은 활용될 수 있으며 앞으로 다가올 5차, 6차 산업혁명에서는 없어서는 안 될 핵심영역이 될 것이다.

그럼 4차 산업혁명의 핵심기술이라고 할 수 있는 인공지능이란 과연 무엇일까? 인공지능이라는 단어의 정의는 매우 다양하다. 인공지능의 여러 가지 정의 중에 몇 가지를 소개하면 ① 사람처럼 행동하도록 만들어진 장치 또는 소프트웨어 ② 장치가 프로그램을 통해 판단하고 결정을 위한 의사가 있는 것처럼 행동하는 것 ③ 지능을 인공적으로 만들어내는 것 등이 있다.

최초로 기계가 지능이 있는지를 판단하는 연구는 영국의 천재 수학자이자 과학자인 앨런 튜링(Alan Mathison Turing)에 의해서 튜링 테스트라는 실험으로 진행되었다. 튜링 테스트의 원리는 간단하다. 튜링 테스트에서는 사람인지 기계인지 검사하는 사람인 검사자와 검사자의 질문에 답하는 사람과 기계가 필요하다. 검사자와 사람과 기계는 분리되고 격리된 공간에 위치해야 한다. 이는 검사자가 누가 사람이고 기계인지 알 수 없도록 하기 위해서다. 검사자는 기계와 사람에게 동시에 질문을 던지고 기계와 사람은 이를 각각 응답하면 검사자가 누가 기계인지 사람인지 판

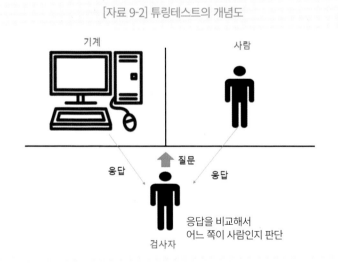

[자료 9-2] 튜링테스트의 개념도

단하는 테스트다.

검사자가 누가 사람인지 맞추기 어려울 정도이면 기계는 지능을 가지는 정도가 높다고 판단할 수 있다.

1956년 존 매카시(John McCarthy) 교수가 미국 다트머스 대학에서 개최된 회의에서 컴퓨터 지능 연구 분야를 인공지능(Artificial Intelligence)로 부르자고 제안하면서 인공지능이라는 용어가 널리 사용되기 시작했다. 이후 1958년 최초 신경망 모델인 퍼셉트론(Perceptron)이라는 모델이 제안되었으나 XOR연산을 할 수 없어 실제 활용에는 많은 제한이 있었다. 이후 1970년대에는 특정영역의 문제를 잘풀 수 있는 방법이 많이 연구되었는데 대표적인 예는 전문가 시스템(Expert System)이다. 축적된 지식을 기반으로 질의에 맞는 최적의 해답을 제공해주는 시스템으로 의학, 제조, 학문 연구 분야에서 활발히 사용되었다.

1980년대에 들어서며 기존 퍼셉트론의 XOR문제를 해결해줄 수 있는 다층 퍼셉트론(Multi Layer Perceptron)이 제안되었다. 이후 1986년 다층 퍼셉트론 모델의 오차역전파(Error Backpropagation)가 제안되면서 인공신경망을 학습시킬 수 있는 모델이 등장했다. 이는 신경망 분야를 매우 획기적으로 개선한 사례로 다양한 학습모델을 만들려는 시도가 활발해지는 계기가 되었다. 그 외 모호한 문제를 수치화해서 표현하려는 퍼지이론(Fuzzy Theory)와 진화의 개념을 문제해결에 도입하려는 유전 알고리즘(Genegic Algorithm)을 비롯한 기법이 개발되어 최적화 문제를 효과적으로 풀려고 시도했다.

2000년도 인터넷의 등장으로 인해 인공지능 분야에도 새로운 기술 트렌드를 가지게 되었다. 대표적인 것이 시멘틱 웹(Semantic Web)이라는 웹에 의미를 부여해서 이해하려는 기술이고 다양한 데이터를 추출해서 데이터의 숨은 의미를 파악하려는 데이터 마이닝(Data Mining) 기술들이 발전했다.

모바일 데이터의 폭증으로 빅데이터가 부각되었고 서포트 벡터 머신(SVM : Support Vector Machine)등 다양한 기계학습 알고리즘의 개발과 더불어 기존 다층 퍼셉트론 신경망을 발전시킨 딥러닝(Deep Learning)기술이 발전하면서 음성인식, 컴퓨터비전, 자연어 처리 분야에서 놀라운 성과를 내고 있다. 이처럼 인공지능은 꾸준히 발전해왔으며 지금도 계속 발전하고 있다. 인공지능을 쉽게 활용할 수 있도록 더 편리한 개발도구 및 라이브러리가 개발되고 있으며 클라우드 서비스 제공업체에서는 몇 번의 클릭만으로 인공지능서비스를 사용할 수 있도록 제공하는 서비스들도 계속해서 등장하고 있다. 인공지능은 이미 우리 생활에서 떨어질 수 없는 주요 기술 분야로 자리잡았다.

[자료 9-3] 인공지능이 주로 사용되는 응용 분야

구분	내용
전문가 시스템	• 특정 문제 영역에 대해 전문가 수준의 해법을 제공하는 것, 간단한 제어 시스템부터 복잡한 계산과 추론을 요구하는 전문시스템까지 사용되고 있음
데이터 마이닝	• 데이터에 숨어 있는 의미를 추출하는 방법, 인공지능 알고리즘도 데이터 마이닝 기법에 포함됨
패턴 인식	• 데이터의 규칙성을 찾는 기법으로 음성, 신호의 패턴을 인식하거나 이미지 형태의 글씨를 인식하는 기술도 패턴 인식의 한 종류라고 할 수 있음
자연어 처리	• 언어로 이루어진 단어, 문장, 문서를 처리, 분석, 의미를 밝혀내는 연구 분야, 자동 번역이나 문서의 주제를 찾는 기술, 다음 문장을 예측하는 분야 등 다양한 자연어 처리 분야가 연구되고 있음
컴퓨터 비전	• 이미지를 인식하는 분야며 최근 인공지능, 딥러닝 분야의 발전으로 다양한 이미지를 정교하게 인식하고 분석해 낼 수 있음. 자율주행, CCTV, 품질관리 점검 등 다양한 분야에서 활용되고 있음

인공지능 응용 분야를 살펴보면 먼저 인공지능이 기계학습, 딥러닝으

로 발전되기 이전부터 활발하게 연구되었던 분야인 전문가 시스템 분야를 말할 수 있다. 전문가 시스템은 전문가가 지닌 전문지식과 경험, 노하우 등을 컴퓨터에 축적해서 전문가와 동일한 또는 그 이상의 문제해결 능력을 가질 수 있게한 시스템이다. 전문가 시스템은 문제 분야의 지식을 저장할 수 있는 데이터베이스와 이를 활용해서 문제 풀이를 할 수 있는 부분으로 분리되어 구성이 되었다. 과거에도 지식과 이를 활용하는 부분을 모듈처럼 구성해서 향후 확장 및 수정이 용이하게 하려는 목적에서 이렇게 구성한 것으로 보인다. 최초 전문가 시스템은 1960년대 후반 미국 스탠포드 대학에서 개발된 DENDRAL로 이는 화합물의 구성요소와 그 화합물의 샘플로부터 얻어진 질량 스펙트럼을 통해 화합물의 분자구조를 밝혀내는 역할을 했다. 이후 전문가 시스템은 자문, 진단, 계획, 의사결정 분야 등 다양한 분야에서 응용되도록 발전했다.

다양한 통계분석 및 기계학습 기법이 발전하면서 거대한 데이터안의 의미를 분석하고 밝혀내려는 데이터 마이닝 기법도 발전했다. 데이터 마이닝은 통계분석에서부터 기계학습, 딥러닝 등 방법이나 기법에 제한이 없이 데이터의 의미를 밝혀내려는 모든 분야를 포괄한다.

이미지, 음성 등 다양한 비정형 데이터가 가지고 있는 패턴을 분석하고 이를 활용해서 다양한 서비스를 제공할 수 있는 패턴 인식 분야도 매우 활발히 응용되는 분야다.

최근 딥러닝이 발전되면서 이미지를 동영상의 데이터 안에 사물, 사람이 무엇인지를 식별하는 컴퓨터 비전 분야 역시 대표적인 인공지능의 활용 분야다. 최근 자율주행 자동차기술이 놀랍게 발전하고 있는 것도 이 컴퓨터 비전 기술의 발전이 큰 역할을 하고 있다.

마지막으로 이 장의 주제인 자연어 처리 분야다. 텍스트로 이루어진 문서에 대해서 다양한 기법을 통해 정제, 처리해서 문서의 주제와 분위기 등 다양한 요소를 파악할 수도 있으며 언어를 자동 번역하거나 문서를 생성하는 기술도 등장했다. 인공지능을 통한 자연어 처리 분야는 가장 활용도가 높은 핵심 응용 분야다.

인공지능의 주요 활용 분야인 자연어 처리의 개념

자연어(Natural Language)는 사람이 사용하는 언어 전체를 말한다. 말하는 음성, 사람 손으로 쓰는 글씨, 컴퓨터 문서로 이루어진 파일 및 데이터는 모두 자연어 처리의 대상이 될 것이다. 우리는 이런 자연어 처리의 대상을 컴퓨터를 이용해서 정제, 처리하고 이해하고 새로운 의도된 결과를 만들어내는 일련의 과정을 자연어 처리라고 한다.

[자료 9-4] 자연어 처리의 개념

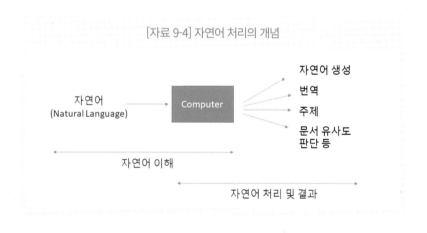

자연어 처리는 매우 다양한 분야에 적용이 될 수 있다. 첫 번째로는 문서 분석과 분류 방법으로 사용할 수 있다. 문서에 있는 텍스트를 다양하게 처리하고 정제해서 핵심 키워드를 기반으로 주제에 맞는 문서를 분류한다. 오래 전부터 연구해온 분야로 자연어 처리의 가장 기본이 되는

응용 분야다.

두 번째는 감성 분석에 사용될 수 있다. 작성자의 다양한 논조와 주장 및 성향에 대해서 수치로 표현할 수 있는 임베딩(Embedding)이라는 기법을 통해서 문서의 성향, 긍정적, 부정적 논조 등을 파악할 수 있다.

세 번째는 문서 요약(Text Summerization) 분야다. 매우 긴 문장이나 문서의 주제와 핵심내용을 자동으로 문장을 만들어서 보여주는 기술이다. 이미 구글에서 검색결과를 요약해서 보여주고 연관된 질문들 역시 같이 요약해서 보여주는 기능을 제공해주고 있다.

네 번째는 기계 번역(Machine Translation)분야다. 구글 번역, 네이버의 파파고 번역을 통해 이미 다양한 언어를 번역해주는 서비스가 상용화되었다. 이 두 서비스 외에 아마존, 마이크로소프트 등 유수의 IT기업에서는 자신만의 번역 엔진을 가지고 계속해서 발전시키고 있다.

[자료 9-5] 자연어 처리의 응용영역

구분	내용
문서 분석 및 분류 (Document analysis and Classification)	• 문서의 내용을 처리하고 정제해서 주요 키워드를 기반으로 문서의 의미와 유사한 문서로 분류를 할 수 있음. 문서 분류 시 기계학습 기법으로 분류 하고 평가 가능
감성분석 (Sentiment analysis)	• 문서 분석으로 정제된 데이터를 어떤 감성이 있는지 분석이 가능함. Word2Vec, FastText, Glove 등 텍스트를 수치화하는 임베딩 방법을 통해서 어떤 감성을 표현하는지 수치화해서 분석하는데 용이해짐.
문서 요약 (Text Summarization)	• 매우 긴 문서를 요약하는 알고리즘임. 딥러닝학습 모델의 발달로 문서요약의 품질은 매우 좋아졌음.
기계번역 (Machine Translation)	• 구글, 네이버, 아마존 등 유수 기업에서 이미 인공지능 번역 서비스를 제공함. 매우 품질이 좋음.
뉴스, 스토리 생성 (News, Story Generation)	• 단순한 뉴스를 빠르게 생성하는 서비스부터 특정 스토리 까지 인공지능으로 만들어 낼 수 있는 연구가 활발하게 진행됨.
대화형 AI	• 챗봇으로 대표되는 대화형 AI서비스는 금융, 통신, 유통, 공공 등 다양한 분야의 대고객 응대 서비스에서 활용되고 있다. 초기에 응답 품질이 매우 낮았으나 점차 대화를 이해하고 적절한 대답해나가는 품질이 높아짐.

지능형 비서 (Intelligent Assistant)	• 스마트 스피커, 스마트폰의 음성인식 비서 등 음성 기반으로 요청을 이해하고 적절하게 내부 서비스를 제공해주는 지능형 비서 서비스는 계속해서 진화하고 있음.

다섯 번째는 인공지능이 직접 문장을 생성하는 기술이다. 조금 생소하겠지만 문서를 입력하면 뒤에 인공지능이 문서를 생성하는 분야다. 그리고 유사한 패턴을 가진 뉴스들은 인공지능이 직접 기사를 작성하고 빠르게 웹으로 전달할 수 있다. 아직은 인공지능 뉴스는 매우 단순한 뉴스 콘텐츠나 속보, 정기적인 뉴스 등 단순한 뉴스 생성에 그치고 있으나 점점 복잡한 내용도 작성하도록 개선되고 있다.

여섯 번째는 챗봇 같은 대화형 AI 기술이다. 과거에는 대화 패턴에 맞는 대답만 해주었던 챗봇 기술은 점차 질문에 대한 의도와 의미를 이해하는 챗봇으로 발전하고 있다. 챗봇은 매우 광범위하게 활용되는 자연어 처리에 기반한 인공지능 활용 분야로써 금융권, 통신회사, 유통업 등 고객을 상대로 응대가 필요한 분야에서 많은 업무를 효율적으로 개선해 나가는 데 중요한 역할을 한다.

[자료 9-6] 아이폰에 탑재된 가상비서 Siri

일곱 번째는 가상 비서 영역이다. 2011년 애플에서 시리(Siri)라는 가상비서를 아이폰에 탑재했을 때 많은 관심을 끌었다. 물론 가상비서라는 서비스가 익숙하지 않았고 음성인식 및 대답이 부자연스러운 부분은 없지 않았지만 연락처 찾기나 전화 걸기 같은 기본기능이 음성으로 제어가 된다는 것은 그 당시로는 매우 획기적이었다. 지금은 시리뿐만 아니라 아마존 에코, 네이버 클로바 같은 인공지능 스피커를 통해서 가정의 가전기기(IoT Device)를 제어할 수도 있다.

이와 같이 자연어 처리는 생활과 밀접한 매우 다양한 분야에서 응용되어 사용되며 인공지능이 활용되는 대표 분야다. 그래서 자연어 처리에 관련된 연구와 커뮤니티 활동 등도 다른 분야에 비해서 활발한 편이고 기술도 매우 빠르게 변한다.

우리는 자연어 처리의 모든 기술을 다룰 수는 없겠지만 고전적인 자연어 처리의 방법에서부터 자연어를 수치화하는 임베딩의 원리와 이를 응용해서 문서를 분류하는 방법에 대해서 소개하겠다.

자연어 처리를 위한 세부 활용기술

자연어 처리를 위해서는 서비스를 만들기 위해 자연어 처리 모델을 만들어야 하고 그것은 기계학습 모델을 기반으로 우선 학습되고 평가된다. 그렇다면 기계학습을 위한 학습 데이터를 적절하게 만들고 정제하는 것 또한 매우 중요한데 이 과정이 텍스트 전처리(Text Preprocessing)다. 이 과정은 문서의 정보의 불필요한 내용은 없애고 문서의 핵심적인 내용을 학습할 수 있도록 준비하는 것이다. 전 처리 과정의 대표적인 몇몇 가지 기능에 대해서 알아보도록 하겠다.

첫 번째 전처리의 중요 기능은 단어 토큰화(Word Tokenization)다. 자연어 처리에서 처리되지 않은 많은 양의 데이터 덩어리를 말뭉치(Corpurs)라고 한다. 이 말뭉치 또는 미정제된 자연어 텍스트를 대상으로 단어 단위로 나누는 단위를 단어 토큰화다. 단어 토큰화의 예시는 다음과 같다.

```
from nltk.tokenize import word_tokenize

print(word_tokenize("i love my family."))
['i', 'love', 'my', 'family', '.']
```

대표적인 자연어 처리 패키지인 nltk의 tokenize 모듈에서 word_tokenize라는 함수를 가져와서 문장을 토큰화한 결과 각각 단어가 분리되어 나타남을 볼 수 있다. word_tokenize라는 함수를 사용했지만 토큰화하는 규칙 및 방법에 따라서 다양한 함수가 있고 원하는 기능을 찾아서 사용하면 된다. 이 예시는 단어별로 구분했지만 매우 긴 말뭉치에서 문장별로 분리하는 함수도 존재한다. 자연어 처리에서 한국어를 처리하는 것은 영어보다 어렵다. 왜냐면 한국어는 조사, 어미 등을 붙여서 말을 만드는 교착어기 때문이다. 이를 위해 의미의 독립적인 단위인 형태소를 이해하고 자연어 처리를 하는 것이 중요하다. 영어의 nltk 패키지처럼 한국어도 유사한 KoNLPy라는 한국어 처리 패키지가 존재한다.

[자료 9-8] 한국어 단어 토큰화의 예시

```
from konlpy.tag import Okt
okt=Okt()
print(okt.morphs("한국어 자연어처리 방법은 매우 어렵습니다."))

['한국어', '자연어', '처리', '방법', '은', '매우', '어렵습니다', '.']
```

한국어는 띄어쓰기가 아닌 형태소로 구분해서 토큰화가 된다. 앞의 예시를 보면 Okt라는 모듈을 사용했는데 영어와 마찬가지로 konlpy 패키지에서는 다양한 한국어 처리 모듈을 지원하니 기능을 보고 필요한 모듈을 선택해서 사용한다.

토큰화가 된 단어들의 품사가 무엇인지를 확인할 수도 nltk와 konlpy 패키지에서는 확인할 수 있다. 이런 기능을 품사 태깅(Part of speech tagging)이라고 하고 품사를 구분해 보다 정교하고 다양한 자연어 처리에 응용할 수 있다. 다음은 영어로 된 품사 태깅의 예시다.

[자료 9-9] 영어로 된 품사 태깅의 예시

```
from nltk.tag import pos_tag
x=word_tokenize("i just call to say i love you")
pos_tag(x)

[('i', 'NN'),
 ('just', 'RB'),
 ('call', 'NN'),
 ('to', 'TO'),
 ('say', 'VB'),
 ('i', 'JJ'),
 ('love', 'VBP'),
 ('you', 'PRP')]
```

여기에서 NN은 명사, VBP는 동사 , RB는 부사를 나타낸다. 그 외 다양한 품사가 표현이 될 수 있다.

자연어 전 처리에서 매우 중요한 영역 중 하나는 불필요한 데이터를 없애는 것이다. 예를 들어서 영어의 경우 'a', 'an', 'the' 같은 단어는 관사로서 뒤의 단어를 꾸며주는 역할을 하지 그 자체로는 큰 의미가 없을 수 있다.

한글에서도 '이', '가', '는' 같은 조사 등 큰 의미가 없지만 언어의 특성상 다른 단어를 꾸며주는 단어나 형태소가 매우 많이 있다. 이런 사례는 실제로 전체 문서 중 30~50%의 분량을 차지할 정도로 많다. 이는 자연어를 대상으로 하는 인공지능 모델을 만드는 데 비효율성을 초래하고 있다.

이런 불필요한 데이터를 제거하는데 단어 토큰화는 사전작업으로 반드시 필요한 절차다. 너무 빈도가 적은 단어를 제거하거나 위에서 잠깐 소개한 관사 등을 분석 대상에서 제거하는 방법이 대표적이다. 그리고 분석가가 분석하려는 데이터에 적합한 불용어 사전을 만들어서 데이터 전 처리를 할 때 사용할 수도 있다. 이럴 때는 분석하려는 데이터에 대해 깊은 통찰과 전문성이 필요할 수 있다.

불용어를 제거한 후에는 영어의 경우에는 대소문자를 동일하게 통일해주는 작업을 일반적으로 실행한다. 대문자 보다는 소문자로 통일하는 경우가 많고, 동일한 단어라도 대문자, 소문자에 대해서 다르게 컴퓨터는 인식을 하기 때문에 다른 벡터가 생길 수 있다. 예를 들면 'Mother'와 'mother'는 같은 의미지만 컴퓨터는 다른 수치화된 정보를 부여하게 되는 것이다. 이 때문에 정확한 분석을 위해서는 전 처리 과정에서 대문자, 소문자를 통일하는 것이 중요하다.

그리고 표제어 추출(Lemmatization)이라는 기법이 있다. 단어의 기본 사전형을 표제(Lemma)라고 불리는데 토큰화된 단어를 표제어로 변환하는 작업을 말한다. 이 과정을 통해서 과거형 미래형 같은 다양하게 파생된 단어가 하나의 단어로 통일되는 효과가 있다.

```
from nltk.stem import WordNetLemmatizer
n = WordNetLemmatizer()

n.lemmatize('gone','v')

'go'

n.lemmatize('went', 'v')

'go'

n.lemmatize('had', 'v')

'have'
```

예시에서는 gone, went가 원래 동사의 형태인 go로 변환되었고 have 의 과거형인 had는 원래 동사형인 have로 변환된 것을 볼 수 있다.

지금까지 기본적인 자연어 데이터의 전처리 과정에 대해서 알아봤다. 그 외에도 정규 표현식을 활용해서 텍스트의 삭제 또는 대체하는 패턴을 정의할 수도 있으며 다양한 패딩, 인코딩 기법을 통해 원하는 형태로 데이터를 가공할 수도 있다.

전 처리가 완료된 데이터는 본격적으로 수치화하는 과정이 필요하다. 수치화가 된 데이터를 통해서 기계학습, 딥러닝 알고리즘을 동작시킬 수 있기 때문이다. 수치화하는 과정에서 가장 기본적인 수치화 방법은 카운트 기반 단어 표현 기법(Count based word Representation)이다.

이 중 가장 고전적이면서도 유명한 방법은 BoW(Bag of Words)다. 이 방법은 단어가 나타나는 빈도를 측정 후 수치화하는 방법이다. 즉 하나의 수치화된 집합 안에 여러 개의 단어가 들어있는 모양인 것이다. 이 모양이 가방 안에 여러 개의 단어들이 들어있는 모습과 유사해서 Bag of Words라고 불린다.

우리는 sklearn이라고 불리우는 기계학습 패키지에서 제공하는 CounterVectorizer 함수를 사용해서 BoW를 손쉽게 만들 수 있다.

[자료 9-11] <Bag of words 구현 예제>

```
from sklearn.feature_extraction.text import CountVectorizer
text = ['you know I want your love. because I love you.']
vector = CountVectorizer()
print(vector.fit_transform(text).toarray()) # 각 단어의 빈도 수
print(vector.vocabulary_) # 각 단어의 인덱스

[[1 1 2 1 2 1]]
{'you': 4, 'know': 1, 'want': 3, 'your': 5, 'love': 2, 'because': 0}
```

이 프로그램에서는 각 단어에 순번을 매기고 각 단어가 나타나는 빈도수를 나타냈다. 0순번부터 나타나므로 위에서 나타나는 순번과 빈도수를 표로 나타내면 다음과 같다.

단어	Because	know	love	want	you	your
순번	0	1	2	3	4	5
빈도	1	1	2	1		

이 형태와 유사하게 하나의 문장이 아닌 여러 문서에서 나오는 주요 단어들의 출현빈도를 표 형태로 나타낼 수 있는데 이것을 문서 단어 행

렬(Document Term Matrix)라고 한다. 문서 단어 행렬을 표현해보면 다음과
같은 형태로 구성할 수 있다.

[자료 9-12] Document Term Matrix 예시

	I	love	dogs	hate	and	knitting	is	my	hobby	passion
Doc 1	1	1	1							
Doc 2	1		1	1	1	1				
Doc 3					1	1	1	2	1	1

출처 : kaggle.com

예시에서 보는 것처럼 문서 내에 어떤 단어들이 많이 출현했는지를 한
눈에 볼 수 있다. 반면에 모든 단어를 표현하려면 많은 공간이 필요하게
되는 단점이 있을 수 있다. 그리고 많은 내용으로 각 문서 간의 단어와의
관계를 명확하게 찾기 어려워진다.

Count 기반 표현 방법 중 가장 대표적인 방법은 TF-IDF(Term Frequency-
Inverse Document Frequency)라는 방법이다. 이 방법은 기존의 BoW보다 훨
씬 자주 사용되며 문서에서 의미 있는 중요한 단어를 찾아낼 수 있다.
TF-IDF의 개념 중 하나는 빈도가 많이 나타난 단어가 다른 문서에도 많
이 나타난다면 중요도가 떨어진다는 것이다. 즉, 해당 문서에서 중요한
단어를 나타내기 위해 특정 산식을 만들어서 가중치를 적용한다.

[자료 9-13] TF-IDF 산식

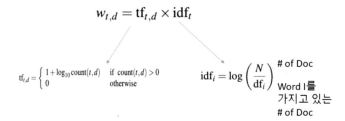

$$w_{t,d} = \mathbf{tf}_{t,d} \times \mathbf{idf}_t$$

$$\mathrm{tf}_{t,d} = \begin{cases} 1 + \log_{10} \mathrm{count}(t,d) & \text{if } \mathrm{count}(t,d) > 0 \\ 0 & \text{otherwise} \end{cases}$$

$$\mathrm{idf}_i = \log\left(\frac{N}{\mathrm{df}_i}\right) \quad \begin{array}{l} \text{\# of Doc} \\[4pt] \text{Word I를} \\ \text{가지고 있는} \\ \text{\# of Doc} \end{array}$$

TF-IDF 산식이 복잡하게 느껴질 수 있지만 쉽게 생각하면 해당 단어가 특정 문서에 많이 출현하고 다른 문서에는 출현이 빈번하지 않다면 TF-IDF 빈도가 높다는 것이다. TF-IDF가 반드시 모든 경우에서 BoW 기법보다 좋은 성능을 보인다고 보장할 수는 없지만 일반적인 경우에서는 좋은 성능을 보여준다. 매우 쉽게 접근할 수 있는 단어 수치화 방법인 것이다. TF-IDF 역시 sklearn에서 제공하는 TfidfVectorizer라는 함수를 이용해서 손쉽게 확인할 수 있다. 다음 예제에서는 어떻게 동작하는지를 중점적으로 보여주기 위해 많은 양의 문서를 사용하지 않고 여러 문장들을 사용해서 해당 문장 내의 단어 간의 중요도를 판단하는 예제를 보여준다.

[자료 9-14] TF-IDF 예제

```python
from sklearn.feature_extraction.text import TfidfVectorizer
corpus = [
    'you know I want your love',
    'I like you',
    'what should I do ',
]
tfidfv = TfidfVectorizer().fit(corpus)
print(tfidfv.transform(corpus).toarray())
print(tfidfv.vocabulary_)

[[0.         0.46735098 0.         0.46735098 0.         0.46735098
  0.         0.35543247 0.46735098]
 [0.         0.         0.79596054 0.         0.         0.
  0.         0.60534851 0.         ]
 [0.57735027 0.         0.         0.         0.57735027 0.
  0.57735027 0.         0.         ]]
{'you': 7, 'know': 1, 'want': 5, 'your': 8, 'love': 3, 'like': 2, 'what': 6, 'should': 4, 'do': 0}
```

3개의 문장에서 가장 핵심이 되는 단어가 점수가 가장 높은데 두 번째 문장의 경우에는 like라는 단어가 0.7959로 가장 비중이 높은 단어라는 것을 확인할 수 있다.

이와 같은 TF-IDF나 BoW 행렬의 경우 많은 단어를 다루다 보면 대부분 값이 0인 희소행렬(Sparse matrix)형태를 나타내는 경우가 많이 보인다. 이는 인공지능 모델의 학습비용 및 성과에 비효율적으로 나타날 수 있다. 이를 방지하기 위해서 통계적인 수학적 기법인 특이값 분해(Singular Value Decomposition)방법을 통해 행렬의 대한 벡터들의 차원을 축소할 수 있다. 이렇게 통계적으로 차원 축소를 통해서 조금 더 의미있는 행렬들을 만들려고 하는 과정을 잠재의미 분석(Latent Semantic Analysis)라고 한다.

다음 예시는 잠재의미 분석을 통해 행렬이 축소되어 가는 과정을 보여준다. 이런 특이값 분해를 통한 차원 축소가 항상 모든 상황에서 높은 성능을 보장하는 것은 아니다. 하지만 데이터에 따라서 매우 효율적인 성능을 보여줄 수도 있다. 그리고 빠른 학습시간을 통해서 학습 자원의 효율화도 이룰 수 있다.

[자료 9-15] 잠재 의미 분석(Latent Semantic Analysis)의 과정 예시

	문서1	문서2	문서3	문서4
단어1	2	0	0	0
단어2	0	1	0	1
단어3	0	0	0	3
단어4	1	0	1	2

특이값 분해 →

	주제1	주제2
단어1	0.42	1.54
단어2	-1.08	0.05
단어3	2.88	4.27
단어4	2.29	0.84

특이값 분해

	문서1	문서2	문서3	문서4
주제1	0.81	0.33	0.58	4.21
주제2	1.54	0.11	0.32	-1.2

토픽 모델링(Topic Modeling)은 한 문서에서 핵심 주제를 추출하는 과정이다. 토픽 모델링의 가장 대표적인 기법은 잠재 디리클레 할당이라는 LDA(Latent Dirichlet Allocation)다. LDA는 정해진 토픽 개수에 따라 각 단어들이 각 문서의 어느 토픽에 존재하는지 확률과 해당 단어가 전체 문서를 고려했을 때 어느 토픽에 존재하는지를 판단하고 이를 반복해서 각 단어를 올바른 토픽들에 할당하게 된다.

[자료 9-16] 잠재 디리클레 할당 분석(Latent Dirichlet Allocation)의 과정 예시

```
import gensim
NUM_TOPICS = 20 #20개의 토픽,
ldamodel = gensim.models.ldamodel.LdaModel(corpus, num_topics = NUM_TOPICS, id2word=dictionary, passes=15)
topics = ldamodel.print_topics(num_words=4)
for topic in topics:
    print(topic)

(0, '0.021*"game" + 0.019*"team" + 0.015*"year" + 0.014*"games"')
(1, '0.009*"power" + 0.007*"speed" + 0.006*"like" + 0.006*"time"')
(2, '0.019*"file" + 0.011*"output" + 0.010*"entry" + 0.009*"program"')
(3, '0.020*"printf" + 0.019*"null" + 0.012*"uuencode" + 0.011*"shell"')
(4, '0.012*"people" + 0.008*"said" + 0.006*"would" + 0.005*"government"')
(5, '0.030*"israel" + 0.029*"jews" + 0.019*"israeli" + 0.016*"jewish"')
(6, '0.011*"windows" + 0.009*"thanks" + 0.008*"also" + 0.008*"software"')
(7, '0.025*"president" + 0.012*"going" + 0.010*"jobs" + 0.010*"think"')
(8, '0.065*"drive" + 0.036*"disk" + 0.026*"hard" + 0.021*"drives"')
(9, '0.038*"char" + 0.016*"bytes" + 0.015*"vesa" + 0.014*"judges"')
(10, '0.016*"encryption" + 0.015*"chip" + 0.013*"security" + 0.013*"government"')
(11, '0.019*"would" + 0.013*"like" + 0.011*"good" + 0.009*"much"')
(12, '0.025*"university" + 0.011*"school" + 0.009*"food" + 0.008*"washington"')
(13, '0.046*"scsi" + 0.014*"kent" + 0.013*"cheers" + 0.011*"prophecy"')
(14, '0.021*"water" + 0.009*"militia" + 0.007*"ball" + 0.007*"nuclear"')
(15, '0.053*"armenian" + 0.041*"armenians" + 0.038*"turkish" + 0.019*"armenia"')
(16, '0.023*"space" + 0.009*"nasa" + 0.008*"data" + 0.007*"research"')
(17, '0.012*"would" + 0.010*"people" + 0.007*"think" + 0.006*"believe"')
(18, '0.036*"entries" + 0.015*"navy" + 0.010*"outlets" + 0.009*"naval"')
```

이 결과는 잠재 디리클레 할당 분석을 한 결과다. 총 20개 토픽을 사전에 정의했고 각 단어들은 분석을 통해서 해당 토픽에 들어간 단어다. 보여주기 옵션에서 각 토픽당 4개만 보여주는 것으로 조정을 했다. 단어 앞의 수치는 각 단어가 토픽에 기여하는 수치라고 볼 수 있다.

이 결과를 보여주기 전에 전처리, 벡터화 과정이 있으나 개념 이해가 우선이므로 구체적인 내용은 생략했다. 앞서 희소행렬(Sparse matrix)라는 개념에 대해 소개했다. 희소행렬은 모든 단어에 대한 값을 담을 수 있으나 말뭉치나 문서가 커질수록 크기가 매우 커지고 의미 있는 데이터가 적어지는 단점이 있다. 이런 희소행렬 표현 외에 우리는 밀집 표현(Dense

Representation)이라는 표현 방식이 있다. 이 방법은 단어를 나타내는 표현 차원을 분석가가 임의로 정의를 하고 해당 차원에 맞는 수치가 나타나는 것이다. 예를 들어서 10차원으로 어떤 수를 표현하고 싶으면 아래와 같은 10차원의 수치화된 내용을 한 단어나 문장이 가지게 되는 것이다.

벡터의 예시 (10차원)
[−1,33,42,0.345,22,45,−98,−0.002,12.45,66.78,−0.234]

이런 밀집 벡터는 워드 임베딩(word embedding)이라는 과정을 통해서 나온 결과물이어서 임베딩 벡터(Embedding Vector)라고 불리기도 한다. 워드 임베딩을 하는 방법은 다양하지만 우리는 가장 대표적이고 많이 사용되는 워드 투 벡터(Word2Vec)이라는 방법을 소개하고자 한다. 워드 투 벡터의 원리를 설명하기 전에 먼저 벡터의 유사도(Vector Similarity)에 대해서 알아보겠다. 벡터의 유사도란 각 단어가 벡터로 수치화가 되면 이들이 얼마나 유사한지를 측정하는 수치다. 여러 가지 유사도 기법이 많이 사용되나 가장 많이 활용되는 코사인 유사도(Cosine Similarity)에 대해 소개하겠다.

코사인 유사도는 각 벡터 간의 방향성을 측정해서 유사한지 유사하지 않은지 확인하는 방법이다. 코사인 함수의 그래프를 보면 같은 방향은 1, 90도 각도는 0, 반대 방향은 −1을 나타낸다. 아래 그림은 코사인 유사도를 활용해 벡터의 방향에 따른 코사인 유사도 값을 보여준다.

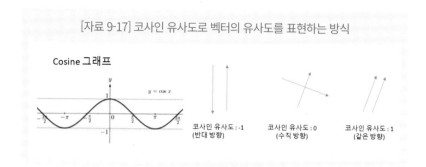

[자료 9-17] 코사인 유사도로 벡터의 유사도를 표현하는 방식

이와 같은 코사인 유사도 등을 활용해서 단어 벡터들의 유사언어끼리 군집할 수도 있고 연산을 통해서 새로운 단어를 유추해낼 수도 있다. 예를 들면 '한국-서울=일본-도쿄'라는 가정으로 실제 '한국-서울+도쿄 =일본'으로 연산 값이 나올 수 있다. 이와 유사하게 각 단어들의 길이와 위치를 보고 다음 단어 등을 추측할 수도 있다.

다음 그림은 유사단어들의 길이를 보고 다음 단어를 유추하는 예시를 도식화해서 보여준다.

[자료 9-18] 단어를 유추해서 평가하는 예시

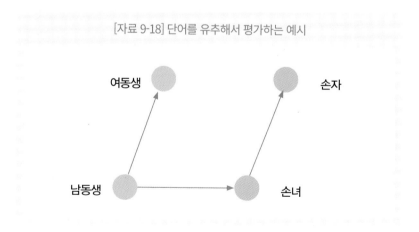

예시대로 관계를 보면 '남동생-여동생=손자-손녀'로 볼 수 있고 이는 '남동생-여동생+손녀 =손자'로 유추할 수도 있다. 만약 이와 같은 결과가 나온다면 워드 임베딩이 잘 수행되었다고 판단할 수 있다. 다시 워드 투 벡터로 돌아가 보기로 하겠다. 워드 투 벡터는 기본적으로 인공신경망을 통해 주변 단어와 문맥의 결과를 학습하고 예측한 결과를 벡터로 만드는 것이다. 한 단어의 벡터를 만드는 데 주변에 같이 쓰인 단어들이 영향을 미친다고 보는 것이 정확할 것이다. 그런데 인공 신경망 구조를 가지고 수치화된 벡터를 만든다.

워드 투 벡터는 크게 두 가지 임베딩 방법이 있다. 바로 CBOW와 Skip-Gram이라고 불리는 방법이다. CBOW(Continuous Bag of Words)는 주변의 단어를 이용해서 중심단어를 유추한다. 이를 실제 결과와 비교한 후 학습반복한다. Skip-Gram은 중심단어에서 주변의 단어를 유추하는 방법이다.

[자료 9-19] CBOW Word2Vec 방식

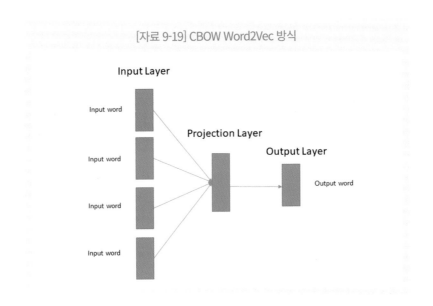

[자료 9-20] Skip Gram Word2Vec 방식

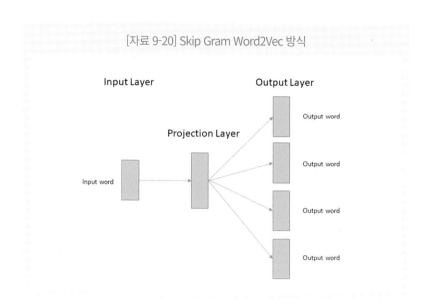

두 방식 모두 어떤 데이터로 학습하고 활용하느냐에 따라 다르지만 일반적으로 CBOW보다 Skip Gram이 성능이 좋은 경우가 많다. 그리고 더 자주 쓰이는 방식이다.

다음은 임의의 영문 말뭉치(Corpus)의 단어로 이루어진 정제된 결과를 워드 투 벡터로 학습시키고 'girl'과 유사한 단어들을 추출한 결과다. 실제로 100% 연관이 있다고 볼 수는 없지만 어느 정도 비슷한 단어들이 나열된 것을 볼 수 있다.

[자료 9-21] Word2Vec 실습 예제

```
from gensim.models import Word2Vec
model = Word2Vec(sentences=result,  window=5, min_count=5, workers=4, sg=0)

model_result = model.wv.most_similar("girl")
print(model_result)

[('boy', 0.9147228002548218), ('woman', 0.8469058871269226), ('kid', 0.8035170435905457), ('lady', 0.799954354763031), ('man', 0.7588265538215637), ('baby', 0.7477322220802307), ('soldier', 0.7047131657600403), ('sister', 0.6825942397117615), ('joke', 0.6777678728103638), ('guy', 0.6672211289405823)]
```

지금까지 카운트 기반 수치화 기법에서부터 워드 투 벡터로 임베딩하는 방법까지 확인해봤다. 이런 수치화된 단어들은 기계학습이나 딥러닝 알고리즘을 통해서 다양한 응용 사례가 만들어질 수 있다. 여기에서는 간단한 기계학습의 원리와 문서를 분류하는 예제를 통해서 실제 자연어 처리 방법을 알아보도록 하겠다.

먼저 학습과 분류를 진행할 기계학습 알고리즘에 대해서 알아보자. 여러 가지 기계학습 알고리즘이 있겠지만 많이 사용되는 분류 알고리즘인 SVM(Support Vector Machine)을 소개하겠다. SVM이란 클래스라는 분류된 집합을 가장 잘 구분하는 하이퍼 플래인(Hyperplan)이라는 공간, 평면을 찾는 알고리즘이다.

[자료 9-22] Support Vector Machine

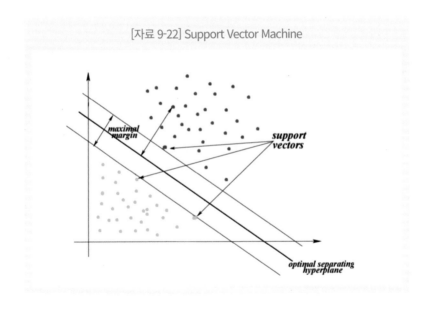

이 그림에 보면 빨간색과 초록색이라는 두 개의 집합으로 구분을 짓는 것은 두 집합 사이에 hyper plane이라는 평면이 구분을 짓고 있다.

margin이 가장 큰 hyperplan을 찾는다면 이는 두 집합을 잘 분류했다고 볼 수 있다. 앞서 만든 벡터화된 단어들이 초록색, 붉은색 점들이고 SVM이라는 기계학습에 의해 두 가지 집합으로 분류된 것이다. 이제는 뉴스 분류를 하는 예제를 통해 데이터를 전처리 하고 벡터화한 후 SVM을 통해 뉴스를 분류하는 자연어 처리 과정을 살펴보자.

먼저 다음 그림과 같이 sklearn 패키지에 있는 fech_20newsgroups이라는 데이터 셋을 불러와서 실습하겠다. 그리고 클래스는 com.graphics와 sci.space라는 두 개의 클래스로 정의하고 fech_20newsgroups에 정의된 train, test set을 가져온다.

```
from sklearn.datasets import fetch_20newsgroups
categories = ['comp.graphics','sci.space']
data_train = fetch_20newsgroups(subset='train', categories=categories, random_state=42)
data_test = fetch_20newsgroups(subset='test', categories=categories, random_state=42)
```

그리고 nltk 패키지에 있는 여러 기능을 활용하기 위해 nltk를 import한 후 필요한 기능을 다운로드한다. 이 예제에서는 사람의 이름들의 데이터 셋과 표제화를 위한 WordNetLemmatizer라는 함수를 가져온다.

```
import nltk
nltk.download('names')
nltk.download('wordnet')

from nltk.corpus import names
from nltk.stem import WordNetLemmatizer

all_names = set(names.words())
lemmatizer = WordNetLemmatizer()
```

데이터 전처리를 위해 clean_text라는 함수를 선언했다. 이 함수의 내용은 토큰화된 단어를 각 단어별로 표제화를 하고 알파벳 중에 이름은 모두 제외한다. 그 후 모든 리스트를 공백구분으로 합쳐서 하나의 문자

열로 만들어 반환하는 역할을 하고 있다.

```
def clean_text(docs) :
  clean_docs = []
  for doc in docs :
    lemmatized_list = [lemmatizer.lemmatize(word.lower())
                       for word in doc.split()
                       if word.isalpha() and word not in all_names]
    clean_docs.append(' '.join(lemmatized_list))
  return clean_docs
```

선언한 전처리 함수를 이용해서 데이터를 클린징(cleansing), 즉 전처리를 진행한다. 학습(train), 평가를 위한 테스트(test) 데이터 셋에 모두 적용한다.

```
cleaned_train = clean_text(data_train.data)
label_train = data_train.target

cleaned_test = clean_text(data_test.data)
label_test = data_test.target

len(label_train),len(label_test)
```

앞서 소개한 TF-IDF 기법을 이용해서 카운터 기반 벡터화를 진행한다. 학습, 테스트 셋에 모두 적용할 것이다.

```
from sklearn.feature_extraction.text import TfidfVectorizer
tfidf_vectorizer = TfidfVectorizer(sublinear_tf=True, max_df=0.5, stop_words='english', max_features=8000)
term_docs_train = tfidf_vectorizer.fit_transform(cleaned_train)
term_docs_test = tfidf_vectorizer.transform(cleaned_test)
```

역시 앞서 소개한 기계학습 모델인 SVM을 이용해서 학습을 진행한다. 여기서는 linear SVM이라는 모델을 사용했다.

```
from sklearn.svm import SVC
svm = SVC(kernel='linear', C=1.0, random_state =42)
svm.fit(term_docs_train, label_train)

SVC(kernel='linear', random_state=42)
```

학습한 모델을 테스트 데이터를 대상으로 예측을 해봤다. Accuracy(정확도) 지표가 96.4%가 나온다. 여기서 Accuracy란 모델이 예측한 결과가 실제 검증 데이터와 비교할 때 96.4%가 일치한다는 의미로 매우 정확도가 높게 분류가 된 것이다.

```
accuracy = svm.score(term_docs_test, label_test)
print('The accuracy on testing set is : {0:.1f}%'.format(accuracy*100))

The accuracy on testing set is : 96.4%
```

인공지능 기술과 접목한 자연어 기술의 활용

앞서 말했듯 인공지능의 주 활용 분야에 있어 자연어 처리는 매우 큰 비중을 차지하고 있다. 이것은 다시 말하면 자연어 처리의 많은 부분들이 인공지능을 통해 발전하고 있고 앞으로도 그렇다는 것이다.

자연어 처리는 사람들이 일상적으로 말하는 모든 행위를 포함하고 말하고 쓰는 것에는 엄청나게 많은 정보들이 축적되어 있다. 이런 정보들을 잘 활용할 수 있는 발전 가능성이 무궁무진한 분야다.

또 강조하지만 기계번역, 음성인식, 감성분석, 오피니언 마이닝, 트렌드 분석 등 다양한 분야에서 자연어 처리의 응용이 가능하다. 엄청나게 큰 말뭉치 안에서 인공지능을 활용해서 의미 있는 인사이트(Insight)를 찾을 수도 있다.

현재 연구된 분야뿐 아니라 앞으로 자연어 처리를 위한 많은 기술이 연구되고 발전될 것이며 사회, 경제, 문화 등 각 분야에서 자연어 처리 기술을 이용해서 의미 있는 분석이 활발할 것으로 기대된다. 이는 인류가 좀 더 현명하게 살아가는 데 도움이 될 것이다.

입문자를 대상으로 최대한 쉽게 이해하게 쓰려고 노력했지만 어렵게 느껴질 수 있겠다. 조금이나마 자연어 처리에 대해서 이해가 되었다면 그것으로 목적을 이룬 것으로 여기겠다.

자연어 처리는 앞으로도 많은 응용과 발전이 있을 것으로 생각되는 매우 유망한 분야다. 좀 더 편리하고 아름다운 세상이 되는데 인공지능이 기여하길 바란다.

Reference

1. 인공지능 튜링테스트에서 딥러닝까지, 이건명, 생능출판사, 2019
2. 파이썬 머신러닝 완벽가이드, 권철민, 위키북스, 2019. 9
3. 텐서플로와 머신러닝으로 시작하는 자연어 처리, 전창욱 외, 2019
4. 한국어 임베딩, 이기창, 18-26, 메이콘 2019
5. Natural Language Processing with Python , O'Reilly

젊은 기술사들이 말하는
대한민국을 지배할 미래 기술

제1판 1쇄 | 2022년 4월 30일

지은이 | 문재현 외 8인
펴낸이 | 오형규
펴낸곳 | 한국경제신문*i*
기획제작 | (주)두드림미디어
책임편집 | 이향선   디자인 | 얼앤똘비악earl_tolbiac@naver.com

주소 | 서울특별시 중구 청파로 463
기획출판팀 | 02-333-3577
E-mail | dodreamedia@naver.com(원고 투고 및 출판 관련 문의)
등록 | 제 2-315(1967. 5. 15)

ISBN   978-89-475-4808-3 (03320)